U0812557

高等职业教育药品与医疗器械类专业教材

医药企业安全生产

（第二版）

崔成红　郭建慧　主编

中国轻工业出版社

图书在版编目(CIP)数据

医药企业安全生产/崔成红,郭建慧主编.—2版.—北京:中国轻工业出版社,2021.8
ISBN 978-7-5184-3285-1

Ⅰ.①医… Ⅱ.①崔…②郭… Ⅲ.①制药工业-工业企业-安全生产-高等职业教育-教材 Ⅳ.①F407.77

中国版本图书馆CIP数据核字(2020)第232088号

责任编辑:王 韧 江 娟　　责任终审:劳国强　　整体设计:锋尚设计
策划编辑:江 娟 王 韧　　责任校对:朱燕春　　责任监印:张 可

出版发行:中国轻工业出版社(北京东长安街6号,邮编:100740)
印　　刷:三河市国英印务有限公司
经　　销:各地新华书店
版　　次:2021年8月第2版第1次印刷
开　　本:720×1000 1/16 印张:15
字　　数:309千字
书　　号:ISBN 978-7-5184-3285-1 定价:39.00元
邮购电话:010-65241695
发行电话:010-85119835 传真:85113293
网　　址:http://www.chlip.com.cn
Email:club@chlip.com.cn
如发现图书残缺请与我社邮购联系调换
200127J2X201ZBW

本书编写人员

主　编　崔成红（山东药品食品职业学院）

郭建慧（潍坊职业学院）

副主编　赵儒霞（山东药品食品职业学院）

高　源（山东药品食品职业学院）

郭统山（山东新华制药股份有限公司）

参编人员（排名不分先后）

王　静（山东药品食品职业学院）

许莹莹（山东药品食品职业学院）

朱伟伟（潍坊职业学院）

李光跃（山东药品食品职业学院）

李　伟（山东药品食品职业学院）

杨俊玲（山东药品食品职业学院）

颜廷欢（山东药品食品职业学院）

主　审　刘　强［新华制药（寿光）有限公司］

第二版前言

医药生产存在着各种安全风险和隐患,安全风险管控、隐患排查治理和事故预防需具备一定的专业知识和应变能力。为普及安全生产知识和预防措施,减少职业性危害,避免生产中可能发生的各种事故,本书在2013年编写的《医药企业安全生产》教材基础上,补充了双重预防机制的内容,更新了第一版中一些过时的标准和法规,增加了实训项目和目标检测,可供从事或即将从事医药化工生产、流通、经营、使用化学品的人员作为教材或自学材料使用。

教材第二版由校企合作编写,结合职业院校学生在企业的实习及工作中所需要的安全知识,借鉴了诸多医药生产企业员工安全培训内容,引入了安全生产中新增加的重要模块——双重预防机制。

教材第二版内容设计依据课程教学标准,贯彻《国务院关于印发国家职业教育改革实施方案的通知》(国发〔2019〕4号)精神和《教育部关于职业院校专业人才培养方案制订与实施工作的指导意见》(教职成〔2019〕13号),突出职业教育的类型特点,深化产教融合、校企合作,育训结合,及时将新技术、新工艺、新规范纳入教学标准和教学内容,推进教师、教材、教法改革。课程内容紧密联系实际生产劳动和社会实践,突出应用性和实践性,注重学生职业能力和职业精神的培养。普及项目教学、案例教学、情境教学、模块化教学等教学方式,加强实践性教学。

本教材结构编排采用先进的模块+任务体例,每个任务项下设计有1~2个实训项目,以便做到知行合一、学训结合。适合项目教学、翻转课堂、混合式教学、理实一体教学等新型教学模式。

与第一版相比,本教材的突出特点如下:①内容模块化、任务化、项目化、理实一体化。②对接安全生产新标准、新规范、新要求,尤其是双重预防机制的引入,对于提高学习者安全风险防控和隐患排查意识和能力极为有益。③教材信息量大,将配套开发的一些网络教学平台数字化资源和部分法律法规以二维码嵌入;理论学习效果可以扫码在线实时检测。④推荐了优质学习资源,其中学习通资源以二维码链接,体现信息化,适合通过移动终端实现随时随地学习。⑤资源形式丰富,有文本、图片、视频、动画穿插,增强学习兴趣,利于学生理解。

关于书中二维码的使用,没有特别指明是微信二维码的,用微信和QQ都可以扫码;学习通的视频资源在扫码后如果还不能直接阅读或下载,需要根据提示注册或登录。

本教材主要内容包括四个模块,共九个任务。模块一为安全生产基本知识与法规解读,其中任务一安全生产基本知识由高源和赵儒霞编写;任务二安全生产法律法规由郭建慧和朱伟伟编写。模块二为危险化学品安全管理与职业防护技术,其中任务三危险化学品安全管理技术由崔成红编写;任务四危险化学品防火防爆技术由赵儒霞编写;任务五职业危害与劳动防护技术由王静编写;任务六制药生产中的环境保护由许莹莹编写。模块三为电气设备安全技术,其中任务七电气安全管理技术由李光跃编写,实训项目由郭统山和颜廷欢编写;任务八制药设备安全管理技术由杨俊玲编写。模块四为安全生产双重预防机制,其中任务九企业双重预防机制简介和实训项目十二由崔成红和郭统山编写,实训项目十三由李伟编写。本教材由山东药品食品职业学院的崔成红统稿,新华制药(寿光)有限公司刘强经理担任主审。

本教材主要用于医药类高职院校作为安全实训或专业基础课课程教材,针对性较强,四个模块的建议学时分别为4、16、6、6,总学时为32;作为实训课程教材使用时,可有针对性地选取24学时,其余由学生自学完成。

本教材在编写过程中,得到了本学院领导的大力支持,也得到了诸多医药企业安全技术人员的帮助,提出了许多建设性建议,在此一并表示衷心的感谢。

由于编者水平有限,错误和不当之处不可避免,敬请读者及同行专家提出宝贵意见。

编　者

2020年10月

第一版前言

医药企业生产存在着诸多不安全因素，不安全因素的预防和控制需具备一定的专业知识和应变能力。为避免生产中可能发生的各种事故，普及安全生产知识和预防措施，减少职业性危害，特为从事或即将从事医药化工生产、流通、经营、使用化学品的人员编写本书。

本教材是在走访、调研诸多医药企业安全教育的基础上，结合职业院校学生在企业的实习及工作中所需要的安全知识，同时借鉴了诸多医药生产企业员工安全培训内容等编写而成。教材特点是加强实践内容和典型事故案例分析，强调与企业生产中需要的安全知识接轨。因此本书既可以作为医药化工类高职、中职学生教学用书，也可用作医药化工企业员工安全培训教材。

本教材主要内容包括安全生产基本知识、医药化工企业防火防爆知识、危险化学品、电气及设备安全管理、劳动保护知识。

本教材由山东药品食品职业学院的隋新安、崔成红、杨俊玲、李淑清、李淑敏和山东威高药业股份有限公司的孟庆华合编而成，由山东新华制药股份有限公司刘强和山东药品食品职业学院景大为主审。

在编写过程中，得到了学院领导的大力支持，得到了诸多医药企业安全生产技术人员的帮助，提出了许多建设性建议，在此一并表示衷心的感谢。

由于编者水平有限，本书的错误和不当之处不可避免，敬请读者及同行专家提出宝贵意见。

编　者

2012 年 10 月

目　　录

模块一　安全生产基本知识与法规解读

任务一　安全生产基本知识

●知识目标

1. 掌握安全生产的基本原则。
2. 掌握危险源的概念与分类。
3. 掌握事故的概念、分类及事故救援的基本准则。

●能力目标

1. 能够预估生产中存在的潜在危险。
2. 能够实施事故救援的措施。
3. 能够运用“四不放过”原则对安全事故进行分析。

●思政目标

1. 具有企业生产安全第一的认识。
2. 具有良好的心理素质,能够沉着冷静应对意外事故。

一、安全生产的基本概念

(一)安全

安全是指不受威胁,没有危险、危害和损失。

一般认为,安全是指生产系统中人员免遭不可承受危险的伤害,它要求在生产系统中人员、设备及环境要相互协调,最终达到人员免遭不可承受危险的伤害,也就是生产系统对人类的生命、财产、环境可能产生的损害,控制在人类能够接受的水平或以下的状态。

(二)安全生产

安全生产是指预防生产过程中发生人身、设备事故,形成良好劳动环境和工作秩序所采取的一系列措施和活动。

在安全生产中,消除危害人身安全和健康的因素,保障员工安全、健康、舒适的工作,称为人身安全;消除设备、产品等危险因素,保证生产正常进行,称为设备安全。

(三)危险源

1. 危险源概念

危险源是指可能导致人身伤害和(或)健康损害和(或)财产损失的根源、状态或行为,或它们的组合(来源:DB37/T 2882—2016、DB22/T 2881—2018)。

在分析生产过程中对人造成伤亡、影响人的身体健康甚至导致疾病的因素时,危险源可称为危险有害因素,分为人的因素、物的因素、环境因素和管理因素四类。

其中,根源是指具有能量或产生、释放能量的物理实体;状态是指设备的状态、使用介质和环境的状态等;行为是指决策人员、管理人员以及作业人员的决策行为、管理行为以及作业行为。

根据GB/T 45001—2020《职业健康安全管理体系　要求及使用指南》,危险源是指"可能导致伤害和健康损害的来源"。危险源包括可能导致伤害或危险状态的来源,或可能因暴露面导致伤害和健康损害的环境。考虑到中国安全生产领域现实存在的相关称谓,本标准视"危险源""危害因素"和"危害来源"同义。但对于中国安全生产领域中那些仅涉及对"物"或"财产"的损害而不涉及对"人"的伤害和健康损害的情况,本标准的术语"危险源""危害因素"或"危害来源"则不适用。

知识链接

GB/T 45001—2020 标准提到的"伤害和健康损害"

GB/T 45001—2020 标准中危险源概念中提到的"伤害和健康损害",是指对人的生理、心理或认知状况的不利影响。这些不利影响包括职业疾病、不健康和死亡。"伤害和健康损害"意味着存在伤害和(或)健康损害。

危险源可能是物理的、化学的、生物的、心理的、机械的、电的或基于运动或能量的。危险源是安全风险管理的对象,又是事故发生的根本原因,只要有生产生活,它就客观存在。

2. 危险源分类

(1)按危险源在事故发生、发展中的作用分类　习惯上,根据危险源在事故发生、发展中的作用,把危险源划分为两大类,即第一类危险源和第二类危险源。

①第一类危险源:根据能量意外释放论,把系统中存在的、可能发生意外释放的能量或危险物质称为第一类危险源。

实际工作中往往把产生能量的能量源(工艺过程、装置设备等)或拥有能量的能量载体看作第一类危险源来处理,例如带电的导体、奔驰的车辆等。

课堂讨论

请分组查阅文献,讨论常见的第一类危险源,分享讨论结果。

②第二类危险源：导致约束、限制能量措施失效或破坏的各种不安全因素称作第二类危险源。

一起伤亡事故的发生往往是两类危险源共同作用的结果。第一类危险源是伤亡事故发生的主体，第二类危险源是第一类危险源发生的必要条件。辨识危险源的首要任务是辨识第一类危险源，在此基础上再辨识第二类危险源。

危险源的分类

（2）按危险和有害因素的性质分类　危险和有害因素，是指可对人造成伤亡、影响人的身体健康甚至导致疾病的因素，通常简称为危害因素（来源：GB/T 13861—2009、GB/T 37563—2019）。

GB/T 13861—2009 标准按可能导致生产过程中危险和有害因素的性质，将生产过程危险和有害因素共分为四大类，分别是“人的因素”“物的因素”“环境因素”和“管理因素”。

①人的因素：指在生产活动中，来自人员自身或人为性质的危险和有害因素，包括如下两点。

a. 心理、生理性危险：如负荷超限、健康状况异常、从事禁忌作业、心理异常、辨识功能缺陷等有害因素。

b. 行为性危险和有害因素：如指挥错误、操作错误、监护失误、其他行为性危险和有害因素。

②物的因素：指机械、设备、设施、材料等方面存在的危险和有害因素，包括如下 3 点。

a. 物理性危险和有害因素：如设备、设施、工具、附件缺陷、防护缺陷、电伤害、噪声、振动危害、电离辐射、非电离辐射、运动物伤害、明火、高温物质、低温物质、信号缺陷、标志缺陷、有害光照等。

b. 化学性危险和有害因素：如爆炸品、压缩气体和液化气体、易燃液体、易燃固体、自燃物品和遇湿易燃物品、氧化剂和有机过氧化物、有毒品、放射性物品、腐蚀品、粉尘与气溶胶等。

c. 生物性危险和有害因素：如致病微生物、传染病媒介物、致害动物、致害植物等。

③环境因素：指生产作业环境中的危险和有害因素，包括如下 4 点。

a. 室内作业场所环境不良：如室内地面滑、室内作业场所狭窄、室内作业场所杂乱、室内地面不平、室内梯架缺陷，地面、墙和天花板上的开口缺陷、房屋基础下沉、室内安全通道缺陷、房屋安全出口缺陷、采光照明不良、作业场所空气不良，室内温度、湿度、气压不适，室内给、排水不良，室内涌水等。

b. 室外作业场地环境不良：如恶劣气候与环境、作业场地和交通设施湿滑、作业场地狭窄、作业场地杂乱、作业场地不平，脚手架、阶梯和活动梯架缺陷，地面开口缺陷、建筑物和其他结构缺陷、门和围栏缺陷、作业场地基础下沉、作业场地安全通道缺陷、作业场地安全出口缺陷、作业场地光照不良、作业场地空气不良,作业场地温度、湿度、气压不适,作业场地涌水等。

c. 地下(含水下)作业环境不良:如隧道/矿井顶面缺陷、隧道/矿井正面或侧壁缺陷、隧道/矿井地面缺陷、地下作业面空气不良、地下火、冲击地压、地下水、水下作业供氧不当等。

d. 其他作业环境不良:如强迫体位、综合性作业环境不良,以上未包括的其他作业环境不良。

④管理因素:指管理和管理责任缺失所导致的危险和有害因素。包括如下6点。

a. 职业安全卫生组织机构不健全。

b. 职业安全卫生责任制未落实。

c. 职业安全卫生管理规章制度不完善,包括建设项目"三同时"制度未落实,操作规程不规范,事故应急预案及响应缺陷培训制度不完善,其他职业安全卫生管理规章制度不健全。

d. 职业安全卫生投入不足。

e. 职业健康管理不完善。

f. 其他管理因素缺陷。

(3)按事故类别分类 GB/T 6441—1986《企业职工伤亡事故分类》标准综合考虑导致事故的起因物、引起事故的诱导性原因、致害物和伤害方式等因素情况,将企业职工伤亡事故的类型分为20种,具体见表1-1。危险类型的划分可借鉴事故类别的划分方法。

表1-1 企业职工伤亡事故分类表

序号	事故类别名称	序号	事故类别名称	序号	事故类别名称	序号	事故类别名称
1	物体打击	6	淹溺	11	冒顶片帮	16	锅炉爆炸
2	车辆伤害	7	灼烫	12	透水	17	容器爆炸
3	机械伤害	8	火灾	13	放炮	18	其他爆炸
4	起重伤害	9	高处坠落	14	火药爆炸	19	中毒和窒息
5	触电	10	坍塌	15	瓦斯爆炸	20	其他伤害

(四)重大危险源

根据2014年修订的《中华人民共和国安全生产法》第一百一十二条,重大危险源,是指长期或者临时地生产、搬运、使用或者储存危险物品,且危险物品的数量等于或者超过临界量的单元(包括场所和设施)。

根据《危险化学品安全管理条例》(国务院令第591号),重大危险源是指生产、储存、使用或者搬运危险化学品，且危险化学品的数量等于或者超过临界量的单元（包括场所和设施）。

以上两个法规对重大危险源的定义是相同的。

根据 GB 18218—2018，危险化学品重大危险源，是指长期或临时地生产、储存、使用和经营危险化学品，且危险化学品的数量等于或超过临界量的单元。

这里出现了“经营”环节，没有“搬运”环节。实际上，生产、储存、使用中都不可避免地涉及“搬运”问题，所以以上定义的本质是相同的。其中临界量是指某种或某类危险化学品构成重大危险源所规定的最小数量。

单元，是指涉及危险化学品的生产、储存装置、设施或场所，分为生产单元和储存单元。

生产单元，是指危险化学品的生产、加工及使用等的装置及设施，当装置及设施之间有切断阀时，以切断阀作为分隔界限划分为独立的单元。

储存单元，是指用于储存危险化学品的储罐或仓库组成的相对独立的区域，储罐区以罐区防火堤为界限划分为独立的单元，仓库以独立库房（独立建筑物）为界限划分为独立的单元。

知识链接

危险源和重大危险源的区别

危险源和重大危险源的区别，主要是危险物质的数量。辨识重大危险源，或重大危险源管理的本质，就是要及时消除多出临界量的危险物质，变重大危险源为危险源。

（五）事故

事故是指造成死亡、职业病、伤害、财产损失或其他损失的意外事件（来源：AQ 3013—2008）。

生产安全事故是指生产经营单位在生产经营活动（包括与生产经营有关的活动）中突然发生的，伤害人身安全和健康、损坏设备设施或造成经济损失，导致原生产经营活动暂时中止或永远终止的意外事件。生产安全事故的分类有很多，其中根据 2007 年 6 月 1 日实施的《生产安全事故报告和调查处理条例》中第三条规定可将事故按照人员伤亡或者直接经济损失分为以下等级。

事故分类

1. 特别重大事故

造成 30 人以上死亡，或者 100 人以上重伤（包括急性工业中毒，下同），或者 1 亿元以上直接经济损失的事故。

2. 重大事故

造成 10 人以上 30 人以下死亡,或者 50 人以上 100 人以下重伤,或者 5000 万元以上 1 亿元以下直接经济损失的事故。

3. 较大事故

造成 3 人以上 10 人以下死亡,或者 10 人以上 50 人以下重伤,或者 1000 万元以上 5000 万元以下直接经济损失的事故。

4. 一般事故

造成 3 人以下死亡,或者 10 人以下重伤,或者 1000 万元以下直接经济损失的事故。具体细分为三级。

(1)一般事故 A 级　是指造成 3 人以下死亡,或者 3 人以上 10 人以下重伤,或者 10 人以上轻伤,或者 100 万元以上 1000 万元以下直接经济损失的事故。

(2)一般事故 B 级　是指造成 3 人以下重伤,或者 3 人以上 10 人以下轻伤,或者 10 万元以上 100 万元以下直接经济损失的事故。

(3)一般事故 C 级　是指造成 3 人以下轻伤,或者 10 万元以下 1000 元以上直接经济损失的事故。

注:本条所称的“以上”包括本数,所称的“以下”不包括本数。

(六)事故隐患

安全生产事故隐患(以下简称隐患、事故隐患或安全隐患),是指生产经营单位违反安全生产法律、法规、规章、标准、规程和安全生产管理制度的规定,或者因其他因素在生产经营活动中存在可能导致事故发生的危险状态、人的不安全行为和管理上的缺陷(来源:《安全生产事故隐患排查治理体系建设实施指南》)。

在事故隐患的三种表现中,物的危险状态是指生产过程或生产区域内的物质条件(如材料、工具、设备、设施、成品、半成品)处于危险状态,人的不安全行为是指人在工作过程中的操作、指示或其他具体行为不符合安全规定,管理上的缺陷是指在开展各种生产活动中所必须的各种组织、协调等行动存在缺陷。

隐患是引发安全事故的直接原因,是所采取的管控措施存在缺陷或缺失时形成的,是安全管理的主要对象。通常通过现场检查排查可以发现它们的存在。事故隐患一经发现,必须及时消除,或采取相应措施降低风险,确保安全运行,直至实现本质安全的要求。

课堂活动

1. 请查阅《危险化学品企业事故隐患排查治理实施导则》(安监总管三〔2012〕103 号)对于事故隐患的定义。

2. 事故隐患产生的原因有哪些?请分组查阅,并分享查阅结果。

二、医药行业安全生产的内涵

（一）生产必须安全

“生产必须安全，安全促进生产”科学地揭示了生产与安全的辩证关系，必须坚持“安全第一”和“管生产必须同时管安全”原则。

安全生产的内涵与原则

“安全第一”是指当考虑生产时，必须保证安全第一，落实安全生产的各项措施，保证员工的安全、健康和生产持续、安全地进行；当生产和安全发生矛盾时，生产必须服从安全。

“管生产必须同时管安全”是指一切从事生产、经营活动的单位和管理部门，在生产的同时要落实《安全生产法》和国家各项安全规定，制定本企业或部门的安全生产规章制度。

（二）安全生产，人人有责

安全生产是一项综合性的工作，贯彻专业管理和群众管理相结合，做到安全生产人人重视、个个自觉、提高警惕、互相监督、发现隐患、及时消除。企业法定代表人是安全生产第一责任人，对本企业安全生产负全面责任；分管安全生产工作的副职，承担相应的领导责任。企业在制定生产领导责任制的同时，制定全员安全生产责任制，保证企业的安全生产管理全面覆盖，责任到位。

（三）安全生产，重在预防

认真贯彻“三同时”规定，即在建设工程立项时，安全监测防范技术和“三废”治理措施与工程项目主体“同时设计、同时施工、同时使用”。对运行的生产装置、工艺存在的安全问题，组织力量攻关，及时消除隐患。

“安全生产，重在预防”，应该抓安全生产的基础工作，不断提高员工识别、判断、预防和处理事故的本领。

三、安全生产的原则

（一）“生产与安全统一”的原则

生产必须安全，安全促进生产。安全生产是安全与生产的统一，宗旨是安全促进生产，生产必须安全。搞好安全工作，改善劳动条件，可以调动职工的生产积极性。

（二）职业安全卫生“三同时”原则

新建、改建、扩建工程的安全生产、劳动安全卫生、职业病防治设施必须与主体工程“同时设计，同时施工，同时投产使用”。

（三）“三不违章”原则

不违章指挥、不违章作业、不违反劳动纪律。

（四）“三个对待”原则

未遂事故当事故对待；小事故当大事故对待；别人的事故当自己的事故对待。

(五)“四不放过”原则

事故原因分析不清楚不放过,事故责任者和群众没有受到教育不放过,没有采取切实可行的防范措施不放过,事故责任者没有受到严肃处理不放过。

(六)“四不伤害”原则

不伤害他人,不伤害自己,不被他人伤害,保护他人不被伤害。

(七)安全生产“五同时”原则

企业生产组织及领导者在计划、布置、检查、总结、评比生产的时候,同时计划、布置、检查、总结、评比安全工作。

(八)安全生产管理 3E 原则

安全生产管理 3E 原则:强制管理(Enforcement)、教育培训(Education)、工程技术(Engineering)。

1. 强制管理

生产经营单位通过组织机构,建立健全各级管理人员和生产人员责任制。

2. 教育培训

强化员工的安全技能,通过安全科技知识和岗位安全技能教育,提高安全操作技能和应对紧急情况的能力。

3. 工程技术

安全生产方针“安全第一,预防为主,综合治理”,工程技术方法主要从技术层面贯彻方针的落实。

小组活动

请分组讨论以下法则及其应用领域,小组间交流。

1. 墨菲法则。
2. 海因里希法则。
3. 不等式法则。
4. 慧眼发展。
5. 罗氏法则。
6. 90 法则。
7. 南风法则。
8. 金字塔法则。
9. 市场法则。
10. 桥墩法则。

四、企业安全教育

（一）总体要求

《安全生产法》第二十五条规定，生产经营单位应当对从业人员和被派遣劳动者进行安全生产教育和培训。

企业应建立健全的安全教育培训制度，按照有关规定进行培训。培训大纲、内容、时间应满足有关标准的规定。企业安全教育培训应包括安全生产和职业卫生的内容。企业应明确安全教育培训主管部门，定期识别安全教育培训需求，制订、实施安全教育培训计划，并保证必要的安全教育培训资源，并且将双重预防体系教育培训与企业“三级”培训相融合。企业要将培训内容作为员工的应知应会知识进行培训教育，对培训效果进行考核并如实记录，考核结果记入培训档案。畅通公众监督和社会监督渠道，广泛听取社会各方面意见和建议，对培训效果进行评估，不断改进和加强双重预防体系建设。企业应如实记录全体从业人员的安全教育和培训情况，建立安全教育培训档案和从业人员个人安全教育培训档案，并对培训效果进行评估和改进。

企业的主要负责人和安全生产管理人员应具备与本企业所从事的生产经营活动相适应的安全生产和职业卫生知识与能力。企业应对各级管理人员进行教育培训，确保其具备正确履行岗位安全生产和职业卫生职责的知识与能力。

企业应对从业人员进行安全生产和职业卫生教育培训，保证从业人员具备满足岗位要求的安全生产和职业卫生知识，熟悉有关的安全生产和职业卫生法律法规、规章制度、操作规程，掌握本岗位的安全操作技能和职业危害防护技能、安全风险辨识和管控方法，了解事故现场应急处置措施，并根据实际需要，定期进行再培训。

根据《生产经营单位安全培训规定》安全总局令 63 号，生产经营单位应当进行安全培训的从业人员包括主要负责人、安全生产管理人员、特种作业人员和其他从业人员。

生产经营单位从业人员应当接受安全培训，熟悉有关安全生产规章制度和安全操作规程，具备必要的安全生产知识，掌握本岗位的安全操作技能，增强预防事故、控制职业危害和应急处理的能力。

未经安全生产培训合格的从业人员，不得上岗作业。

（二）新员工三级安全培训教育

1. 培训目的

加工、制造业等生产单位的其他从业人员，在上岗前必须经过厂（矿）、车间（工段、区、队）、班组三级安全培训教育。

生产经营单位可以根据工作性质对其他从业人员进行安全培训，保证其具备本岗位安全操作、应急处置等知识和技能。

2. 培训学时

生产经营单位新上岗的从业人员,岗前培训时间不得少于24学时。危险化学品等生产经营单位新上岗的从业人员安全培训时间不得少于72学时,每年接受再培训的时间不得少于20学时。

3. 培训内容

(1)厂级 本单位安全生产情况及安全生产基本知识;本单位安全生产规章制度和劳动纪律;从业人员安全生产权利和义务;有关事故案例及经验教训;事故应急救援、事故应急预案演练及防范措施;作业场所和工作岗位存在的危险因素、防范措施;双重预防机制有关文件、制度等。由人力资源部会同职业健康安全管理体系和环境管理体系(SHE)管控部组织实施。

(2)车间级 工作环境及危险因素;所从事工种可能遭受的职业伤害和伤亡事故;所从事工种的安全职责、操作技能及强制性标准;自救互救、急救方法,疏散和现场紧急情况的处理;安全设备设施、个人防护用品的使用和维护;本车间安全生产状况及规章制度;预防事故和职业危害的措施及应注意的安全事项;有关事故案例及经验教训;安全风险分级管控和隐患排查治理双重预防机制的内容、标准、工作程序与方法;风险等级判定准则及控制措施,隐患排查治理方式方法等。由车间负责人负责。

(3)班组级 本班组安全生产状况;岗位安全操作规程;本岗位生产流程、工作特点、注意事项及事故预防措施;岗位之间工作衔接配合的安全与职业卫生事项;有关事故案例及经验教训;生产设备、安全装置;劳动防护用品的正确使用方法;本班组风险点危险源排查管控清单、隐患排查治理流程与措施等双重预防机制的内容。由班组长负责。

(三)其他人员的安全教育培训

1. 调整工作岗位或离岗一年以上重新上岗人员

调整工作岗位或离岗一年以上重新上岗人员,应进行相应的车间、班组级安全教育。在新工艺、新技术、新材料、新设备设施投入使用前,企业应对有关从业人员进行专门的安全生产和职业卫生教育培训,确保其具备相应的安全操作、事故预防和应急处置能力。

2. 特种作业以及其他人员

特种作业人员是指电工、焊工、切割工、起重机械作业人员、驾驶员、登高作业人员、锅炉工、压力容器操作工、制冷作业人员、爆破人员等。

3. 培训要求

(1)上岗前必须接受专门机构培训,取证上岗,并定期接受复审。

(2)接受相关作业人员培训。

(3)接受相应工作单位及车间、班组安全教育。

企业专职应急救援人员应按照有关规定,经专门应急救援培训,考核合格后,方可上岗,并定期参加复训。

其他从业人员每年应接受再培训,再培训时间和内容应符合国家和地方政府的有关规定。

4. 外来人员

企业应对进入企业从事服务和作业活动的承包商、供应商的从业人员和接收的中等职业学校、高等学校实习生,进行入厂(矿)安全教育培训,并保存培训记录。

外来人员进入作业现场前,应由作业现场所在单位对其进行安全教育培训,并保存记录。主要内容包括:外来人员入厂(矿)有关规定、可能接触到的危害因素、所从事作业的安全要求、作业安全风险分析及安全控制措施、职业病危害防护措施、应急知识等。

企业应对进入企业检查、参观、学习等外来人员进行安全教育,主要内容包括:安全规定、可能接触到的危险有害因素、职业病危害防护措施、应急知识等。

思考题

1. 利用假期或实训课到医药企业进行短期实习、实训时,是否需要进行安全教育?教育内容有哪些?
2. 从安全角度考虑,为什么多数医药化工企业不愿接受在校学生参观?

五、事故应急救援

(一)事故应急救援的基本任务

中华人民共和国国务院令(第708号)《生产安全事故应急条例》(以下简称《条例》)自2019年4月1日起施行,是为了规范生产安全事故应急工作,保障人民群众生命和财产安全,根据《中华人民共和国安全生产法》和《中华人民共和国突发事件应对法》而制定。事故应急救援的总目标是通过有效的应急救援行动,尽可能地降低事故的后果,包括人员伤亡、财产损失和环境破坏等。《条例》第十七条规定:发生生产安全事故后,生产经营单位应当立即启动生产安全事故应急救援预案,采取下列一项或者多项应急救援措施,并按照国家有关规定报告事故情况。

(1)迅速控制危险源,组织抢救遇险人员　抢救受害人员是应急救援的首要任务,在应急救援行动中,快速、有序、有效地实施现场急救与安全转送伤员是降低伤亡率,减少事故损失的关键。由于重大事故发生突然、扩散迅速、涉及范围广、危害大,应及时指导和组织群众采取各种措施进行自身防护,必要时迅速撤离危险区或可能受到危害的区域。在撤离过程中,应积极组织群众开展自救和互救工作。

(2)根据事故危害程度,组织现场人员撤离或者采取可能的应急措施后撤离　对事故造成的危害进行检测、监测,测定事故的危害区域、危害性质及危害程度。

及时控制住造成事故的危险源是应急救援工作的重要任务,只有及时地控制住危险源,防止事故的继续扩展,才能及时有效地进行救援。特别对发生在城市或人口稠密地区的化学事故,应尽快组织工程抢险队与事故单位技术人员一起及时控制事故继续扩展。

(3)及时通知可能受到事故影响的单位和人员。

(4)采取必要措施,防止事故危害扩大和次生、衍生灾害发生　针对事故对人体、动植物、土壤、空气等造成的现实危害和可能的危害,迅速采取封闭、隔离、洗消、监测等措施,防止对人的继续危害和对环境的污染。及时清理废墟和恢复基本设施,将事故现场恢复至相对稳定的基本状态。

(5)根据需要请求邻近的应急救援队伍参加救援,并向参加救援的应急救援队伍提供相关技术资料、信息和处置方法。

(6)维护事故现场秩序,保护事故现场和相关证据。

(7)法律、法规规定的其他应急救援措施。

(二)事故应急救援的特点

重大事故往往具有发生突然、扩散迅速、危害范围广的特点,因而决定了应急救援行动必须做到迅速、准确和有效。

(三)事故应急救援的要求

1. 迅速

就是要求建立快速的应急响应机制,能迅速准确地传递事故信息,迅速地调集所需的大规模应急力量和设备、物资等,迅速地建立起统一与协调系统,开展救援行动。

2. 准确

要求有相应的应急决策机制,能基于事故的规模、性质、特点等信息,正确地预测事故的发展趋势,准确地对应急救援行动和战术进行决策。

3. 有效

主要包括应急队伍的建设、应急设备物资的配备与维护,预案的制订与落实以及有效的外部增援机制等。

六、国际劳工组织(ILO)“世界安全生产与健康日”

确立世界安全生产和健康日的想法起源于工人纪念日。纪念日于 1989 年由美国和加拿大工人发起,以便在每年的 4 月 28 日纪念死亡和受伤的工人。国际自由工会联合会和全球工会联盟将其发展成一种全球性活动。

2001 年 4 月 24 日,国际劳工组织宣布,批准将 4 月 28 日作为世界安全生产与健康日。国际劳工组织还响应国际自由劳工联盟的号召,将 4 月 28 日作为联合国官方纪念日。

设立“世界安全生产与健康日”的目的,就是为了纪念死亡和受伤的工人,同时宣传工作安全，避免和预防每一位从事劳动的工人受到伤害或患上疾病。

据国际劳工组织的统计，每年有大量的人死于工伤事故，这种日复一日的灾难不仅耗费了巨大的人力成本，更使得恶劣的职业安全和卫生所造成的经济负担在年均国内生产总值中占较高比例。

因此，国际劳工组织鼓励政府、工人组织以及雇主组织针对事故和疾病预防这一主题，在他们力所能及的范围内采取行动，增加共识。同时，鼓励每一位从事劳动的工人认真考虑他们的工作实践，确定预防行为是否能够避免伤害和疾病，并且必须在全球的所有国家以及企业，制定适当的职业安全与健康的法律，依法行事。还要将职业安全和健康的内容更好地纳入职业培训课程以及企业培训计划当中，才能真正成功地减少与工作相关的事故和疾病。所以说，不仅在4月28日这一天，每天都应当重视安全生产和关注健康。

课堂活动

请分组查阅：历年世界安全生产与健康日的主题是什么？然后进行小组间交流。

目标检测

请扫码完成在线测验：

实训项目一　运用“四不放过”原则进行事故分析

一、实训目的

1. 能够根据四不放过原则进行案例分析。
2. 能够正确认识生产中的危险性。

二、实训内容

（一）四不放过原则

具体内容请参见任务一“三、安全生产的原则”项下（五）‘四不放过’原则。

（二）事故案例

浙江华邦公司 C4 车间发生爆炸火灾事故

1. 事故简介

2017 年 1 月 3 日 8 时 50 分许，位于浙江省临海市化学原料药基地临海园区的浙江华邦医药化工有限公司（以下简称“华邦公司”）C4 车间发生爆炸火灾事故，造成 3 人死亡，直接经济损失 400 多万元，此为较大火灾。

2. 事故单位及生产工艺情况

华邦公司创建于 2002 年 9 月，占地 68.27 亩，资产 5360 万元，员工 200 人，主要产品包括 6,6-二氢青霉烷酸二苯甲酯（DP-3）、三苯基氯甲烷、潘生丁二氯物（DDH）等医药中间体，所有产品均不属于危险化学品，但其生产过程涉及加氢、氧化、磺化、胺化、硝化、重氮化等重点监管危险化工工艺和甲苯、乙酸乙酯、液氨、氢气、乙炔等重点监管危险化学品，且涉及危险化学品的使用和回收。事故发生在 C4 车间生产 DDH 的环合反应釜。DDH 的生产工艺是以草酸二乙酯为起始物料，经过缩合工序制得草酰乙酸二乙酯甲苯溶液，经环合、硝化、加氢还原、氯化、缩合等工序得到成品，发生事故的环合反应过程如下。

在反应釜中投入缩合物草酰乙酸二乙酯甲苯溶液和尿素，冷却至 20～25℃加硫酸，保温 2h，升温至 60～68℃，保温反应至终点（保温 5h）；加压浓缩回收甲苯，加入 10%液碱中和至中性，过滤后的滤饼（主要成分为乳清酸）加入水和氢氧化钠，于 60～63℃保温反应 1h，冷却至常温，加 30%盐酸中和反应至 pH 1～2，酸化反应 2h，得到最终反应产物。

3. 事故经过

1 月 2 日，当班员工由于 24h 上班，身体疲劳而在岗位上打瞌睡，错过了投料时间，本应在前一天晚上 11 时左右投料，却在凌晨 4 时左右才投料；滴加浓硫酸并在 20～25℃保温 2h 后交班，但却未将投料时间改变和反应时间不足工艺要求的情况向白班人员交接清楚。

白班人员未按操作规程操作，就直接开始减压蒸馏，蒸馏约 20min 后，发现没有甲苯蒸出，操作工就继续加大蒸汽量（使用蒸汽旁路通道，主通道自动切断装置失去作用），8：50 左右发生爆炸，并引起现场设施和物料起火燃烧，见图 1。

图 1　事故现场

注：案例及图片来自 QQ 浏览器网页搜索，网址：https://www.sohu.com/a/276001073_684748.

三、任务要求

根据四不放过原则，分组对上述案例进行分析，完成以下问题。

1. 分析事故原因是什么？
2. 受到了什么启示教育？
3. 可以采取哪些控制预防措施？
4. 事故责任者应该受到什么样的惩罚？

四、在线检测

请扫码完成在线测验。

参考文献

[1]AQ 3013—2008. 危险化学品从业单位安全标准化通用规范[S].

[2]DB37/T 2882—2016. 安全生产风险分级管控体系通则[S].

[3]DB37/T 3078—2017. 特种设备安全风险分级管控体系细则[S].

[4]DB22/T 2881—2018. 安全生产风险分级管控和隐患排查治理双重预防机制建设通则[S].

[5]GB/T 6441—1986. 企业职工伤亡事故分类[S].

[6]GB 18218—2018. 危险化学品重大危险源辨识[S].

[7]GB/T 45001—2020. 职业健康安全管理体系 要求及使用指南[S].

[8]陈宝智,张培红. 安全原理(第 3 版)[M]. 北京:冶金工业出版社,2016.

[9]李光跃. 安全生产与环境保护[M]. 哈尔滨:哈尔滨工程大学出版社,2020.

[10]隋新安,崔成红. 医药企业安全生产[M]. 北京:中国轻工业出版社,2013.

[11]郑立业. 安全风险辨识评价与管控实务[M]. 天津:天津科学技术出版社,2018.

[12]张一帆,吴瑞. 药品安全生产实务[M]. 青岛:中国石油大学出版社,2019.

任务二　安全生产法律法规

●知识目标

1. 掌握重点法律法规的方针。
2. 掌握安全生产事故报告及处理制度的内容。
3. 知道医药企业具体的安全规章制度。
4. 了解安全生产相关的法律法规。

●能力目标

1. 能够理解安全生产方针和理念。
2. 能够对安全生产案例进行解读和分析。
3. 能对突发的安全事故及时报告,并按规定进行正确处理。

●思政目标

1. 具有遵纪守法的自觉性,增强法律意识。
2. 具有良好的药学工作者应有的职业道德和行为规范。

一、《中华人民共和国安全生产法》(以下简称《安全生产法》)

(一)《安全生产法》简介及解读

第十二届全国人民代表大会常务委员会第十次会议于2014年8月31日通过《全国人民代表大会常委员会关于修改<中华人民共和国安全生产法>的决定》,自2014年12月1日起施行,这是该法自2002年实施以来的第二次修订。《安全生产法》是我国第一部全面规范安全生产的专门法律,它是我国安全生产法律体系的主体法,目的是为了加强安全生产工作,防止和减少安全生产事故,保障人民群众生命和财产安全,是各类生产经营单位及其从业人员实现安全生产所必须遵循的行为准则;是各级人民政府及有关部门进行监督管理和行政执法的法律依据;是制裁各种安全生产违法犯罪行为的有力武器。

《安全生产法》的贯彻实施,有利于依法规范各类生产经营单位的安全生产工作;有利于加强各级安全生产监督管理部门的监督管理和依法行政;有利于保障职工劳动安全的权利;有利于依法制裁各种安全生产违法行为,防止和减少生产安全事故,促进经济发展。

修订后的《安全生产法》共7章114条,包括总则、生产经营单位的安全生产保障、从业人员的安全生产权利义务、安全生产的监督管理、生产安全事故的应急救援与调查处理、法律责任以及附则。

《安全生产法》适用的范围:一切从事生产经营活动的企业事业单位、股份制企业、中外合资经营企业、外资企业、个人独资企业等,不论其经济性质如何、规模大小，只要从事生产经营活动的，都应遵守安全生产法的各项规定，违反安全生产法规定的行为将受到法律的追究。

《安全生产法》突出了安全生产工作的地位，提出进一步强化生产经营单位的主体责任，加强政府安全监管和基层执法力量，加大了安全生产违法行为的惩处力度，着眼于安全生产现实问题和发展要求，主要有以下几个方面。

1. 坚持以人为本，推进安全发展

《安全生产法》提出安全生产工作要以人为本，坚守"发展决不能以牺牲人的生命为代价"这条红线，牢固树立"以人为本、生命至上"的理念，把安全发展融入经济社会发展大局，贯穿于规划、设计、建设、管理、生产、经营等各环节，具有重大意义。为强化安全生产工作的重要地位，明确安全生产在国民经济和社会发展中的重要地位，推进安全生产形势持续稳定好转，《安全生产法》将坚持安全发展写入了总则。

2. 建立完善安全生产的方针和工作机制

坚持"十二字方针"，总结实践经验，建立生产经营单位负责、职工参与、政府监管、行业自律、社会监督的机制，进一步明确各方安全生产职责。做好安全生产工作，落实生产经营单位主体责任是根本、职工参与是基础、政府监管是关键、行业自律是发展方向、社会监督是实现预防和减少生产安全事故目标的保障。

3. 落实"三个必须"，明确安全监管部门执法地位

按照"三个必须"（管业务必须管安全、管行业必须管安全、管生产经营必须管安全）的要求：一是规定国务院和县级以上地方人民政府应当建立健全安全生产工作协调机制，及时协调、解决安全生产监督管理中存在的重大问题。二是明确国务院和县级以上地方人民政府安全生产监督管理部门实施综合监督管理，有关部门在各自职责范围内对有关行业、领域的安全生产工作实施监督管理，并将其统称为负有安全生产监督管理职责的部门。三是明确各级安全生产监督管理部门和其他负有安全生产监督管理职责的部门作为执法部门，依法开展安全生产行政执法工作，对生产经营单位执行法律、法规、国家标准或者行业标准的情况进行监督检查。

4. 明确乡镇人民政府以及街道办事处、开发区管理机构安全生产职责

乡镇街道广泛分布着大量的中小企业，是安全生产工作的重要基础，有必要在立法层面明确其安全生产职责，同时，针对各地经济技术开发区、工业园区的安全监管体制不顺、监管人员配备不足、事故隐患集中、事故多发等突出问题。《安全生产法》明确规定："乡、镇人民政府以及街道办事处、开发区管理机构等地方人民政府的派出所机关应当按照职责，加强对本行政区域内生产经营单位安全生产状况的监督检查，协助上级人民政府有关部门依法履行安全生产监督管理职责。"

5. 进一步强化生产经营单位的安全生产主体责任

做好安全生产工作，落实生产经营单位主体责任是根本。《安全生产法》第三

条明确规定:“强化和落实生产经营单位的主体责任”,第五条又规定:“生产经营单位的主要负责人对本单位的安全生产工作全面负责”。新增的 17 条中,有 9 条直接关联到生产经营单位及其人员。全法 114 条中,71 条直接关联到生产经营单位及其人员。《安全生产法》把明确安全责任、发挥生产经营单位安全生产管理机构和安全生产管理人员作用作为一项重要内容,做出四个方面的重要规定:一是明确委托规定的机构提供安全生产技术、管理服务的,保证安全生产的责任仍然由本单位负责(第 13 条)。二是明确生产经营单位的安全生产责任制的内容,规定生产经营单位应当建立相应的机制,加强对安全生产责任制落实情况的监督考核(第 19 条)。三是明确生产经营单位的安全生产管理机构以及安全生产管理人员履行的七项职责(第 22 条)。四是规定矿山、金属冶炼建设项目和用于生产、储存危险物品的建设项目竣工投入生产或者使用前,由建设单位负责组织对安全设施进行验收(第 33 条)。

6. 建立事故预防和应急救援的制度

把加强事前预防和事故应急救援作为一项重要工作,第 38 条规定:“生产经营单位应当建立健全生产安全事故隐患排查治理制度,采取技术、管理措施,及时发现并消除事故隐患”,政府有关部门要建立健全重大事故隐患治理督办制度,督促生产经营单位消除重大事故隐患。对未建立隐患排查治理制度、未采取有效措施消除事故隐患的行为,设定了严格的行政处罚。国家建立应急救援基地和应急救援队伍,建立全国统一的应急救援信息系统。生产经营单位应当依法制订应急预案并定期演练。参与事故抢救的部门和单位要服从统一指挥,根据事故救援的需要组织采取告知、警戒、疏散等措施。

7. 建立安全生产标准化制度

安全生产标准化是在传统的安全质量标准化基础上,根据当前安全生产工作的要求、企业生产工艺特点,借鉴国外现代先进安全管理思想,形成一套系统的、规范的、科学的安全管理体系。《安全生产法》第 4 条要求:“推进安全生产标准化建设,提高安全生产水平”,这必将对强化安全生产基础建设,促进企业安全生产水平持续提升产生重大而深远的影响。矿山、危险化学品等高危行业企业安全生产标准化取得了显著成效,企业安全生产水平明显提高。

8. 推行注册安全工程师制度

我国自 2004 年以来连续 10 年实施了全国注册安全工程师执业资格统一考试,21.8 万人取得了资格证书。截至 2013 年 12 月,已有近 15 万人注册并在生产经营单位和安全生产中介服务机构执业,但是这种专业人才一直缺少法律支持。2014 年修订后的《安全生产法》明确要求有危险性的一些单位,危险物品的生产、储存单位以及矿山、金属冶炼等高危和事故高发单位必须配备注册安全工程师从事安全生产工作,并且鼓励其他的经营单位聘用注册安全工程师。同时建立注册安全工程师按专业分类管理制度,授权国务院有关部门制定具体实施办法。

9. 加大对安全生产违法行为的责任追究力度

(1)规定了事故行政处罚和终身行业禁入

①将行政法规的规定上升为法律条文,按照两个责任主体、四个事故等级,设立了对生产经营单位及其主要负责人的八项罚款处罚明文。

②大幅提高对事故责任单位的罚款金额:一般事故罚款20万元至50万元,较大事故50万元至100万元,重大事故100万元至500万元,特别重大事故500万元至1000万元;特别重大事故且情节特别严重的,罚款1000万元至2000万元。

③进一步明确主要负责人对重大、特别重大事故负有责任的,终身不得担任本行业生产经营单位的主要负责人。

(2)加大罚款处罚力度　结合各地区经济发展水平、企业规模等实际,"新安法"维持罚款下限基本不变,将罚款上限提高了2~5倍,并且大多数的罚款则不再将限期整改作为前置条件。反映了"打非治违""重典治乱"的现实需要,强化了对安全生产违法行为的震慑力,也有利于降低执法成本、提高执法效能。

(3)建立了严重违法行为公告和通报制度　要求负有安全生产监督管理的部门建立安全生产违法行为信息库,如实记录生产经营单位的违法行为信息;对违法行为情节严重的生产经营单位,应当向社会公告,并通报行业主管部门、投资主管部门、国土资源主管部门、证券监督管理部门和有关金融机构。

(二)安全生产的方针

《安全生产法》确立了"安全第一、预防为主、综合治理"的安全生产工作"十二字方针",明确了安全生产的重要地位、主体任务和实现安全生产的根本途径。

"安全第一"就是坚持人民群众的生命安全高于一切,要求从事生产经营活动必须始终把安全特别是从业人员的人身安全放在首位,不能以牺牲人的生命、健康为代价换取发展和效益,体现了以人为本的思想。要在确保安全的前提下,实现生产经营的其他目标。没有"安全第一"的思想,预防为主就失去了思想支撑,综合治理就失去了整体依据。

"预防为主"是安全生产方针的核心和体现,也是实现安全生产的根本途径。要求把安全生产工作的重心放在预防上,强化隐患排查治理,努力做到事前防范,采取有效的控制措施,而不是事后去组织抢救或调查原因,从源头上控制、预防和减少生产安全事故。按照事故发生的规律和特点,千方百计地预防事故发生,将事故消灭在萌芽状态。

"综合治理"是一种新的安全管理模式,是实现安全生产的有效手段和方法,"综合治理"的提出标志着社会对安全生产的认识上升到一个新的高度。要求标本兼治、重在治本,综合运用行政、经济、法治、科技等多种手段,充分发挥社会、职工、舆论监督各个方面的作用,采取有力措施遏制重大事故,建立安全生产长效机制,抓好安全生产工作。

二、《中华人民共和国职业病防治法》

（一）职业病防治法简介及解读

2001年10月27日我国公布《中华人民共和国职业病防治法》（以下简称《职业病防治法》），自2002年5月1日施行，从此我国职业病防治工作正式进入有法可依阶段。2018年12月29日，第十三届全国人民代表大会常务委员会第七次会议通过《关于修改〈中华人民共和国劳动法〉等七部法律的决定》，对《中华人民共和国职业病防治法》进行了第四次修改。

《中华人民共和国职业病防治法》全文

职业病是指企业、事业单位和个体经济组织等用人单位的劳动者在职业活动中，因接触粉尘、放射性物质和其他有毒、有害因素而引起的疾病。职业病的分类和目录由国务院卫生行政部门会同国务院安全生产监督管理部门、劳动保障行政部门制定、调整并公布。

《中华人民共和国职业病防治法》简介视频

1. 强化用人单位职业病防治职责

建立用人单位负责、行政机关监管、行业自律、职工参与和社会监督的机制，实行分类管理、综合治理。用人单位的主要负责人对本单位的职业病防治工作全面负责。

2. 明确劳动者的职业病诊断规定

（1）劳动者可在用人单位所在地、本人户籍所在地或者经常居住地依法承担职业病诊断的医疗卫生机构进行职业病诊断。

（2）明确由卫生行政部门监督检查和督促用人单位为申请职业病诊断、鉴定的劳动者提供职业史、职业病危害接触史、工作场所职业病危害因素检测结果等相关资料。

（3）在职业病诊断、鉴定过程中，用人单位不提供工作场所职业病危害因素检测结果等相关资料的，诊断、鉴定机构也可结合劳动者的临床表现、辅助检查结果和劳动者的职业史、职业病危害接触史并参考劳动者的自述及卫生行政部门提供的日常监督检查等信息做出职业病诊断、鉴定结论。

（4）劳动者对用人单位提供的工作场所职业病危害因素检测结果等资料有异议或因用人单位解散、破产无法提供相关资料的，诊断、鉴定机构可提请卫生行政部门进行调查。

（5）职业病诊断、鉴定过程中，在确认劳动者职业史、工种、工作岗位或在岗时间有争议的，可以向当地劳动人事争议仲裁机构申请仲裁，劳动人事争议仲裁委员会应当于受理之日起三十日内做出裁决，劳动者对仲裁不服的，还可依法向人民法院提起诉讼。

3. 明确职业病病人保障规定

(1)职业病病人的诊疗、康复费用,伤残以及丧失劳动能力的职业病病人的社会保障,按照国家有关工伤保险的规定执行。

(2)劳动者被诊断患有职业病,但用人单位没有依法参加工伤保险的,其医疗和生活保障由该用人单位承担。

(3)用人单位已经不存在或者无法确认劳动关系的职业病病人,可以向地方人民政府医疗保障、民政部门申请医疗和生活等方面的救助。

(二)职业病防治方针

《中华人民共和国职业病防治法》方针

《职业病防治法》第一章第三条规定:“职业病防治工作坚持预防为主、防治结合的方针,建立用人单位负责、行政机关监管、行业自律、职工参与和社会监督的机制,实行分类管理、综合治理。”职业病防治工作必须从致病源头抓起,实行前期预防。“预防为主”,是做好职业病防治工作的基础和前提,要做到防患于未然,把工作重点放在预防上,不要等产生了职业病再去被动地处理,而要把职业病危害消灭在萌芽状态。“分类管理”是由于导致职业病危害的因素很多,职业病的危害程度也不完全相同,所以,在职业病防治管理工作中需要按照不同危害类别和职业病进行分类管理。“综合治理”就是要将职业病防治作为一项系统工程来抓,各部门加强沟通、协调配合,做到全方位的综合治理。

具体措施有以下几点。

(1)用人单位需要做好岗前培训,告知从业人员了解自己的工作环境,以及存在发生职业病的危害,增强从业人员的预防意识,并从源头上做好防护措施,如安装隔音防震、吸声设备等,为从业人员提供合格的个人防护用品。

(2)由于每种职业病的早期症状不同,从业人员要熟悉相关的职业病知识。

(3)用人单位应为从业人员提供定期的职业健康检查,及早发现职业病并采取治疗措施,减少职业病带来的影响。

三、《中华人民共和国消防法》(以下简称《消防法》)

思考题

2010 年 12 月 30 日上午,某制药公司发生爆炸并起火造成 5 人被烧死亡,6 人重伤(烧伤和摔伤),2 人轻伤。请思考在企业中应如何有效地预防消防事故的发生?

(一)消防法简介及解读

《中华人民共和国消防法》(以下简称《消防法》)是 1998 年 4 月 29 日由第九届

全国人民代表大会常务委员会第二次会议通过的，在保护公共财产及人身安全和财产安全等方面起到了重要的作用。随着经济和社会的迅速发展，《消防法》也在不断地健全和完善。2008 年 10 月 28 日第十一届全国人民代表大会常务委员会进行了第五次会议修订，2019 年 4 月 23 日第十三届全国人民代表大会常务委员会第十次会议修订，共 7 章 74 条，自 2019 年 4 月 23 日起施行。

《中华人民共和国消防法》全文

制定《消防法》的目的，是为了预防火灾和减少火灾危害，加强应急救援工作，保护人身、财产安全，维护公共安全。

新修定的《消防法》主要有以下几个方面。

1. 第四条规定

"国务院应急管理部门对全国的消防工作实施监督管理。县级以上地方人民政府应急管理部门对本行政区域内的消防工作实施监督管理，并由本级人民政府消防救援机构负责实施。"消防救援机构取代了原公安机关消防机构。

2. 第十条规定

"对按照国家工程建设消防技术标准需要进行消防设计的建设工程，实行建设工程消防设计审查验收制度。"取消关于消防设计文件备案与抽查的规定，把有限的人力解放出来，用于重大建设工程的审核和监管，是对消防工作的进一步加强和重视。

3. 第十六条规定

机关、团体、企业、事业等单位应当履行下列消防安全职责。

(1)落实消防安全责任制　制定本单位的消防安全制度、消防安全操作规程，制定灭火和应急疏散预案。

(2)按照国家标准、行业标准配置消防设施、器材，设置消防安全标志，并定期组织检验、维修，确保完好有效。

(3)对建筑消防设施每年至少进行一次全面检测，确保完好有效，检测记录应当完整准确，存档备查。

(4)保障疏散通道、安全出口、消防车通道畅通，保证防火防烟分区、防火间距符合消防技术标准。

(5)组织防火检查，及时消除火灾隐患。

(6)组织进行有针对性的消防演练。

(7)法律、法规规定的其他消防安全职责。

(8)单位的主要负责人是本单位的消防安全责任人。

消防通道条款解读

4. 消防安全重点单位职责

除应当履行本法第十六条规定的职责外，还应当履行下列消防安全职责。

(1)确定消防安全管理人组织实施本单位的消防安全管理工作。

(2)建立消防档案，确定消防安全重点部位，设置防火标志，实行严格管理。

(3)实行每日防火巡查,建立巡查记录。

(4)对职工进行岗前消防安全培训,定期组织消防安全培训和消防演练。

5. 第十九条规定

“生产、储存、经营易燃易爆危险品的场所不得与居住场所设置在同一建筑物内,并应当与居住场所保持安全距离。

生产、储存、经营其他物品的场所与居住场所设置在同一建筑物内的,应当符合国家工程建设消防技术标准。”

6. 第二十一条规定

“禁止在具有火灾、爆炸危险的场所吸烟、使用明火。因施工等特殊情况需要使用明火作业的,应当按照规定事先办理审批手续,采取相应的消防安全措施;作业人员应当遵守消防安全规定。

进行电焊、气焊等具有火灾危险作业的人员和自动消防系统的操作人员,必须持证上岗,并遵守消防安全操作规程。”

7. 第二十八条规定

“任何单位、个人不得损坏、挪用或者擅自拆除、停用消防设施、器材,不得埋压、圈占、遮挡消火栓或者占用防火间距,不得占用、堵塞、封闭疏散通道、安全出口、消防车通道。人员密集场所的门窗不得设置影响逃生和灭火救援的障碍物。”

8. 第六十条规定

单位违反本法规定,有下列行为之一的,责令改正,处五千元以上五万元以下罚款。

(1)消防设施、器材或者消防安全标志的配置、设置不符合国家标准、行业标准,或者未保持完好有效的。

(2)损坏、挪用或者擅自拆除、停用消防设施、器材的。

(3)占用、堵塞、封闭疏散通道、安全出口或者有其他妨碍安全疏散行为的。

(4)埋压、圈占、遮挡消火栓或者占用防火间距的。

(5)占用、堵塞、封闭消防车通道,妨碍消防车通行的。

(6)人员密集场所在门窗上设置影响逃生和灭火救援的障碍物的。

(7)对火灾隐患经消防救援机构通知后不及时采取措施消除的。

个人有前款第二项、第三项、第四项、第五项行为之一的,处警告或者五百元以下罚款。

思考题

根据学习的《消防法》相关条文,结合学校及周边的实际情况,检查所在宿舍、教室、校园、周边有无违反《消防法》的地方,如何整改?

(二)消防工作的方针

《消防法》第二条规定:“消防工作贯彻预防为主、防消结合的方针,按照政府统一领导、部门依法监管、单位全面负责、公民积极参与的原则,实行消防安全责任制,建立健全社会化的消防工作网络。”这一指导方针,是在总结以往消防工作经验的基础上,针对近年来消防和火灾事故中暴露出来的重点问题和突出问题,重点加强预防工作,提高全民消防安全意识,强化火灾预防措施,消灭安全隐患,体现了我国消防工作的特色,把预防为主的观念放在首位,积极贯彻落实各项防火防灾措施,力求防止事故的发生。

四、《中华人民共和国劳动法》

(一)简介及解读

《中华人民共和国劳动法》全文

《中华人民共和国劳动法》(以下简称《劳动法》)于 1994 年 7 月 5 日第八届全国人民代表大会常务委员会第八次会议通过,2009 年 8 月 27 日第十一届全国人民代表大会常务委员会第十次会议通过《全国人民代表大会常务委员会关于修改部分法律的决定》修订。2018 年 12 月 29 日第十三届全国人民代表大会常务委员会第七次会议进行第二次修正,自 2018 年 12 月 29 日起执行。

《劳动法》共包括 13 章 107 条,在促进就业、劳动合同和集体合同、工作时间和休息休假、工资、劳动安全卫生、女性职工和未成年特殊保护、职业培训、社会保险和福利、劳动争议、监督检查、法律责任等方面分别做了规定,主要内容有以下几条。

1. 立法目的

为了保护劳动者的合法权益,调整劳动关系,建立和维护适应社会主义市场经济的劳动制度,促进经济发展和社会进步,根据宪法制定本法。

2.《劳动法》所适用的用人单位

包括中华人民共和国境内的企业、个体经济组织、民办非企业单位等组织,且规定国家机关、事业单位、社会团体与实行聘用制的工作人员可依照本法执行。

3. 劳动者的权利和义务

劳动者享有平等就业和选择职业的权利、取得劳动报酬的权利、休息休假的权利、获得劳动安全卫生保护的权利、接受职业技能培训的权利、享受社会保险和福利的权利、提请劳动争议处理的权利以及法律规定的其他劳动权利。

劳动者应当完成劳动任务,提高职业技能,执行劳动安全卫生规程,遵守劳动纪律和职业道德。

4. 劳动合同的确立

劳动合同是劳动者与用人单位确立劳动关系、明确双方权利和义务的协议。建立劳动关系应当订立劳动合同,订立和变更劳动合同,应当遵循平等自愿、协商一致的原则,不得违反法律、行政法规的规定。劳动合同依法订立即具有法律约束力,当事人必须履行劳动合同规定的义务。

劳动合同应当以书面形式订立,并具备以下条款。

(1)劳动合同期限。

(2)工作内容。

(3)劳动保护和劳动条件。

(4)劳动报酬。

(5)劳动纪律。

(6)劳动合同终止的条件。

(7)违反劳动合同的责任。

劳动合同可以约定试用期,试用期最长不得超过6个月。

5. 劳动合同的解除

(1)劳动者有下列情形之一的,用人单位可以解除劳动合同。

①在试用期间被证明不符合录用条件的。

②严重违反劳动纪律或者用人单位规章制度的。

③严重失职、营私舞弊,对用人单位利益造成重大损害的。

④被依法追究刑事责任的。

(2)劳动者有下列情形之一的,用人单位不得依据《劳动法》第二十六条、第二十七条的规定解除劳动合同。

①患职业病或者因工负伤并被确认丧失或者部分丧失劳动能力的。

②患病或者负伤,在规定的医疗期内的。

③女性职工在孕期、产期、哺乳期的。

④法律、行政法规规定的其他情形。

(3)劳动者解除劳动合同,应当提前三十日以书面形式通知用人单位。但是若有下列情形之一的,劳动者可以随时通知用人单位解除劳动合同。

①在试用期内的。

②用人单位以暴力、威胁或者非法限制人身自由的手段强迫劳动的。

③用人单位未按照劳动合同的约定支付劳动报酬或者提供劳动条件的。

6. 工作时间和休假

国家实行劳动者每日工作时间不超过8小时、平均每周工作时间不超过44小时的工时制度。用人单位应当保证劳动者每周至少休息1日,若有生产经营需要,经与工会和劳动者协商后可以延长工作时间,一般每日不得超过1小时;因特殊原因需要延长工作时间的,在保障劳动者身体健康的条件下延长工作时间每日不得超过3小时,但是每月不得超过36小时。用人单位不得违反本法的规定,延长劳动者的工作时间。

有下列情形之一的,用人单位应当按照下列标准支付高于劳动者正常工作时间工资的工资报酬。

(1)安排劳动者延长时间的,支付不低于工资的百分之一百五十的工资报酬。

(2)休息日安排劳动者工作又不能安排补休的,支付不低于工资的百分之二百的工资报酬。

(3)法定休假日安排劳动者工作的,支付不低于工资的百分之三百的工资报酬。

7. 工资

工资分配应当遵循按劳分配原则,实行同工同酬。用人单位根据本单位的生产经营特点和经济效益,依法自主确定本单位的工资分配方式和工资水平。

8. 劳动安全

用人单位必须为劳动者提供符合国家规定的劳动安全卫生条件和必要的劳动防护用品,对从事有职业危害作业的劳动者应当定期进行健康检查。从事特种作业的劳动者必须经过专门培训并取得特种作业资格,且在劳动过程中必须严格遵守安全操作规程。劳动者对用人单位管理人员违章指挥、强令冒险作业,有权拒绝执行;对危害生命安全和身体健康的行为,有权提出批评、检举和控告。

案例

某企业不与职工签订劳动合同,也不缴纳保险

某生产企业的一位匿名女工致电报社,称她和工友在该企业干了4年多,每天干12小时,没有休息日,没有签劳动合同,也没有任何保险。老板甚至要求工人在纸上签字,说是自己不要缴纳社保,事实上员工名字是老板签的。老板称,因纺织业滑坡,企业效益不佳,勉强维持生计。平时厂里有活就干,没活就休息,确实没有单独安排休息日。厂里20多名工人,只有7人签订了劳动合同,缴纳保险。

该企业不签订劳动合同,不缴纳劳动保险,工人每天工作长达12个小时,还没有休息日,属于违反《劳动法》的行为。

(二)劳动法中的特殊保护规定

国家对女性职工和未成年工实行特殊劳动保护。

《劳动法》规定禁止用人单位招用未满16岁的未成年人,而未成年工是指年满16周岁未满18周岁的劳动者。不得安排未成年工从事矿山井下、有毒有害、国家规定的第四级体力劳动强度的劳动和其他禁忌从事的劳动。用人单位应当对未成年工定期进行健康检查。

对于女性职工的特殊保护主要有:"禁止安排女性职工从事矿山井下、国家规定的第四级体力劳动强度的劳动和其他禁忌从事的劳动。不得安排女性职工在经

期从事高处、低温、冷水作业和国家规定的第三级体力劳动强度的劳动。不得安排女性职工在怀孕期间从事国家规定的第三级体力劳动强度的劳动和孕期禁忌从事的劳动。对怀孕7个月以上的女性职工,不得安排其延长工作时间和夜班劳动。女性职工生育享受不少于90天的产假。不得安排女性职工在哺乳未满1周岁的婴儿期间从事国家规定的第三级体力劳动强度的劳动和哺乳期禁忌从事的其他劳动,不得安排其延长工作时间和夜班劳动。”

知识链接

《中华人民共和国劳动合同法》

我国为了完善劳动合同制度,明确劳动合同双方当事人的权利和义务,保护劳动者的合法权益,构建和发展和谐稳定的劳动关系,于2007年6月29日第十届全国人民代表大会常务委员会第二十八次会议通过《中华人民共和国劳动合同法》,2008年1月1日起施行。2012年12月28日通过修改决议,自2013年7月1日起施行。劳动合同法共分8章98条,包括:总则、劳动合同的订立、劳动合同的履行和变更、劳动合同的解除和终止、特别规定、监督检查、法律责任和附则。

五、《危险化学品安全管理条例》

(一)简介及解读

《危险化学品安全管理条例》最早于2002年1月9日国务院第52次常务会议通过,2002年1月26日中华人民共和国国务院令第344号公布,自2002年3月15日起施行。由于安全监管部门多次调整,以及危险化学品企业发生事故较多、制度不够完善等原因,2011年2月16日国务院第144次常务会议对此条例进行修订,由原来的7章74条,变成了8章102条,于2011年3月2日中华人民共和国国务院令第591号重新公布,自2011年12月1日起施行;根据2013年12月4日国务院第32次常务会议通过,2013年12月7日中华人民共和国国务院令第645号公布,自2013年12月7日起施行《国务院关于修改部分行政法规的决定》,对本条例第六条第五项和第五十三条第二款分别进行了修正。

《危险化学品安全管理条例》全文

1. 制定本条例的目的

为了加强危险化学品的安全管理,预防和减少危险化学品事故,保障人民群众生命财产安全,保护环境,制定本条例。

2. 适用范围

危险化学品生产、储存、使用、经营和运输的安全管理。

危险化学品、重大危险源的定义见模块一任务一和模块二任务三;危险化学品生产、储存、使用、经营和运输安全见模块二任务三。

课外活动

走进化学类课的实验实训室,查看哪些属于危险化学品?应该如何分类和摆放?

(二)危险化学品安全管理的方针

危险化学品安全管理,应当坚持安全第一、预防为主、综合治理的方针,强化和落实企业的主体责任。

生产、储存、使用、经营、运输危险化学品的单位(以下统称危险化学品单位)的主要负责人对本单位的危险化学品安全管理工作全面负责。

危险化学品单位应当具备法律、行政法规规定和国家标准、行业标准要求的安全条件,建立、健全安全管理规章制度和岗位安全责任制度,对从业人员进行安全教育、法制教育和岗位技术培训。从业人员应当接受教育和培训,考核合格后上岗作业;对有资格要求的岗位,应当配备依法取得相应资格的人员。

六、医药企业安全规章制度

在医药及化工企业生产厂区,为完成生产任务,需要处理大量易燃易爆、有毒有害物质,如果管理不当或突然发生故障都可能发生物料外逸或聚积,导致灾害发生。因此在生产厂区的职工,必须遵守有关规章制度,保证安全生产。

医药企业一般要求员工严格遵守化工安全生产四十一条禁令,使用压力容器设备的还要严格执行压力容器操作的九个必须。

课堂活动

讨论,在企业安全生产中应该遵循哪些规章制度?

(一)生产厂区十四个不准

(1)加强明火管理,厂区内不准吸烟。

(2)生产区内,不准未成年人进入。

(3)上班时间,不准睡觉、干私活、离岗和进行与生产无关的事。

(4)在班前、班上不准喝酒。

(5)不准使用汽油等易燃液体擦洗设备、用具和衣物。

(6)不按规定穿戴劳动保护用品,不准进入生产岗位。

(7)安全装置不齐全的设备不准使用。

(8)不是自己分管的设备、工具不准动用。

(9)检修设备时安全措施不落实,不准开始检修。

(10)停机检修后的设备,未经彻底检查,不准启用。

(11)未办高处作业证,不系安全带,脚手架、跳板不牢,不准登高作业。

(12)石棉瓦上不固定好跳板不准作业。

(13)未安装触电保安器的移动式电动工具,不准使用。

(14)未取得安全作业证的职工,不准独立作业;特殊工种职工,未经取证,不准作业。

(二)操作工的六个严格

(1)严格执行交、接班制。

(2)严格进行巡回检查。

(3)严格控制工艺指标。

(4)严格执行操作法(操作票)。

(5)严格遵守劳动纪律。

(6)严格执行安全规定。

(三)动火作业六大禁令

(1)动火证未经批准,禁止动火。

(2)不与生产系统可靠隔绝,禁止动火。

(3)不清洗或置换不合格,禁止动火。

(4)不消除周围易燃物,禁止动火。

(5)不按时做动火分析,禁止动火。

(6)没有消防设施,禁止动火。

(四)进入容器、设备的八个必须

(1)必须申请、办证,并得到批准。

(2)必须进行安全隔绝。

(3)必须切断动力电,并使用安全灯具。

(4)必须进行置换、通风。

(5)必须按时间要求进行安全分析。

(6)必须佩戴规定的防护用具。

(7)必须有人在器外监护,并坚守岗位。

(8)必须有抢救后备措施。

(五)有限空间作业八条注意事项

(1)作业必须履行审批手续。

(2)作业前必须进行危险有害因素辨识,并将危险有害因素、防控措施和应急措施告知作业人员。

(3)必须采取通风措施,保持空气流通。

(4)必须对有限空间的氧浓度、有毒有害气体(如一氧化碳、硫化氢等)浓度等进行检测,检测结果合格后,方可作业。

(5)作业现场必须配备呼吸器、通信器材、安全绳索等防护设施和应急装备。

(6)作业现场必须配置监护人员。

(7)作业现场必须设置安全警示标志,保持出入口畅通。

(8)严禁在事故发生后盲目施救。

(六)有限空间安全作业五条规定

(1)必须严格实行作业审批制度,严禁擅自进入有限空间作业。

(2)必须做到"先通风、再检测、后作业",严禁通风、检测不合格作业。

(3)必须配备个人防中毒窒息等防护装备,设置安全警示标识,严禁无防护、监护措施作业。

(4)必须对作业人员进行安全培训,严禁教育培训不合格者上岗作业。

(5)必须制订应急措施,现场配备应急装备,严禁盲目施救。

(七)有限空间作业十大原则

有限空间作业不仅具有较大的危险性,而且具有事故的易发性及其后果的严重性等特点。要充分认识加强有限空间作业安全管理的重要性和必要性,落实各项保障措施,避免事故发生。有限空间作业安全管理方面,应遵循以下十大原则。

1. 方案原则

凡是涉及某处有限空间作业的,不论大小均须做出方案,方案做出前必须组织人员对此处的危险因素进行识别,并提出相应的应对措施,方案的简易程度视具体作业内容而定,且包含作业方案和安全预防及控制方案,方案要发到作业人员和监督人员手中且必须让其明确。

2. 培训原则

对有限空间作业人员、监督监护人员进行日常或作业前的培训,培训的内容必须包括危险源的识别、有限空间作业的安全防护、应急处置及相关的作业原则等,有限空间作业的风险常见有中毒、窒息、着火、爆炸、机械伤害、触电、砸伤或拆件损伤设备和盲目施救等,所以在对人员的培训上必须讲全讲细,且要求人员必须具备相应作业风险的应急处置能力。

3. 应急处置原则

有限空间作业的有关人员具备了相应的应急处置能力后,还应参加应急处置的模拟演练,以锻炼其实际操作和灵活应变的能力。

4."作业票"原则

在方案具备、人员到位、技术交底清楚、所有作业条件均满足时,由相应的安全管理人员到现场确认后开具作业票,一旦作业,所有相应人员必须在作业票上签字认可,作业票的制订必须规范,内容及风险防范措施必须清楚且到位。

5. 中止交接原则

因作业人员交换或与其他工种操作对象衔接或配合而暂停后续作业时,必须进行人员间的技术交底、重新过程检查、重新监测分析和再次签订作业票据。

6. 监督监护原则

本原则应贯穿始终,无论是作业时,还是前后检查处理时,均需要监督检查,监督监护必须到位且不得离开现场,监督监护时与作业人员保持一定距离。商定好联络信号或手势,并定时联络。

7. 标志原则

在有限空间作业处,与该有限空间相连接的管道控制点、通道处、风道处或交叉作业处等,均应悬挂上明确的警示标志,同时控制阀门,警示标志旁应说明作业地点,尤其是作业点与控制点不在同一处更应特别注意,以免其他人员未见施工而乱动操作,从而引发事故。

8. 防护原则

作业人员、监护人员必须正确选择、检查和佩戴好劳保防护用品或报警仪器,不得错用防护用品,使用失效防护用品,在选择、检查和佩戴过程中要相互检查合格后方可实施作业。

9. 检查处理原则

作业前的检查处理:检查与有限空间作业相连的工艺管道是否处于有效盲断、隔离和拆除;检查与有限空间作业的通道是否畅通;检查警示标志是否正确到位;检查应急设施、物品是否到位。作业后的检查处理:检查作业点是否达到作业技术要求;检查作业现场是否存在遗漏的工具、杂物或拆卸物。

10. 监测分析原则

对有限空间作业的有毒有害物质及氧含量必须进行监测分析,如在作业过程中,里面条件随时发生变化和终止作业后,必须定时或重新监测分析,将数据结果及时传达到安全管理人员。安全管理人员根据技术规范判断分析并处理现场的有限空间程序。

(八)机动车辆七大禁令

(1)严禁无令、无证开车。

(2)严禁酒后开车。

(3)严禁超速行车和空档滑车。

(4)严禁带病行车。

(5)严禁人货混载行车。

(6)严禁超标装载行车。

(7)严禁无阻火器车辆进入禁火区。

(九)压力容器操作的九个必须

(1)压力容器必须定期做耐压试验,合格后用于生产。

(2)容器操作人员必须经培训考核,合格后方准许操作。

(3)操作前必须检查安全阀、压力表、温度计等安全附件,安全、灵敏、可靠、方可使用。

(4)升温加压前必须排净夹层水,加热应缓缓升压。

(5)加热时必须边搅拌边加温,防止中途搅拌造成突沸或爆炸。

(6)容器加热后必须防止骤冷,以免损害罐体。

(7)操作期间必须严守岗位,严格禁止超温、超压。

(8)压力容器检修必须泄压后进行,严禁带压操作。

(9)检修后电机接线必须保证转动方向正确,防止搅拌脱落。

七、安全生产事故报告及处理制度

(一)安全生产事故报告和调查处理条例简介及解读

(1)安全生产事故的报告、统计、调查和处理工作必须坚持实事求是、尊重科学的原则。

(2)安全生产事故发生后,负伤者或者事故现场有关人员应当立即直接向部门领导报告,部门领导应在第一时间内报告公司主管领导。

(3)公司主管领导接到重伤、死亡、重大死亡事故报告,应当立即赶赴事故现场,研究采取进一步措施。

(4)发生死亡、重大死亡事故的公司应当保护事故现场,迅速采取必要措施抢救人员和财产,防止事故扩大。

(5)轻伤、重伤事故,由各部门负责人组织成立事故调查组,进行调查;死亡事故,由公司组成事故调查组,进行调查。

(6)事故调查组有权向发生事故的有关部门、有关人员了解有关情况和索取有关资料,任何部门和个人不得拒绝。

(7)事故调查组提出的事故处理意见和防范措施经公司主管领导同意后,由发生事故的主管部门负责处理。

(8)因违章指挥、违章作业、玩忽职守或者发生事故隐患、危害情况而不采取有效措施以致造成安全生产事故的,或者事故发生后隐瞒不报、谎报、故意延迟不报、故意破坏事故现场;或者无正当理由,拒绝接受调查以及拒绝提供有关情况和资料的,由公司主管部门或者公司按照国家有关规定,对相应部门负责人和直接责任人员给予经济处罚或开除;构成犯罪的,由司法机关依法追究刑事责任。

(二)事故报告要点

对于死亡、重大死亡事故,公司主管部门应当立即按系统逐级上报。事故报告应当包括以下内容。

(1)事故发生的时间、地点、单位。

(2)事故的简要经过、伤亡人数,直接经济损失的初步估计。

(3)事故发生原因的初步判断。

(4)事故发生后采取的措施及事故控制情况。

(5)事故报告单位。

思考题

结合学校开展的安全隐患检查活动,检查所在的宿舍、教室、校园内有哪些不安全因素,如果有,应如何整改呢?

目标检测

请扫码完成在线测验:

实训项目二　有法必依

一、实训目的

熟悉医药企业安全生产相关的法律法规，加深学生对法律法规条款的理解，培养分析具体案例和解决问题的能力。

二、实训内容

安全规章制度的制订一定要做到有法必依，决不能发生“有令不行，知错犯错”的现象。一旦出现，绝不姑息，要从根源上杜绝违规现象的发生。

三、任务要求与实训步骤

将学生分组，每个小组抽签选择一个法规，小组成员合作，运用所学的法律法规知识，自主设计一个企业模拟情境案例，要求其中必须存在至少一种违法违纪行为，教师查看、点评。然后小组交换，对案例进行分析，并依据法律法规制止该违法违纪行为或做出处罚。各小组点评、交流，教师做最后总结。

模块二　危险化学品安全管理与职业防护技术

任务三　危险化学品安全管理技术

●知识目标

1. 掌握危险化学品、易制爆化学品的定义；“一书一签”（化学品安全技术说明书和安全标签）的主要内容、基本格式、书写要求和计量单位要求。

2. 熟悉危险化学品、剧毒化学品、易制爆化学品的分类及常见品种；危险化学品的标志。

3. 了解危险化学品的辨识方法、主要危险性、主要危害和各环节的安全管理要求；了解联合国 GHS 制度。

●能力目标

1. 能够按照国家标准的规定编制危险化学品的安全标签和 SDS。

2. 能够利用网络数据库和网站资源查阅新版法律法规。

●思政目标

1. 能够明确危险化学品的危险性和危害，从而树立危险意识、法规意识、纪律意识。

2. 树立敬畏生命、热爱生命、尊重生命、生命至上的观点。

3. 具有信息素养，能够查阅和利用各种信息资源进行自我学习。

医药化工企业生产车间使用的原料繁多，性质各异。有的物料性质稳定、毒害小，如氯化钠、碳酸钠、碳酸氢钠等，这类物料称为“普通化学品”。有的物料性质活泼，如乙醇、硫酸、二硝基苯（1,2-二硝基苯、1,3-二硝基苯、1,4-二硝基苯）、苯胺等，易造成火灾、爆炸、人体灼伤、中毒、环境污染等事故，轻则人员伤害、设备损坏，重则导致人员伤亡，整个车间甚至整个公司毁于一旦，需要特殊的管理措施和操作要求，这类物料称为“危险化学品”。本书讨论的对象是危险化学品。

知识链接

危险化学品的一生

生产—储存—经营—运输—使用—废弃。

一、危险化学品的定义和品种

（一）危险化学品的定义

根据《危险化学品安全管理条例》（国务院令 591 号、第 645 号修订）、《危险化学品目录》（2015 版），危险化学品是指具有毒害、腐蚀、爆炸、燃烧、助燃等性质，对人体、设施、环境具有危害的剧毒化学品和其他化学品。

知识链接

化学危险（物）品、危险化学品、危险货物和危险（物）品

2002 年以前的法规如《化学危险物品安全管理条例》（1987）所称的“化学危险物品”，是指中华人民共和国国家标准 GB xxxx—86《危险货物分类和品名编号》规定的分类标准中的爆炸品、压缩气体和液化气体、易燃液体、易燃固体、自燃物品和遇湿易燃物品、氧化剂和有机过氧化物、毒害品和腐蚀品七大类。2002 年 3 月 15 日起实施的《危险化学品安全管理条例》（以下简称《条例》）及以后的修订版本、国家标准中则统一称为“危险化学品”，但 2002 版《条例》中“危险化学品”的定义与 1987 年版《条例》“化学危险物品”相同，2011 年修订的《条例》定义发生了变化。

而早期的标准如 GB 15603—1995《常用化学危险品贮存通则》中所称的“化学危险品”，与 GB 13690—1992《常用危险化学品的分类及标志》中的含义是一样的，分为八类，包括爆炸品，压缩气体和液化气体，易燃液体、易燃固体、自燃物品和遇湿易燃物品，氧化剂和有机过氧化物，及有毒品、放射性物品、腐蚀品。前者依然在使用，而后者则被 GB 13690—2009 替代。

根据 GB 6944—2012《危险货物分类和品名编号》，危险货物（也称危险物品或危险品）是指具有爆炸、易燃、毒害、感染、腐蚀、放射性等危险特性，在运输、储存、生产、经营、使用和处置中，容易造成人身伤亡、财产损毁或环境污染而需要特别防护的物质和物品。

根据 2014 年修订的《安全生产法》，危险物品是指易燃易爆物品、危险化学品、放射性物品等能够危及人身安全和财产安全的物品。

综上所述，我们可以看出：危险货物、危险物品和危险品是相同的概念，但其含义随着时代的发展有所不同。“危险化学品”“化学危险物品”和“危险货物”在 2002 年之前含义是相同的，但随着时代的发展，危险化学品的含义区别于危险物品，属于危险物品的一部分。

（二）危险化学品品种确定原则

根据《危险化学品目录》（2015 版）中危险化学品的确定原则，包含《化学品分类和标签规范》系列国家标准(GB 30000.2—2013~GB 30000.29—2013)中物理危险、健康危害和环境危害 3 大类 29 项中除“退敏爆炸物”外的其他 28 项中的部分类别和项别。

(三)剧毒化学品的定义和判定界限

1. 定义

根据《危险化学品目录》(2015 版),剧毒化学品是指具有剧烈急性毒性危害的化学品,包括人工合成的化学品及其混合物和天然毒素,还包括具有急性毒性易造成公共安全危害的化学品。

2. 剧烈急性毒性判定界限

急性毒性类别 1,即满足下列条件之一:大鼠实验,经口 $LD_{50} \leqslant 5mg/kg$,经皮 $LD_{50} \leqslant 50mg/kg$,吸入(4h)$LC_{50} \leqslant 100mL/m^3$(气体)或 0.5mg/L(蒸气)或 0.05mg/L(尘、雾)。经皮 LD_{50}的实验数据,也可使用兔实验数据代替。

知识链接

LD_{50}/(LC_{50})

根据 GBZ/T 224—2010《职业卫生名词术语》,半数致死剂量(浓度)[Median Lethal Dose/(Concentration),LD_{50}/(LC_{50})],指在一定实验条件下,引起受试动物发生死亡概率为 50%的化学物质剂量(浓度)。

(四)危险化学品的品种

1. 危险化学品目录

危险化学品目录,由国务院安全生产监督管理部门会同国务院工业和信息化、公安、环境保护、卫生、质量监督检验检疫、交通运输、铁路、民用航空、农业主管部门,根据化学品危险特性的鉴别和分类标准确定、公布,并适时调整。

《危险化学品目录》(2015 年版)列出了 2828 类危险化学品,具体内容可查阅相关网站。

2. 剧毒化学品目录

《危险化学品目录》(2015 年版)列出了 148 类剧毒化学品,具体请查阅相关网站。

知识链接

危险无处不在

这里所说的“危险”是一个相对概念,并不是说《危险化学品目录》之外的化学品就没有危险性，比如苯乙酸、甲基乙基酮都不属于危险化学品，但它们都属于易制毒化学品，有严格的管理制度；另一方面，它们也有一定的毒性和腐蚀性，操作时应多加注意。

（五）易制爆危险化学品及分类

危险化学品中有一部分属于易制爆危险化学品，其定义和分类如下。

1. 定义

根据 2019 年 8 月 10 日起施行的《易制爆危险化学品治安管理办法》（中华人民共和国公安部令第 154 号），易制爆危险化学品，是指列入公安部确定、公布的易制爆危险化学品名录，可用于制造爆炸物品的化学品。

2. 分类及品种举例

根据《易制爆危险化学品名录（2017 年版）》，易制爆危险化学品分为 9 类 76 个品种。

（1）酸类　如硝酸、发烟硝酸、高氯酸。

（2）硝酸盐类　如硝酸钠、硝酸钾、硝酸钙、硝酸银。

（3）氯酸盐类　如氯酸钠、氯酸钾、氯酸铵。

（4）高氯酸盐类　如高氯酸钠、高氯酸钾、高氯酸铵。

（5）重铬酸盐类　如重铬酸钠、重铬酸钾、重铬酸铵。

易制毒、易制爆危险化学品及分类

（6）过氧化物和超氧化物类　如含量大于 8% 的过氧化氢溶液、过氧化钠、过氧化钾、过氧化镁、过氧化钙、过乙酸、过苯甲酸、超氧化钠、超氧化钾。

（7）易燃物还原剂类　如锂、钠、钾、镁、铝粉、硫磺、锌粉、无水一甲胺及其溶液、硼氢化锂、硼氢化钠、硼氢化钾。

（8）硝基化合物类　如硝基甲烷、硝基乙烷、2，4-二硝基甲苯、2，6-二硝基甲苯、2，4-二硝基苯酚钠。

（9）其他　如硝化纤维素、高锰酸钾、高锰酸钠、硝酸胍、水合肼，具体品种请查阅相关网站。

（六）特别管控危险化学品

应急管理部、工业和信息化部、公安部、交通运输部公告（2020 年 第 3 号）发布了《特别管控危险化学品目录（第一版）》，对固有危险性高、发生事故的安全风险大、事故后果严重、流通量大的四类 20 个危险化学品进行特别管控，包括爆炸性化学品：硝酸铵、硝化纤维素、氯酸钾、氯酸钠；有毒化学品：氯、氨、异氰酸甲酯、硫酸二甲酯、氰化钠、氰化钾；易燃气体：液化石油气、液化天然气、环氧乙烷、氯乙烯、二甲醚；易燃液体：汽油、1，2-环氧丙烷、二硫化碳、甲醇、乙醇。最大限度降低安全风险，有效防范遏制重特大事故。

特别管控危险化学品目录（第一版）

二、危险化学品分类

危险化学品的概念及分类

危险化学品性质各异,危险性大小不一,一种危险化学品常具有多种危险性。为便于管理和采取相应的安全措施,国家标准对化学品进行了统一的分类。

(一)GB 6944—2012 危险货物分类法

GB 6944—2012《危险货物分类和品名编号》,按危险货物具有的危险性或主要的危险性,分为 9 个类别,其中第 1 类、第 2 类、第 4 类、第 5 类和第 6 类再分成小项,具体如下。

第 1 类:爆炸品

1.1 项:有整体爆炸危险的物质和物品。

1.2 项:有迸射危险,但无整体爆炸危险的物质和物品。

1.3 项:有燃烧危险并有局部爆炸危险或局部迸射危险或这两种危险都有,但无整体爆炸危险的物质和物品。

1.4 项:不呈现重大危险的物质或物品。

1.5 项:有整体爆炸危险的非常不敏感物质。

1.6 项:无整体爆炸危险的极端不敏感物品。

第 2 类:气体

2.1 项:易燃气体。

2.2 项:非易燃无毒气体。

2.3 项:毒性气体。

第 3 类:易燃液体

第 4 类:易燃固体、易于自燃的物质、遇水放出易燃气体的物质

4.1 项:易燃固体、自反应物质和固态退敏爆炸品。

4.2 项:易于自燃的物质。

4.3 项:遇水放出易燃气体的物质。

第 5 类:氧化性物质和有机过氧化物

5.1 项:氧化性物质。

5.2 项:有机过氧化物。

第 6 类:毒性物质和感染性物质

6.1 项:毒性物质。

6.2 项:感染性物质。

第 7 类:放射性物质

第 8 类:腐蚀性物质

第 9 类:杂项危险物质和物品,包括危害环境物质。

(二)GB 13690—2009 分类法

现行国家标准 GB 13690—2009《化学品分类和危险性公示通则》(替代

GB 13690—1992)，按照联合国《全球化学品统一分类和标签制度》(简称 GHS)的要求，将化学品按理化危险、健康危险和环境危险等方面分为 3 大类 27 项，具体见表 3-1。

表 3-1　　GB 13690—2009

第 1 类 按理化危险分为 16 项	第 2 类 按健康危险分为 10 项
(1)爆炸物	(1)急性毒性
(2)易燃气体	(2)皮肤腐蚀/刺激
(3)易燃气溶胶	(3)严重眼损伤/眼刺激
(4)氧化性气体	(4)呼吸或皮肤过敏
(5)压力下气体	(5)生殖细胞致突变性
(6)易燃液体	(6)致癌性
(7)易燃固体	(7)生殖毒性
(8)自反应物质或混合物	(8)特异性靶器官系统毒性——一次接触
(9)自燃液体	(9)特异性靶器官系统毒性——反复接触
(10)自燃固体	(10)吸入危险
(11)自热物质或混合物	第 3 类 按环境危险分为 1 项
(12)遇水放出易燃气体的物质或混合物	危害水生环境
(13)氧化性液体	
(14)氧化性固体	
(15)有机过氧化物	
(16)金属腐蚀剂	

注：该标准中各类别的定义与 GB 30000 系列一致，分类见 GB 30000 系列。

(三)GB 30000 系列标准分类法

GB 30000 系列标准化学品分类与联合国 GHS 第七修订版中的分类一致，将化学品按物理危险、健康危险和环境危险等方面分为 3 大类 29 项，与现行 GB 13690—2009 相比，第 1 类按物理危险由原 16 项增加为 17 项，第 17 项为“退敏爆炸物”，第 3 类按环境危害由 1 项增加为 2 项，第 2 项为“危害臭氧层”。

1. 物理危险

(1)爆炸物

①定义：爆炸物质(或混合物)是能通过化学反应在内部产生一定速度、一定温度与压力的气体，且对周围环境具有破坏作用的一种固体或液体物质(或其混合物)。烟火物质或混合物无论是否产生气体都属于爆炸物质。

烟火物质(或混合物)是能发生非爆轰且自供氧放热化学反应的物质或混合

物,并产生热、光、声、气、烟或几种效果的组合。

爆炸品是包含一种或多种爆炸物质或其混合物的物品。

烟火制品是包含一种或多种烟火物质或其混合物的物品。

②分类:爆炸物包括以下3类。

a. 爆炸物质和混合物。

b. 爆炸品:不包括那些含有一定数量的爆炸物或其混合物的装置,在这些装置内的爆炸物当不小心或无意中被点燃或引爆时产生迸射、着火、冒烟、放热或巨响等效果,不会在装置外产生任何效应。

c. 上面两项均未提及的,而实际上又是产生爆炸或焰火效果而制造的物质、混合物和物品,如烟火制品。

③分项:根据爆炸物所具有的危险特性分为六项:1.1项、1.2项、1.3项、1.4项、1.5项和1.6项。

④主要危险特性。

(2)易燃气体

①定义:易燃气体是一种在20℃和标准压力101.3kPa时,与空气混合有一定易燃范围的气体。

化学不稳定性气体是一种甚至在无空气和/或无氧气时也能极为迅速反应的易燃气体。

②分类:易燃气体分为两类,类别1和类别2。化学不稳定性气体分为两类,类别A和类别B。

③主要危险特性。

(3)易燃气溶胶

①定义:气溶胶是指喷雾器(系任何不可重新灌装的容器,该容器用金属、玻璃或塑料制成)内装压缩、液化或加压溶解的气体(包含或不包含液体、膏剂或粉末),并配有释放装置以使内装物喷射出来,在气体中形成悬浮的固态或液态微粒或形成泡沫、膏剂或粉末或者以液态或气态形式出现。

②分类:气溶胶根据其成分、化学燃烧热,以及视具体情况根据泡沫试验(用于泡沫气溶胶)、点火距离试验和封闭空间试验(用于喷雾气溶胶)的结果分为三类:类别1为极易燃气溶胶,类别2为易燃气溶胶,类别3为不易燃气溶胶。

(4)氧化性气体

①定义:氧化性气体是一般通过提供氧气,比空气更能导致或促使其他物质燃烧的任何气体。

②分类:氧化性气体分一类,即类别1。

③主要危险特性。

(5)加压气体

①定义:加压气体也称压力下气体,是指20℃下,压力等于或大于200kPa

(表压)下装入贮器的气体,或是液化气体或冷冻液化气体。

压缩气体是指加压包装时在-50℃时完全是气态的一种气体,包括临界温度为≤-50℃的所有气体。

知识链接

1. 溶解乙炔

为防止乙炔加压时发生爆炸,通常在气瓶内先装进活性炭,并加入丙酮,然后充入乙炔,使乙炔溶解于丙酮中,并分布在活性炭的细孔内,这样能增大乙炔的储存量,并使乙炔分子被丙酮分子隔开,降低乙炔的爆炸能力。

2. 气瓶的基本安全技术要求

气瓶是指公称容积不大于3000L,用于盛装气体的移动式压力容器,如氢气瓶、乙炔气瓶、液化气瓶、氧气瓶、氮气瓶等。

气瓶的颜色、字样和色环执行国家标准GB/T 7144—2016《气瓶颜色标志》。气瓶的基本安全技术要求执行GB/T 34525—2017《搬运、装卸、储存和使用安全规定》。

②分类:压力下气体包括压缩气体、液化气体、溶解气体、冷冻液化气体。

③危险特性与安全操作要点。

(6)易燃液体

①定义:易燃液体是指闪点不高于93℃的液体。

②分类:易燃液体分为四类,分别为类别1、类别2、类别3和类别4。

③主要危险特性及安全操作要点。

(7)易燃固体

①定义:易燃固体是容易燃烧或通过摩擦可能引燃或助燃的固体。易于燃烧的固体为粉状、颗粒状或糊状物质,它们在与燃烧着的火柴等火源短暂接触即可点燃和火焰迅速蔓延,都非常危险,如,红磷、硫磺。

②分类:易燃固体分为两类,即类别1、类别2。

③主要危险特性。

(8)自反应物质或混合物

①定义:自反应物质或混合物是即使没有氧(空气)也容易发生激烈放热分解的热不稳定液态、固态物质或者混合物。本定义不包括根据GHS分类为爆炸物、有机过氧化物或氧化物质和混合物。

自反应物质或混合物如果在实验室试验中其组分容易起爆、迅速爆燃或在封闭条件下加热时显示剧烈效应,应视为具有爆炸性质。

②分类:自反应物质和混合物分为A型、B型、C型、D型、E型、F型和G型七

个类别。

③主要危险特性。

(9)自燃液体

①定义:自燃液体即使数量少也能在与空气接触后5min之内引燃(着火)的液体,如三乙基铝。

②分类:自燃液体分为一类,即类别1。

③主要危险特性。

(10)自燃固体

①定义:自燃固体指即使数量少也能在与空气接触后5min之内引燃(着火)的固体,如,连二亚硫酸钠(保险粉)、黄磷。

②分类:自燃固体分为一类,即类别1。

③主要危险特性。

(11)自热物质和混合物

①定义:自热物质指除自燃液体或自燃固体外,与空气反应不需要能量供应就能够自热的固态或液态物质或混合物;此物质或混合物与自燃液体或自燃固体不同之处在于仅数量很大(千克级)并经过长时间(几小时或数天)才会发生自燃。

注:物质或混合物的自热是一个过程,其中物质或混合物与(空气中的)氧气逐渐发生反应,产生热量。如果热产生的速度超过热损耗的速度,该物质或混合物的温度便会上升。经过一段时间,可能导致自发点火和燃烧,如镁粉、锌粉。

②分类:自热物质分为两类,类别1和类别2。

③主要危险特性。

(12)遇水放出易燃气体的物质或混合物

①定义:通过与水作用,容易具有自燃性或放出危险数量的易燃气体的固态或液态物质和混合物,如硼氢化钠、锌粉。

②分类:分为三类,类别1、类别2和类别3。

③主要危险特性。

(13)氧化性液体

①定义:是本身未必燃烧,但通常因放出氧气可能引起或促使其他物质燃烧的液体。

②分类:分为三类,即类别1、类别2和类别3。

③主要危险特性。

(14)氧化性固体

①定义:是本身未必燃烧,但通常因放出氧气可能引起或促使其他物质燃烧的固体,如高氯酸(含量50%~72%)、过氧化氢溶液(含量≥8%)。

②分类:分为三类,即类别1、类别2和类别3。

③主要危险特性。

(15)有机过氧化物

①定义:含有二价—O—O—结构和可视为过氧化氢的一个或两个氢原子被有机基团替代的衍生物的液态或固态有机物。本术语还包括有机过氧化物配制物(混合物)。有机过氧化物是可发生放热自加速分解、热不稳定物质或混合物。此外,它们可具有下列一种或几种性质:易于爆炸分解;迅速燃烧;对撞击或摩擦敏感;与其他物质发生危险反应。

如果其配制品在实验室试验中容易爆炸、迅速爆燃或在封闭条件下加热时显示剧烈反应,则认为有机过氧化物具有爆炸性质。

②分类:分为A型、B型、C型、D型、E型、F型和G型七个类别。

③主要危险特性。

(16)金属腐蚀剂

①定义:是通过化学作用会显著损伤或甚至毁坏金属的物质或混合物,如盐酸、氯化亚砜。

②分类:分为一类,即类别1。

③主要危险特性。

2. 健康危险

分10个小类,与表3-1中"第2类"GB 13690—2009对化学品健康危险的分类一致。

3. 环境危险

分两个小类:危害水生环境和危害臭氧层。

三、危险化学品的一般辨识方法

化学品危险性辨识与分类就是根据化学品(化合物、混合物或单质)本身的特性,依据有关标准,确定是否是危险化学品,并划出可能的危险性类别及项别。辨识与分类的一般程序是:对照现行版《危险化学品目录》(目前为2015版),并查阅GB 13690—2009《化学品分类和危险性公示通则》、GB 6944—2012《危险货物分类和品名编号》、GB 30000.2—2013~GB 30000.29—2013等国家标准,确定其危险性类别和项别。

危险化学品辨识方法

四、常用危险化学品的标志

(一)安全色与安全标志

1. 安全色

(1)相关术语及含义

①安全色:指传递安全信息含义的颜色,包括红、蓝、黄、绿四种颜色。

a. 红色:传递禁止、停止、危险或提示消防设备、设施的信息。

b. 蓝色:传递必须遵守规定的指令性信息。

c. 黄色:传递注意、警告的信息。

d. 绿色:传递安全的提示性信息。

②对比色:指使安全色更加醒目的反衬色,包括黑、白两种颜色。

安全色与对比色同时使用时,应按规定搭配使用。安全色红色、蓝色和绿色,其对比色均为白色,安全色黄色的其对比色为黑色。

a. 黑色:黑色用于安全标志的文字、图形符号和警告标志的几何边框。

b. 白色:白色用于安全标志中红、蓝、绿的背景色,也可用于安全标志的文字和图形符号。

③安全标记:采用安全色和(或)对比色传递安全信息或者使某个对象或地点变得醒目的标记。

④安全色与对比色的相间条纹:相间条纹为等宽条纹,倾斜约 45°。

a. 红色与白色相间条纹:表示禁止或提示消防设备、设施位置的安全标记。

b. 黄色与黑色相间条纹:表示危险位置的安全标记。

c. 蓝色与白色相间条纹:表示指令的安全标记,传递必须遵守规定的信息。

d. 绿色与白色相间条纹:表示安全环境的安全标记。

(2)安全色的使用。

请查阅 GB 6527.2—1986。

2. 安全标志

(1)相关术语及含义

①安全标志:也称安全警示标志,是用以表达特定安全信息的标志,由图形符号、安全色、几何形状(边框)或文字构成。

②环境信息标志:指所提供的信息涉及较大区域的图形标志。标志种类代号:H。

③局部信息标志:所提供的信息只涉及某地点,甚至某个设备或部件的图形标志。标志种类代号:J。

(2)安全标志的作用　安全标志能够引起人们对不安全因素的注意,向所处区域内的人员传递一种无声的信息,预防事故发生。

(3)安全标志类型　分为禁止标志、警告标志、指令标志、提示标志四大类。

①禁止标志:指禁止人们不安全行为的图形标志。

禁止标志有 40 种,其基本形式是带斜杠的圆边框。安全色为红色,带斜杠的圆边框为红色,背景色为白色、图形符号为黑色(即白底黑色图案),举例见表 3-2。

②警告标志:指提醒人们对周围环境引起注意,以避免可能发生危险的图形标志。

禁止标志有 39 种,其基本形式是正三角形边框。安全色为黄色,三角形边框为黑色,背景色为黄色、图形符号为黑色(即黄底黑色图案),举例见表 3-2。

表 3-2　　安全标志举例

编号	图形标志	名称	标志种类	设置范围和地点
		1. 禁止标志		
1-1		禁止吸烟 (No Smoking)	H	有甲、乙、丙类火灾危险物质的场所和禁止吸烟的公共场所等，如，木工车间、油漆车间、沥青车间、纺织厂、印染厂等
1-2		禁止烟火 (No Burning)	H	有甲、乙、丙类火灾危险物质的场所，如，面粉厂、煤粉厂、焦化厂、施工工地等
1-3		禁止带火种 (No Kindling)	H	有甲类火灾危险物质及其他禁止带火种的各种危险场所，如，炼油厂、乙炔站、液化石油气站、煤矿井内、林区、草原等
1-4		禁止用水灭火 (No Extinguishing with Water)	H,J	生产、储运、使用中有不准用水灭火的物质的场所，如，变压器室、乙炔站、化工药品库、各种油库等
		2. 警告标志		
2-1		注意安全 (Warning Danger)	H,J	易造成人员伤害的场所及设备等
2-2		当心火灾 (Warning Fire)	H,J	易发生火灾的危险场所，如，可燃性物质的生产、储运、使用等地点
2-3		当心爆炸 (Warning Explosion)	H,J	易发生爆炸危险的场所，如易燃易爆物质的生产、储运、使用或受压容器等地点
2-4		当心腐蚀 (Warning Corrosion)	J	有腐蚀性物质(GB 12268—2012 中第 8 类所规定的物质)的作业地点
2-5		当心中毒 (Warning Poisoning)	H,J	剧毒品及有毒物质(GB 12268—2012 中第 6 类第 1 项所规定的物质)的生产、储运及使用场所

续表

编号	图形标志	名称	标志种类	设置范围和地点
		3. 指令标志		
3-1		必须戴防护眼镜 (Must Wear Protective Goggles)	H,J	对眼睛有伤害的各种作业场所和施工场所
3-2		必须佩戴遮光护目镜 (Must Wear Opaque Eye Protection)	J,H	存在紫外、红外、激光等光辐射的场所,如电气焊等
3-3		必须戴防尘口罩 (Must Wear Dustproof Mask)	H	具有粉尘的作业场所,如,纺织清花车间、粉状物料拌料车间以及矿山凿岩处等
3-4		必须戴防毒面具 (Must Wear Gas Defence Mask)	H	具有对人体有害的气体、气溶胶、烟尘等作业场所,如,有毒物质散发的地点或处理由有毒物质造成的事故现场
		4. 提示标志		
4-1		紧急出口 (Emergent Exit)	J	便于安全疏散的紧急出口处,与方向箭头结合设在通向紧急出口的通道、楼梯口等处
4-2		避险处 (Haven)	J	铁路桥、公路桥、矿井及隧道内躲避危险的地点
4-3		应急避难场所 (Evacuation Assembly Point)	H	在发生突发事件时用于容纳危险区域内疏散人员的场所,如公园、广场等

③指令标志：指强制人们必须做出某种动作或采用防范措施的图形标志。

指令标志有 16 种，其基本形式是圆形边框。安全色为蓝色，圆形边框为蓝色，背景色为蓝色，图形符号为白色（即蓝底白色图案）。举例见表 3–2。

④提示标志：指向人们提供某种信息（如标明安全设施或场所等）的图形标志。

提示标志有 8 种，其基本形式是正方形边框。安全色为绿色，正方形边框为绿色，背景色为绿色，图形符号为白色（即绿底白色图案）。举例见表 3–2。

禁止标志　　警告标志　　指令标志　　提示标志

课堂讨论

1. 在哪些地方看见过上述标志？

2. 在学校的教学楼走廊、有机实验室、图书馆、专业实训室、食堂、宿舍应设置哪些安全警示标志？设置在什么位置？

3. 查看其他的图形符号，结合学过的化学物理知识，以下安全提示标志应该设置在什么地点：禁止叉车和厂内机动车辆通行、当心自动启动、当心碰头、当心挤压、当心夹手、当心高温表面、当心低温、必须佩戴遮光护目镜、必须洗手、必须接地、必须拔出插头。

⑤提示标志的方向辅助标志：提示标志提示目标的位置时要加方向辅助标志。按实际需要指示左向时，辅助标志应放在图形标志的左方；如指示右向时，则应放在图形标志的右方，见图 3–1。

图 3–1　应用方向辅助标志示例

⑥文字辅助标志：基本形式是矩形边框，书写形式有横写和竖写两种，文字字体均为黑体字。

⑦激光辐射窗口标志和说明标志：由几何图形边框和文字构成。

文明辅助标志

激光辐射窗口标志和说明标志应配合“当心激光”警告标志

使用。

(4)颜色　安全标志所用的颜色应符合 GB 2893—2008 规定的颜色,见本任务前述的“1. 安全色”。

(二)化学品作业场所安全警示标志

AQ 3047—2013《化学品作业场所安全警示标志规范》规定了化学品作业场所安全警示标志的有关定义、内容、编制与使用要求,适用于化工企业生产、使用、储存化学品的场所以及构成重大危险源的场所。

1. 定义

化学品作业场所安全警示标志以文字和图形符号组合的形式,表示化学品在工作场所所具有的危险性和安全注意事项。标志要素包括化学品标志、理化特性、危险象形图、警示词、危险性说明、防范说明、防护用品说明、资料参阅提示语以及报警电话等。

2. 标志内容

(1)化学品标志　化学品作业场所安全警示标志应列明化学品的中文化学名称或通用名称,以及美国化学文摘号(CAS 号)。化学品标志要求醒目、清晰,位于整体标志的上方。名称应与化学品安全技术说明书中的名称一致。

(2)理化特性　根据危险化学品的危险特性,列出相应的理化数据,包括闪点、爆炸极限、密度、挥发性等。

(3)危险象形图　内容与本任务“五、化学品安全技术说明书和安全标签”中的“(二)安全标签”一致。

采用 GB 30000. 2~ GB30000. 29 规定的危险象形图,表 3-3 列出了 9 种危险象形图对应的危险性类别。

表 3-3　　9 种象形图

危险象形图			
该图形对应的危险性类别	爆炸物,类别 1~3; 自反应物质,A、B 型; 有机过氧化物,A、B 型	压力下气体	氧化性气体; 氧化性液体; 氧化性固体

续表

危险象形图			
该图形对应的危险性类别	易燃气体,类别 1; 易燃气溶胶; 易燃液体,类别 1~3; 易燃固体; 自反应物质,B~F 型; 自热物质; 自燃液体; 自燃固体; 有机过氧化物,B~F 型; 遇水放出易燃气体的物质	金属腐蚀物; 皮肤腐蚀/刺激,类别 1; 严重眼损伤/眼睛刺激,类别 1	急性毒性,类别 1~3
危险象形图			
该图形对应的危险性类别	急性毒性,类别 4; 皮肤腐蚀/刺激,类别 2; 严重眼损伤/眼睛刺激,类别 2A; 皮肤过敏	呼吸过敏; 生殖细胞突变性; 致癌性; 生殖毒性; 特异性靶器官系统毒性一次接触; 特异性靶器官系统毒性反复接触; 吸入危害	对水环境的危害,急性类别 1,慢性类别 1、2

(4)警示词、危险性说明和防范说明的内容与“五、化学品安全技术说明书和安全标签”第二项“(二)安全标签”下“2. 标签内容”之“(3)信号词、(4)危险性说明、(5)防范说明”一致。

(5)防护用品说明　个体防护用品使用防护象形图来表示。根据作业场所化学品的危险特性,单独或组合使用防护象形图。防护象形图按 GB 2894 —2008 指示标志的规定选择。

(6)报警电话　填写发生危险化学品事故后的报警电话。

(7)资料参阅提示语　提示参阅化学品安全技术说明书。

(8)危险信息先后排序　当化学品具有两种及两种以上的危险性时,作业场所安全警示标志的象形图、警示词、危险性说明的先后顺序按 GB 15258—2009 的规定执行,在本任务“五、化学品安全技术说明书与安全标签”中的“(二)安全标签”中有阐述。

3. 化学品作业场所安全警示标志样例

样例见图 3-2。

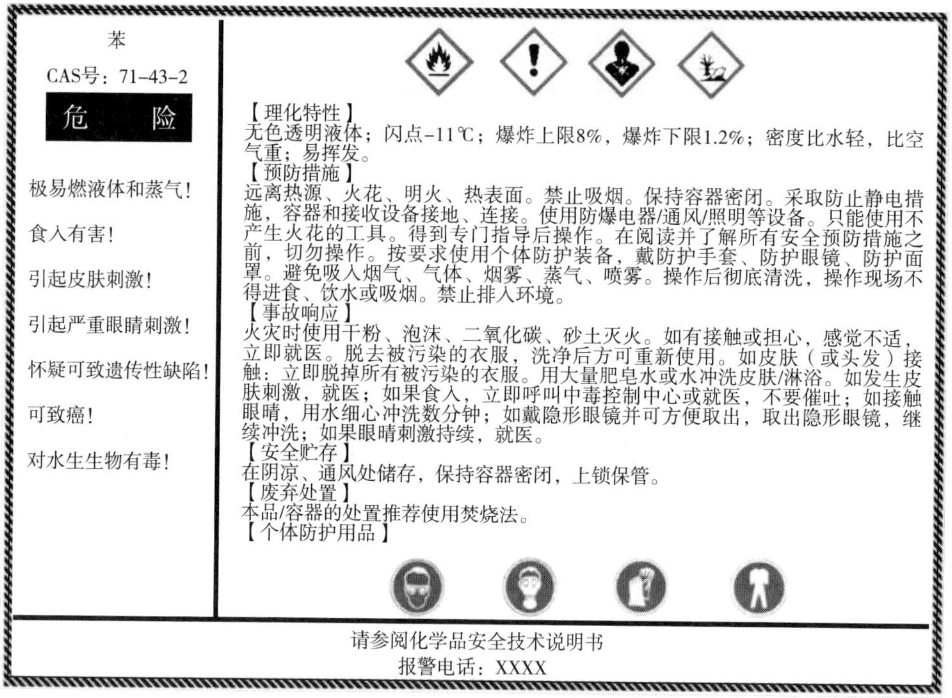

苯

CAS号：71-43-2

危　险

极易燃液体和蒸气!

食入有害!

引起皮肤刺激!

引起严重眼睛刺激!

怀疑可致遗传性缺陷!

可致癌!

对水生生物有毒!

【理化特性】

无色透明液体；闪点-11℃；爆炸上限8%，爆炸下限1.2%；密度比水轻，比空气重；易挥发。

【预防措施】

远离热源、火花、明火、热表面。禁止吸烟。保持容器密闭。采取防止静电措施，容器和接收设备接地、连接。使用防爆电器/通风/照明等设备。只能使用不产生火花的工具。得到专门指导后操作。在阅读并了解所有安全预防措施之前，切勿操作。按要求使用个体防护装备，戴防护手套、防护眼镜、防护面罩。避免吸入烟气、气体、烟雾、蒸气、喷雾。操作后彻底清洗，操作现场不得进食、饮水或吸烟。禁止排入环境。

【事故响应】

火灾时使用干粉、泡沫、二氧化碳、砂土灭火。如有接触或担心，感觉不适，立即就医。脱去被污染的衣服，洗净后方可重新使用。如皮肤（或头发）接触：立即脱掉所有被污染的衣服。用大量肥皂水或水冲洗皮肤/淋浴。如发生皮肤刺激，就医；如果食入，立即呼叫中毒控制中心或就医，不要催吐；如接触眼睛，用水细心冲洗数分钟；如戴隐形眼镜并可方便取出，取出隐形眼镜，继续冲洗；如果眼睛刺激持续，就医。

【安全贮存】

在阴凉、通风处储存，保持容器密闭，上锁保管。

【废弃处置】

本品/容器的处置推荐使用焚烧法。

【个体防护用品】

请参阅化学品安全技术说明书

报警电话：XXXX

图 3-2　化学品作业场所安全警示标志样例

(三)危险品运输包装标志

由于危险品具有爆炸、易燃、毒害、感染、腐蚀、放射性等危险特性,需要采用特殊的颜色或图示标志(以下简称标志),以引起人们的特别警惕。GB 190—2009 标准规定了危险货物包装标志的分类图形、尺寸、颜色及使用方法等。这里介绍包装标志分类。

标志分为标记(表 3-4)和标签(表 3-5,此处的标签指象形图,在运输条例中通常称象形图为标签)。标记 4 个,标签 26 个,其图形分别标示了 9 类危险货物的主要特性。

表 3-4　　标记表

序号	标记名称	标记图形
1	危害环境物质和物品标记	 （符号：黑色；底色：白色）
2	方向标记	 （符号：黑色或正红色；底色：白色）  （符号：黑色或正红色；底色：白色）
3	高温运输标记	 （符号：正红色；底色：白色）

表 3-5　　**标签(象形图)表**

序号	标志名称	标志图形	对应的危险货物类项号
1	爆炸性物质或物品	 (符号:黑色;底色:橙红色)	1.1 1.2 1.3
		 (符号:黑色;底色:橙红色)	1.4
		 (符号:黑色;底色:橙红色)	1.5
		 (符号:黑色;底色:橙红色) 注:* * 号的位置——如果爆炸性是次要危险性,留空白。 * 表示配装组字母的位置——如果爆炸性是次要危险性,留空白。	1.6
2	易燃气体	 (符号:黑色;底色:正红色)	2.1

续表

序号	标志名称	标志图形	对应的危险货物类项号
2	易燃气体	 （符号：白色；底色：正红色）	2. 1
	非易燃 无毒气体	 （符号：黑色；底色：绿色）  （符号：白色；底色：绿色）	2. 2
3	毒性气体	 （符号：黑色；底色：白色）	2. 3
4	易燃液体	 （符号：黑色；底色：正红色）  （符号：白色；底色：正红色）	3

续表

序号	标志名称	标志图形	对应的危险货物类项号
5	易燃固体	 (符号:黑色;底色:白色红条)	4.1
6	易于自燃的物质	 (符号:黑色;底色:上白下红)	4.2
	遇水放出 易燃气体的物质	 (符号:黑色;底色:蓝色)  (符号:白色;底色:蓝色)	4.3
7	氧化性物质	 (符号:黑色;底色:柠檬黄色)	5.1

续表

序号	标志名称	标志图形	对应的危险货物类项号
8	有机过氧化物	 （符号：黑色；底色：红色和柠檬色）	5.2
		 （符号：黑色；底色：白色和柠檬色）	
9	毒性物质	 （符号：黑色；底色：白色）	6.1
	感染性物质	 （符号：黑色；底色：白色）	6.2
10	一级放射性物品	 （符号：黑色；底色：白色，附一条红竖条） 注：黑色文字，在标签下半部分写上： “放射性” “内装物____” “放射性强度____” 在“放射性”字样之后应有一条红竖条。	7A

续表

序号	标志名称	标志图形	对应的危险货物类项号
	二级放射性物品	 (符号:黑色;底色:上黄下白,附两条红竖条) 注:黑色文字,在标签下半部分写上: “放射性” “内装物:____” “放射性强度:____” 在一个黑边框格内写上:“运输指数”, 在“放射性”字样之后应有两条红竖条。	7B
10	三级放射性物品	 (符号:黑色;底色:上黄下白,附三条红竖条) 注:黑色文字,在标签下半部分写上: “放射性” “内装物:____” “放射性强度:____” 在一个黑边框格内写上:“运输指数”, 在“放射性”字样之后应有三条红竖条。	7C
	裂变性物质	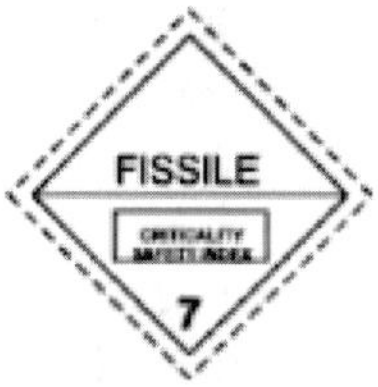 (符号:黑色;底色:白色) 注:黑色文字,在标签上半部分写上“易裂变”, 在标签下半部分的一个黑边框格内写上“临界安全指数”。	7E

续表

序号	标志名称	标志图形	对应的危险货物类项号
11	腐蚀性物质	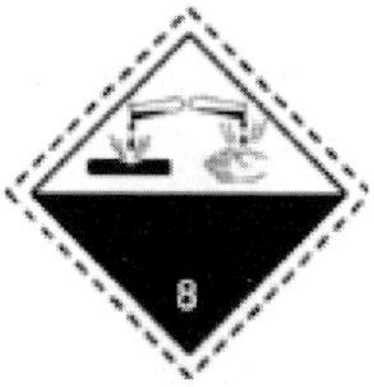（符号：黑色；底色：上白下黑）	8
12	杂项危险物质和物品	（符号：黑色；底色：白色）	9

（四）危险化学品的贮存标志

贮存危险化学品应有明显的标志，标志应符合 GB 190—2009 的规定，见表 3-4 和表 3-5。同一区域贮存两种或两种以上不同级别的危险品时，应按最高等级危险物品的性能标记。

五、化学品安全技术说明书和安全标签

化学品安全技术说明书和安全标签是化学品危险性公示的规定内容，其主要作用是让化学品的使用者了解相关危害、安全使用、泄漏应急处置以及废弃处置、个体防护等信息，以保护人身安全。

知识链接

“一书一签”

“一书一签”是指化学品安全技术说明书和安全标签。

《危险化学品安全管理条例》（国务院令第 591 号）第十五条和第三十七条分别对危险化学品生产企业、经营企业生产或经营的危险化学品在“一书一签”方面做出了规定（详见本任务项下“七、危险化学品生产、储存、使用、经营和运输安全”相关内容）。

危险化学品安全综合治理方案

《危险化学品安全综合治理方案》（2016 年）第 20 条规定，认

真落实“一书一签”要求。督促危险化学品生产企业和进出口单位严格执行“一书一签”(安全技术说明书、安全标签)要求,确保将危险特性和处置要求等安全信息及时、准确、全面地传递给下游企业、用户、使用人员以及应急处置人员。危险化学品(危险货物)托运人要采取措施及时将危险化学品(危险货物)相关信息传递给相关部门和人员。

危险化学品安全管理条例

(一)化学品安全技术说明书

1. 概述

化学品安全技术说明书(Safety Data Sheet for Chemical Products,SDS)是化学品的供应商向下游用户传递化学品基本危害信息(包括运输、操作处置、储存和应急行动信息)的一种载体。同时化学品安全技术说明书还可以向公共机构、服务机构和其他涉及该化学品的相关方传递这些信息。该定义引自 GBZ/T 224—2010《职业卫生名词术语》和 GB/T 16483—2008《化学品安全技术说明书　内容和项目顺序》。

知识链接

SDS 与 MSDS

SDS 是化学品安全技术说明书英文“Safety Data Sheet for Chemical Products”的缩写,我国 GB/T 16483—2008《化学品安全技术说明书　内容和项目顺序》、GB/T 17519—2013《化学品安全技术说明书编写指南》等国家标准中统一使用该术语;GB 13690—2009《化学品分类和危险性公示　通则》标准中称为安全数据单。

危险化学品安全技术说明书

一些国家和我国的化学品生产和供应商则使用物质安全数据说明书这一术语,英文“Material Safety Data Sheet”,缩写为 MSDS。GBZ/T 224—2010 使用了这两个术语。

总体上一种化学品应编制一份 SDS。供应商有责任对 SDS 进行更新,并向下游用户提供最新版本的 SDS。而 SDS 的下游用户在使用 SDS 时,还应充分考虑化学品在具体使用条件下的风险评估结果,采取必要的预防措施。SDS 的下游用户应通过合适的途径将危险信息传递给不同作业场所的使用者,当为工作场所提出具体要求时,下游用户应考虑有关的 SDS 的综合性建议。

当化学品是一种混合物时,没有必要编制每个相关组分的单独的 SDS,编制和提供混合物的 SDS 即可。当某种成分的信息不可缺少时,应提供该成分的 SDS。

2. SDS 的内容

GB/T 16483—2008 标准规定了 SDS 的结构、内容和通用形式。GB/T 17519—2013 标准规定了 SDS 中 16 个部分内容的编写细则、SDS 的格式、SDS 的书写要求和计量单位要求。SDS 包括下面 16 个部分的信息，每部分的标题、编号和前后顺序不应随意变更。

(1)第一部分　化学品及企业标识。

①化学品标识：标明化学品的中文名称和英文名称，该名称应与安全标签上的名称一致。化学品属于纯物质的可填写其化学名称或常用名(俗名)；属于混合物的可填写其商品名称或混合物名称；属于农药的应填写其通用名称。建议同时标注供应商为该化学品编写的产品代码。

②企业标识：应标明供应商的名称、详细地址、SDS 责任部门的电话号码、传真和 SDS 责任部门的电子邮件地址。

③应急咨询电话：应提供供应商的 24h 化学事故应急咨询电话或供应商签约委托机构的 24h 化学事故应急咨询电话。对于国外进口的化学品，应提供至少一家中国境内的 24h 化学事故应急咨询电话。

④化学品的推荐用途和限制用途。

(2)第二部分　危险性概述。

①紧急情况概述：首先描述在事故状态下化学品可能立即引发的严重危害，以及可能具有严重后果需要紧急识别的危害，为化学事故现场救援人员处置时提供参考，可使用醒目字体或加边框。必要时，描述化学品的物理状态等，例如，颜色、形状、气味，以及蒸气的颜色等。

②危险性类别及标签要素：如象形图或符号、防范说明、危险信息和警示词等。

③主要的物理和化学危险性信息：如燃烧爆炸的危险性、金属腐蚀性等；对人体健康的危害、显著的环境危害。如果该化学品存在某些特殊的危险性性质，也在此说明。

(3)第三部分　成分/组成信息。

①应注明该化学品是纯物质(化学元素及其化合物)还是混合物。

②如果是纯物质，应提供中文名称和英文名通用名称或化学品名、美国化学文摘索引登记号(CAS 号)及其他标识符，并列出包括对该物质的危险性分类产生影响的杂质和稳定剂在内的所有危险组分的名称，以及浓度或浓度范围。

③如果是混合物，不必列出混合物的所有组分。如果按照 GHS 标准被分类为危险的组分，且其含量等于或大于浓度限值(可在 GB/T 17519—2013 表 1 中查到)，应列出其名称、浓度或浓度范围、CAS 号及其他标识符(保密组分除外)。

(4)第四部分　急救措施。

①根据化学品的不同接触途径，按照吸入、皮肤接触、眼睛接触和食入的顺序，分别描述相应的急救措施。如果存在除中毒、化学灼伤外必须处置的其他损伤(例如低温液体引起的冻伤，固体熔融引起的烧伤等)，也应说明相应的急救措施。

②简要说明接触化学品后可能出现的急性和迟发性效应,应描述最重要的症状和健康影响。

③必要时,对施救者保护提出忠告,如进入事故现场应佩戴携气式呼吸防护器。

④适当时,对医生提出特别提示,如禁止使用肾上腺素。

(5)第五部分　消防措施。

①合适的灭火方法和灭火剂,如,使用泡沫、CO_2或干粉灭火。

②不适用的灭火剂,建议填写不适用的原因,如,避免使用直流水灭火,直流水可能导致可燃性液体的飞溅,使火势扩散。

③化学品的特别危险性,包括燃烧可能产生的有毒有害燃烧产物;或遇高热容器内压缩气体(或液体)急剧膨胀,或发生物料聚合放出热量,导致容器内压增大引起开裂或爆炸。如,燃烧产生有毒的硫或氮的氧化物气体。

④灭火注意事项及防护措施,包括特殊灭火方法、灭火过程中采取的保护行动、消防人员应穿戴的集体防护装备、泄漏物和消防水对水源和土壤污染的可能性以及减少这些环境污染应采取的措施等。

(6)第六部分　泄漏应急处理。

①作业人员防护措施、防护装备和应急处置程序。

②环境保护措施建议。

③泄漏化学品的收容、清除方法及所使用的处置材料的建议。

④防止发生次生灾害的预防措施。

(7)第七部分　操作处置与储存。

①操作处置:就化学品安全处置的注意事项和措施提出建议,包括防止人员接触化学品;防止火灾、爆炸的技术措施;提供局部或全面通风、防止形成气溶胶和粉尘的技术措施;防止直接接触禁配物(不相容物质或混合物)的特殊处置注意事项。

提出一般卫生要求建议。例如,禁止在工作场所饮食;使用化学品后洗手;进入餐饮区前脱掉污染的衣物和防护装备。

②储存:应描述安全储存的条件(适合的储存条件和不适合的储存条件);安全技术措施、同禁配物隔离储存的措施、包装材料信息(适合和不适合该化学品的包装材料)。

(8)第八部分　接触控制和个体防护。

①列出物质或混合物组分的职业接触限值和生物限值。

知识链接

1. MAC、PC-TWA 与 PC-STEL

最高允许浓度(Maximum Allowable Concentration,MAC),指工作地点、在一个

工作日内、任何时间点有毒化学物质均不应超过的浓度。

时间加权平均允许浓度（Permissible Concentration－time Weighted Average，PC-TWA）指以时间为权数规定的8h工作日、40h工作周的平均允许接触浓度。

短时间接触允许浓度（Permissible Concentration－short Term Exposure Limit，PC-STEL），指在遵守PC-TWA前提下允许短时间（15min）接触的浓度。

2. 职业接触限值的标识

在填写职业接触限值时，应注意不要遗漏标识内容，以保持职业接触限值的完整性。

例如GBZ 2.1—2019使用的以下标识。

（1）皮　表示该物质通过完整的皮肤吸收引起全身效应。

（2）敏　表示该物质可能有致敏作用。

（3）G1、G2A、G2B　国际癌症研究机构（IARC）的致癌性分级。

②如有可能，提供职业接触限值和生物限值的监测方法，以及监测方法的来源。

③列出减少接触的工程控制方法，该信息是对第七部分内容的进一步补充。

④列出推荐使用的个体防护设备。例如，呼吸系统防护、眼睛防护、皮肤和身体防护、手防护。标明防护设备的类型和材质。

（9）第九部分　理化特性。

提供化学品的外观与性状；气味；pH，并指明浓度；熔点/凝固点；沸点、初沸点和沸程；闪点；燃烧上下限或爆炸极限；蒸气压；蒸气密度；密度/相对密度；溶解性；*n*-辛醇/水分配系数；自燃温度；分解温度。如果有必要，应提供气味阈值；蒸发速率；易燃性（固体、气体），以及与化学品安全使用有关的其他理化特性数据，如放射性、体积密度、黏度等。

必要时，应提供数据的测定方法和相关条件。

（10）第十部分　稳定性和反应性。

①描述在正常环境下和预计的储存和处置温度和压力条件下，纯物质或混合物的稳定性。

②说明纯物质或混合物能否发生伴有诸如压力升高、温度升高、危险副产物形成等现象的危险反应，应注明发生危险反应的条件。

③列出应避免的条件，如热、压力、撞击、静电、震动、光照等。

④列出物质或混合物的禁配物。

⑤列出危险的分解产物，例如可燃和有毒物质，窒息性气体等。分解产物一氧化碳、二氧化碳和水除外。

（11）第十一部分　毒理学信息。

应全面、简洁地描述使用者接触化学品后产生的各种毒性作用（健康影响）。

包括:急性毒性、皮肤刺激或腐蚀;眼睛刺激或腐蚀;呼吸或皮肤过敏;生殖细胞突变性;致癌性;生殖毒性;特异性靶器官系统毒性——一次性接触;特异性靶器官系统毒性——反复接触;吸入危害。

还可以提供毒代动力学、代谢和分布信息等。

(12)第十二部分　生态学信息。

应为 SDS 第 2 部分——危险性概述中的环境危害分类提供支持性信息。

提供化学品的环境影响、环境行为和归宿方面的信息,如,生态毒性;持久性和降解性;潜在的生物累积性;土壤中的迁移性;其他环境有害作用。

(13)第十三部分　废弃处置。

①说明处置化学品及容器的方法,如焚烧、填埋或回收利用等。

②说明影响废弃处置方案选择的废弃化学品的物理化学特性。

③说明不得采用排放到下水道的方式处置废弃化学品。

④说明焚烧或填埋废弃化学品时应采取的任何特殊防范措施。

⑤有关从事废弃化学品处置或回收利用活动人员的安全防范措施,可参见 SDS 第 8 部分中的信息。

⑥提请下游用户注意国家和地方有关废弃化学品的处置法规。

(14)第十四部分　运输信息。

包括联合国危险货物编号(UN 号)、联合国运输名称(GB 12268—2012);联合国危险货物分类;包装类别(GB 12268—2012);海洋污染物(是/否);运输注意事项,为使用者提供应该了解或遵守的其他与运输或运输工具有关的特殊防范措施方面的信息。

(15)第十五部分　法规信息。

标明使用本 SDS 的国家或地区中,管理该化学品的法规名称。提供与法律相关的法规信息和化学品标签信息。提醒下游用户注意当地废弃处置法规。

(16)第十六部分　其他信息。

提供上述各项未包括的其他重要信息。例如,编写和修订信息;对员工进行安全培训的建议;参考文献;缩略语和首字母缩写;免责声明。

3. SDS 的作用

SDS 提供了化学品(纯物质或混合物)在安全、健康和环境保护等方面的信息,推荐了防护措施和紧急情况下的应对措施,其主要作用包括以下几种。

(1)化学品安全生产、安全流通、安全使用的指导性文件。

(2)应急作业人员进行应急作业时的技术指南。

(3)为危险化学品生产、处置、储存和使用各环节制订安全操作规程提供技术信息;可以让化学品的使用者了解相关危害、安全使用、身体防护等信息,以保护人身安全。

(4)企业安全教育的主要内容。

课堂活动

请分组查阅苯酚、硝酸甘油、乙醇、乙酸乙酯、金属钠、氢氧化钠、硫酸、甲醛等常见化学品的SDS,先小组学习,然后组间交流分享。

(二)安全标签

1. 概述

标签是用于标示化学品所具有的危险性和安全注意事项的一组文字、象形图和编码组合,它可粘贴、挂栓或喷印在化学品的外包装或容器上,该定义引自国家标准 GB 15258—2009《化学品安全标签编写规定》。

对于 GB 13690—2009 标准中的 3 大类 27 项化学品的标签,除了"吸入危险"我国还未转化成为国家标准外,危险类别都以指定的象形图、信号词和危险说明的顺序列出。

安全标签的内容、制作和使用要求等按 GB 15258—2009《化学品安全标签编写规定》执行。

危险化学品安全标签

2. 标签内容

标签上要求的信息包括化学品标识、象形图、信号词、危险性说明、防范说明、供应商标识、应急咨询电话、资料参阅提示语等。主管部门可能还要求提供额外信息,供应商也可能增加补充信息。

(1)化学品标识　也称产品标识符,此处指化学品的名称,用中文和英文分别标明化学品的化学名称或通用名称。名称要求醒目清晰,位于标签的上方。名称应与化学品安全技术说明书中的名称一致。

对混合物应标出对其危险性分类有贡献的主要组分的化学名称或通用名、浓度或浓度范围。当需要标出的组分较多时,组分个数以不超过 5 个为宜。对于属于商业机密的成分可以不标明,但应列出其危险性。

(2)象形图　由图形符号及其他图形要素,例如边界、背景图案或颜色组成,表述特定信息的图形组合。图形符号是旨在简明地传达信息的图形要素。

危险象形图应使用黑色符号加白色背景,红框要足够宽,以便醒目。

采用 GB 30000.2—2013 ~ GB30000.29—2013 规定的象形图。AQ 3047—2013《化学品作业场所安全警示标志规范》的表 1 列出了 9 种危险象形图对应的危险性类别(详见本任务"四、常用危险化学品的标志")。

(3)信号词　也称警示词,标签上用来表明化学品危险性相对严重程度和提醒接触者注意潜在危险的词语。信号词位于化学品的下方,要求醒目、清晰。GHS和我国的一些标准(如 AQ 3047—2013、GB/T 16483—2008)使用的信号词(警示词)是"危险"和"警告"。"危险"用于较为严重的危险类别,而"警告"用于较轻的类别。例如,对于极易燃气体使用信号词"危险",对于易燃气体使用信号词

“警告”。

根据 GB 30000.2—2013~ GB30000.29—2013,选择不同类别的危险化学品的信号词。

(4)危险性说明　对危险种类和类别的说明,描述某种化学品的固有危险,必要时包括危险程度。

简要概述化学品的危险特性,居于信号词下方。根据 GB 30000.2—2013~GB 30000.29—2013,选择不同类别危险化学品的危险性说明。

(5)防范说明　用文字或象形图描述的降低或防止与危险化学品接触,确保正确储存和搬运的有关措施。

表述化学品在处置、搬运、储存和使用作业中所必须注意的事项和发生意外时简单有效的救护措施等。要求内容简明扼要、重点突出。该部分应包括安全预防措施、意外情况的处理(如泄漏、人员接触或火灾等,也称事故响应)、安全储存措施及废弃处置等内容。

课堂活动

请分组查阅 GB 30000.2—2013,熟悉爆炸物的象形图和图形符号、信号词、危险性说明、防范说明,组内成员进行交流。

(6)供应商标识　提供纯物质或混合物的生产商或供应商的名称、地址、邮编和电话号码等。

(7)应急咨询电话　填写化学品生产商或生产商委托的 24h 化学事故应急咨询电话。

国外进口化学品安全标签上应至少有一家中国境内的 24h 化学事故应急咨询电话。

(8)资料参阅提示语　提示化学品用户应参阅化学品安全技术说明书。

(9)其他信息　如标明 UN 编号和 CN 编号。

知识链接

UN 编号与 CN 编号

UN 编号:联合国危险货物运输编号,简称联合国编号,由联合国危险货物运输专家委员会编制的四位阿拉伯编号,用以识别一种物质或物品或一类特定物质或物品。

CN 编号:我国危险货物编号,又称危规号,由五位阿拉伯数字组成。GB 6944—

2012 标准实施之前使用。GB 6944—2012 标准中规定：危险货物的品名编号采用联合国编号。

3. 危险信息先后排序

当某种化学品具有两种及两种以上的危险性时，安全标签的象形图、信号词、危险性说明的先后顺序规定如下。

（1）象形图先后顺序　物理危险象形图的先后顺序，根据 GB 12268—2012 中的主次危险性确定，未列入 GB 12268—2012 的化学品，以下危险性类别的危险性总是主危险：爆炸物、易燃气体、易燃气溶胶、氧化性气体、高压气体、自反应物质和混合物、发火物质、有机过氧化物。其他主危险性的确定按照联合国《关于危险货物运输的建议书规章范本》危险性先后顺序确定方法确定。

对于健康危害，按照以下先后顺序：如果使用了骷髅和交叉骨图形符号，则不应出现感叹号图形符号；如果使用了腐蚀图形符号，则不应出现感叹号来表示皮肤或眼睛刺激；如果使用了呼吸致敏物的健康危害图形符号，则不应出现感叹号来表示皮肤致敏物或者皮肤/眼睛刺激。

（2）信号词先后顺序　存在多种危险性时，如果在安全标签上选用了信号词"危险"，则不应出现信号词"警告"。

（3）危险性说明先后顺序　所有危险性说明都应当出现在安全标签上，按物理危险、健康危害、环境危害顺序排列。

4. 简化标签

对于≤100mL 的化学品小包装，为方便标签使用，安全标签要素可以简化，包括化学品标识、象形图、信号词、危险性说明、应急咨询电话、供应商名称及联系电话，资料参阅使用提示语即可。

课堂活动

请分组查阅苯酚、硝酸甘油、乙酸乙酯、硫酸、氢氧化钠等危险化学品的安全标签，组间交流分享。

六、危险化学品的危害

（一）毒性危害及事故案例

有毒品进入机体后，累积达一定量，能与体液和组织发生生物化学作用或生物物理学作用，扰乱或破坏机体的正常生理功能，引起暂时性或持久性的病理改变，甚至危及生命。

案例

邯郸大名县福泰生物科技有限公司“4·1”硫化氢中毒事故

事故简介:2016年4月1日,河北省邯郸市大名县福泰生物科技有限公司发生一起硫化氢中毒事故,造成3人死亡,3人受伤。

危险化学品毒性危害及事故案例

事故直接原因:企业在排放试生产产生的硫化钠废水时未开启尾气吸收塔,导致含有硫化钠的碱性废水与废水池中存有的酸性废水反应,释放出硫化氢气体,经废气总管回串至车间抽滤槽并逸散,致使在附近作业的1名人员中毒;施救人员在未采取任何防护措施的情况下盲目施救,导致事故后果扩大。

(二)腐蚀危害及事故案例

腐蚀品是指与机体接触,能灼伤人体组织并对金属等物品造成损坏的固体或液体。

1. 按其化学性质分为以下三类

(1)酸性腐蚀品　如硫酸、盐酸。

(2)碱性腐蚀品　如氢氧化钠、乙醇钠。

(3)其他腐蚀品　如甲醛。

2. 腐蚀品具有以下危险特性

(1)强烈的腐蚀性

①对人体有腐蚀作用,造成化学灼伤:腐蚀品使人体细胞受到破坏所形成的化学灼伤与烧伤、烫伤不同,化学灼伤在开始时往往不太痛,待发觉时部分组织已经灼伤坏死,较难治愈。

②对金属有腐蚀作用:腐蚀品中的酸和碱,甚至盐类都能引起金属不同程度的锈蚀。

③对有机物质有腐蚀作用:能和布料、木材、纸张、皮革等发生化学反应,使其遭受腐蚀损坏。

④对建筑物有腐蚀作用:如可以腐蚀车间的水泥地面,所以硫酸、液碱储罐四周的地面要铺设大理石等防腐材料。

(2)氧化性　部分无机酸性腐蚀品,如浓硝酸、浓硫酸、高氯酸等具有氧化功能,遇有机化合物如食糖、稻草、木屑、松节油等易因氧化发热而引起燃烧。

(3)稀释放热性　多种腐蚀品遇水会放出大量的热,造成液体四处飞溅而致人体灼伤。

案例

辽宁建平县鸿燊商贸有限公司“3·1”硫酸储罐爆炸事故

事故简介：2013 年 3 月 1 日，辽宁建平县鸿燊商贸有限公司发生硫酸储罐爆炸事故，造成 7 人死亡，2 人受伤，直接经济损失 1210 万元。

事故直接原因：硫酸储罐内的浓硫酸被局部稀释后，与储罐材质反应产生氢气，与含有氧气的空气形成爆炸性混合气体，当混合气体从放空管通气口和罐顶周围的小缺口冒出时，遇焊接明火引起爆炸，导致 2 号罐体爆裂。飞出的罐体碎片将 1 号储罐下部连接管法兰砸断，罐内硫酸泄漏。2 号储罐和 1 号储罐泄漏的硫酸流入附近农田、河床及高速公路涵洞，引发较严重的次生环境灾害。

危险化学品腐蚀危害及事故案例

(三)火灾危害及事故案例

危险化学品中很多具有可燃、易燃或自燃的性质，处置不当就会引发火灾，造成一系列的社会危害。危险化学品火灾的危害性体现如下所示。

(1)火灾造成财产损失　火灾无情，一把火能烧掉人们经过数十载辛勤劳动创造的物质财富，使工厂、仓库、城镇、乡村和大量的生产、生活资料化为灰烬，影响着社会经济的发展和人们的正常生活。

案例

辽宁大连石化“8·17”火灾事故

事故简介：2017 年 8 月 17 日 18 时 36 分左右，中国石油大连石化公司 140 万吨/年重油催化裂化装置原料泵发生泄漏着火，21 时 08 分现场明火被扑灭，事故造成原料泵上部管廊及空冷器等部分设备损坏。

初步分析事故可能原因：生产过程中原料油泵驱动端轴承异常损坏，导致原料油泵剧烈振动，造成密封波纹管断裂，泵出口预热线断裂，引起油料泄漏着火。

(2)火灾造成人员伤亡　比造成财产损失更严重的是，火灾能夺去人的生命或健康，造成难以消除的身心痛苦，尤其是火灾引发爆炸的事故，伤亡和损失往往是巨大的。

案例

山东东营滨源化学有限公司“8 · 31”爆炸事故

事故简介:2015 年 8 月 31 日,山东东营市滨源化学有限公司车间负责人违章指挥,安排操作人员违规向地面排放硝化再分离器内含有混二硝基苯的物料,混二硝基苯在硫酸、硝酸以及硝酸分解出的二氧化氮等强氧化剂存在的条件下,自高处排向一楼水泥地面,在冲击力作用下起火燃烧。火焰炙烤附近的硝化机、预洗机等设备,使其中含有二硝基苯的物料温度升高,引发爆炸。

事故原因:公司在企业装置没有建成,安全设施及自控系统未投用,员工培训不到位的情况下,违规试生产,造成装置着火爆炸。导致 13 人当场死亡,25 人受伤,直接损失 4326 万元。

爆炸还造成混二硝基苯装置框架厂房完全损毁,相邻的周边其他建筑物受到不同程度的损坏。

违章指挥给遇难者家庭带来巨大伤害,也使全社会从事故中受到教育。

(3)造成生态平衡的破坏　一些重特大火灾不仅造成财产损失、人员伤亡,火灾产生的有毒有害物质,如烟气、热量和生成的有毒气体及着火物质的扩散等对环境产生大的破坏作用,其中燃烧产物 CO_2 和 SO_2 影响最大。

火灾导致化学物质泄漏,污染周围环境,破坏生态平衡,间接威胁人类健康。

案例

天津港“8 · 12”瑞海公司危险品仓库特别重大火灾爆炸事故

事故简介:2015 年 8 月 12 日,天津港瑞海国际物流有限公司危险品仓库发生火灾,继而突然发生爆炸。当晚,最先抵达火灾现场展开扑救工作的是天津港消防支队,火灾现场突然爆炸,31 秒后,现场再次发生剧烈爆炸,火光冲天,浓烟滚滚,爆炸现场产生了数十米高的灰白蘑菇云。8 月 14 日 16 时 40 分,现场明火才被基本扑灭。

事故造成 165 人遇难,8 人失踪,并造成 304 幢建筑物、12428 辆商品汽车和 7533 个集装箱受损,直接经济损失达 68.66 亿元人民币,是我国近年来代价最高的灾难事件。

事故还造成严重的环境污染:分析确定至少有 129 种化学物质发生爆炸、燃烧或泄漏扩散,其中氢氧化钠、硝酸钾、硝酸铵、氰化钠、金属镁和硫化钠这 6 种物质的重量占到总重量的 50%。

危险化学品火灾危害及事故案例

本次事故残留的化学品与产生的二次污染物达百种，对局部区域的大气环境、水环境和土壤环境造成了不同程度的污染。

事故的直接原因：瑞海公司危险品仓库运抵区南侧集装箱内硝化棉由于湿润剂散失，出现局部干燥，在高温天气等因素的作用下分解放热，积热自燃，引起相邻集装箱内的硝化棉和其他危险化学品长时间大面积燃烧，导致堆放于运抵区的硝酸铵等危险化学品发生爆炸。

（四）爆炸危害及事故案例

危险化学品中有些具有爆炸的性质，处置不当就会引发爆炸；也有很多具有可燃、易燃或自燃的性质，处置不当会引发火灾，继而引发爆炸，造成一系列的社会危害。

危险化学品爆炸危害性的体现与前边介绍的火灾危害一样，造成财产损失、人员伤亡、环境污染和生态平衡的破坏。

案例

北京某高校“12·26”较大爆炸事故

事故简介：2018 年 12 月 26 日，北京某高校市政与环境工程实验室发生爆炸燃烧，事故造成 3 人死亡。

事故直接原因：在使用搅拌机对镁粉和磷酸搅拌、反应过程中，料斗内产生的氢气被搅拌机转轴处金属摩擦、碰撞产生的火花点燃爆炸，继而引发镁粉粉尘云爆炸，爆炸引起周边镁粉和其他可燃物燃烧，造成现场 3 名学生烧死。

事故调查组同时认定，该校有关人员违规开展试验、冒险作业；违规购买、违法储存危险化学品；对实验室和科研项目安全管理不到位。

危险化学品爆炸危害及事故案例

注：视频中的图片来自网络。

七、危险化学品生产、储存、使用、经营和运输安全

遵照《危险化学品安全管理条例》（2002 年 1 月 26 日中华人民共和国国务院令第 344 号公布，2011 年 2 月 16 日国务院令第 591 号第一次修正，2013 年 12 月 4 日院令第 645 号第二次修正），以预防和减少危险化学品事故，保障人民群众生命财产安全，保护环境。

危险化学品安全管理，应当坚持安全第一、预防为主、综合治理的方针，强化和落实企业的主体责任。

任何单位和个人不得生产、经营、使用国家禁止生产、经营、使用的危险化学品。国家对危险化学品的使用有限制性规定的,任何单位和个人不得违反限制性规定使用危险化学品。

因篇幅所限,这里介绍部分条款,详细内容请扫码查阅《危险化学品安全管理条例》全文。

(一)生产、储存安全

1. 获得生产许可

危险化学品生产企业进行生产前,应当依照《安全生产许可证条例》的规定,取得危险化学品安全生产许可证。

生产列入国家实行生产许可证制度的工业产品目录的危险化学品的企业,应当依照《中华人民共和国工业产品生产许可证管理条例》的规定,取得工业产品生产许可证。

负责颁发危险化学品安全生产许可证、工业产品生产许可证的部门,应当将其颁发许可证的情况及时向同级工业和信息化主管部门、环境保护主管部门和公安机关通报(第十四条)。

2. 提供SDS与安全标签

危险化学品生产企业应当提供与其生产的危险化学品相符的化学品安全技术说明书,并在危险化学品包装(包括外包装件)上粘贴或者拴挂与包装内危险化学品相符的化学品安全标签。化学品安全技术说明书和化学品安全标签所载明的内容应当符合国家标准的要求。

危险化学品生产企业发现其生产的危险化学品有新的危险特性的,应当立即公告,并及时修订其化学品安全技术说明书和化学品安全标签(第十五条)。

3. 对环境管理的规定

生产实施重点环境管理的危险化学品的企业,应当按照国务院环境保护主管部门的规定,将该危险化学品向环境中释放等相关信息向环境保护主管部门报告。环境保护主管部门可以根据情况采取相应的环境风险控制措施(第十六条)。

4. 对包装物、容器的规定

(1)危险化学品的包装应当符合法律、行政法规、规章的规定以及国家标准、行业标准的要求。

危险化学品包装物、容器的材质以及危险化学品包装的形式、规格、方法和单件质量(重量),应当与所包装的危险化学品的性质和用途相适应(第十七条)。

(2)生产列入国家实行生产许可证制度的工业产品目录的危险化学品包装物、容器的企业,应当依照《中华人民共和国工业产品生产许可证管理条例》的规定,取得工业产品生产许可证;其生产的危险化学品包装物、容器经国务院质量监督检验检疫部门认定的检验机构检验合格,方可出厂销售。

运输危险化学品的船舶及其配载的容器，应当按照国家船舶检验规范进行生产，并经海事管理机构认定的船舶检验机构检验合格，方可投入使用。

对重复使用的危险化学品包装物、容器，使用单位在重复使用前应当进行检查；发现存在安全隐患的，应当维修或者更换。使用单位应当对检查情况做出记录，记录的保存期限不得少于2年(第十八条)。

5. 对危险化学品储存设施的规定

危险化学品生产装置或者储存数量构成重大危险源的危险化学品储存设施(运输工具、加油站、加气站除外)，与下列场所、设施、区域的距离应当符合国家有关规定。

(1)居住区以及商业中心、公园等人员密集场所。

(2)学校、医院、影剧院、体育场(馆)等公共设施。

(3)饮用水源、水厂以及水源保护区。

(4)车站、码头(依法经许可从事危险化学品装卸作业的除外)、机场以及通信干线、通信枢纽、铁路线路、道路交通干线、水路交通干线、地铁风亭以及地铁站出入口。

(5)基本农田保护区、基本草原、畜禽遗传资源保护区、畜禽规模化养殖场(养殖小区)、渔业水域以及种子、种畜禽、水产苗种生产基地。

(6)河流、湖泊、风景名胜区、自然保护区。

(7)军事禁区、军事管理区。

(8)法律、行政法规规定的其他场所、设施、区域。

已建的危险化学品生产装置或者储存数量构成重大危险源的危险化学品储存设施不符合前款规定的，由所在地设区的市级人民政府安全生产监督管理部门会同有关部门监督其所属单位在规定期限内进行整改；需要转产、停产、搬迁、关闭的，由本级人民政府决定并组织实施。

储存数量构成重大危险源的危险化学品储存设施的选址，应当避开地震活动断层和容易发生洪灾、地质灾害的区域。

本条例所称重大危险源，是指生产、储存、使用或者搬运危险化学品，且危险化学品的数量等于或者超过临界量的单元(包括场所和设施)(第十九条)。

6. 对危险化学品作业场所的规定

(1)生产、储存危险化学品的单位，应当根据其生产、储存的危险化学品的种类和危险特性，在作业场所设置相应的监测、监控、通风、防晒、调温、防火、灭火、防爆、泄压、防毒、中和、防潮、防雷、防静电、防腐、防泄漏以及防护围堤或者隔离操作等安全设施、设备，并按照国家标准、行业标准或者国家有关规定对安全设施、设备进行经常性维护、保养，保证安全设施、设备的正常使用。

在其作业场所和安全设施、设备上设置明显的安全警示标志(第二十条)。

(2)在其作业场所设置通信、报警装置，并保证处于适用状态(第二十一条)。

7. 安全评价要求

委托具备国家规定的资质条件的机构,对本企业的安全生产条件每 3 年进行一次安全评价,提出安全评价报告。安全评价报告的内容应当包括对安全生产条件存在的问题进行整改的方案。

将安全评价报告以及整改方案的落实情况报所在地县级人民政府安全生产监督管理部门备案。在港区内储存危险化学品的企业,应当将安全评价报告以及整改方案的落实情况报港口行政管理部门备案(第二十二条)。

8. 对生产、储存剧毒化学品或者易制爆危险化学品的规定

生产、储存剧毒化学品或者国务院公安部门规定的可用于制造爆炸物品的危险化学品(以下简称易制爆危险化学品)的单位,应当采取如下措施。

(1)如实记录其生产、储存的剧毒化学品、易制爆危险化学品的数量、流向,并采取必要的安全防范措施,防止剧毒化学品、易制爆危险化学品丢失或者被盗;发现剧毒化学品、易制爆危险化学品丢失或者被盗的,应当立即向当地公安机关报告。

(2)设置治安保卫机构,配备专职治安保卫人员(第二十三条)。

9. 对储存的规定

(1)危险化学品应当储存在专用仓库、专用场地或者专用储存室(以下统称专用仓库)内,并由专人负责管理;剧毒化学品以及储存数量构成重大危险源的其他危险化学品,应当在专用仓库内单独存放,并实行双人收发、双人保管制度。

危险化学品的储存方式、方法以及储存数量应当符合国家标准或者国家有关规定(第二十四条)。

知识链接

危险化学品的贮存方式

根据 GB 15603—1995《常用化学危险品贮存通则》,危险化学品贮存方式分为三种。

(1)隔离贮存　在同一房间或同一区域内,不同的物料之间分开一定的距离,非禁忌物料间用通道保持空间的贮存方式。

(2)隔开贮存　在同一建筑或同一区域内,用隔板或墙,将危险化学品与禁忌物料分离开的贮存方式。

(3)分离贮存　在不同的建筑物或远离所有建筑的外部区域的贮存方式。

危险化学品的贮存方法及贮存数量,如下所示。

应根据危险品的性能分区、分类、分库贮存。各类危险品不得与禁忌物料混合贮存,具体原则如下。

(1) 化学危险品贮存安排取决于化学危险品分类、分项容器类型、贮存方式和消防的要求。

(2) 贮存量及贮存安排见表3-6。

表3-6　　贮存量及贮存安排

贮存类别	贮存要求		
	隔离贮存	隔开贮存	分离贮存
平均单位面积贮存量/(t/m^3)	0.5	0.7	0.7
单一贮存区最大贮存量/t	200~300	200~300	400~600
垛距限制/m	0.3~0.5	0.3~0.5	0.3~0.5
通道宽度/m	1~2	1~2	5
墙距宽度/m	0.3~0.5	0.3~0.5	0.3~0.5
与禁忌物料距离/m	不得同库贮存	不得同库贮存	7~10

注:禁忌物料:化学性质相抵触或灭火方法不同的化学物料。

(3)遇火、遇热、遇潮能引起燃烧、爆炸或发生化学反应,产生有毒气体的危险化学品不得在露天或在潮湿、积水的建筑物中贮存。

(4)受日光照射能发生化学反应引起燃烧、爆炸、分解、化合或能产生有毒气体的危险化学品应贮存在一级建筑物中,其包装应采取避光措施。

(5)爆炸物品不准和其他类物品同贮,必须单独隔离限量贮存,仓库不准建在城镇,还应与周围建筑、交通干道、输电线路保持一定安全距离。

(6)压缩气体和液化气体必须与爆炸物品、氧化剂、易燃物品、自燃物品、腐蚀性物品隔离贮存。易燃气体不得与助燃气体、剧毒气体同贮;氧气不得与油脂混合贮存;盛装液化气体的容器属压力容器的,必须有压力表、安全阀、紧急切断装置,并定期检查,不得超装。

(7)易燃液体、遇湿易燃的物品、易燃固体不得与氧化剂混合贮存,具有还原性的氧化剂应单独存放。

(8)有毒物品应贮存在阴凉、通风、干燥的场所,不要露天存放,不要接近酸类物质。

(9)腐蚀性物品,包装必须严密,不允许泄漏,严禁与液化气体和其他物品共存。

思考题

根据所学知识说出有哪些因素能发生化学反应,引起燃烧、爆炸?

(2)储存危险化学品的单位应当建立危险化学品出入库核查、登记制度　对剧毒化学品以及储存数量构成重大危险源的其他危险化学品,储存单位应当将其储存数量、储存地点以及管理人员的情况,报所在地县级人民政府安全生产监督管理部门(在港区内储存的,报港口行政管理部门)和公安机关备案(第二十五条)。

(3)危险化学品专用仓库应当符合国家标准、行业标准的要求,并设置明显的标志　储存剧毒化学品、易制爆危险化学品的专用仓库,应当按照国家有关规定设置相应的技术防范设施。

储存危险化学品的单位应当对其危险化学品专用仓库的安全设施、设备定期进行检测、检验(第二十六条)。

案例

齐鲁天和惠世制药公司“4·15”重大着火中毒事故

事故简介:2019年4月15日,位于山东省济南市历城区的齐鲁天和惠世制药有限公司在对冻干粉针剂生产车间地下室的冷媒水(乙二醇溶液)系统管道改造过程中发生重大事故,造成10人死亡、12人轻伤。

事故直接原因:承包商信邦建设集团有限公司施工人员在受限空间内动火切割冷媒水系统管道过程中,引燃附近堆放的冷媒缓蚀剂(为易燃固体,属危险化学品,储存要求远离火源),燃烧时产生氮氧化物等有毒烟雾,导致现场人员中毒致死、致伤。

危险化学品生产与储存安全

(4)生产、储存危险化学品的单位转产、停产、停业或者解散的,应当采取有效措施,及时、妥善处置其危险化学品生产装置、储存设施以及库存中的危险化学品,不得丢弃危险化学品;处置方案应当报所在地县级人民政府安全生产监督管理部门、工业和信息化主管部门、环境保护主管部门和公安机关备案。安全生产监督管理部门应当会同环境保护主管部门和公安机关对处置情况进行监督检查,发现未依照规定处置的,应当责令其立即处置(第二十七条)。

(二)使用安全

1. 健全规章制度,依法依规使用

使用危险化学品的单位,其使用条件(包括工艺)应当符合法律、行政法规的规定和国家标准、行业标准的要求,并根据所使用的危险化学品的种类、危险特性以及使用量和使用方式,建立、健全使用危险化学品的安全管理规章制度和安全操作规程,保证危险化学品的安全使用(第二十八条)。

2. 达到规定数量需取得危险化学品使用许可证

使用危险化学品从事生产并且使用量达到规定数量的化工企业(属于危险化学品生产企业的除外,下同),应当依照本条例的规定取得危险化学品安全使用许可证。

前款规定的危险化学品使用量的数量标准,由国务院安全生产监督管理部门会同国务院公安部门、农业主管部门确定并公布(第二十九条)。

3. 申请危险化学品使用许可证应具备的条件

除应当符合《危险化学品安全管理条例》第二十八条的规定外,还应当具备下列条件。

(1)有与所使用的危险化学品相适应的专业技术人员。

(2)有安全管理机构和专职安全管理人员。

(3)有符合国家规定的危险化学品事故应急预案和必要的应急救援器材、设备。

(4)依法进行了安全评价(第三十条)。

4. 剧毒化学品、易制爆危险化学品使用规定

使用剧毒化学品、易制爆危险化学品的单位不得出借、转让其购买的剧毒化学品、易制爆危险化学品;因转产、停产、搬迁、关闭等确须转让的,应当向具有本条例第三十八条第一款、第二款规定的相关许可证件或者证明文件的单位转让,并在转让后将有关情况及时向所在地县级人民政府公安机关报告(第四十二条)。

(三)经营安全

1. 实行许可制度

(1)国家对危险化学品经营(包括仓储经营,下同)实行许可制度。未经许可,任何单位和个人不得经营危险化学品。

(2)依法设立的危险化学品生产企业在其厂区范围内销售本企业生产的危险化学品,不需要取得危险化学品经营许可。

(3)依照《中华人民共和国港口法》的规定取得港口经营许可证的港口经营人,在港区内从事危险化学品仓储经营,不需要取得危险化学品经营许可。

2. 企业应具备的条件

从事危险化学品经营的企业应当具备下列条件。

(1)有符合国家标准、行业标准的经营场所,储存危险化学品的,还应当有符合国家标准、行业标准的储存设施。

(2)从业人员经过专业技术培训并经考核合格。

(3)有健全的安全管理规章制度。

(4)有专职安全管理人员。

(5)有符合国家规定的危险化学品事故应急预案和必要的应急救援器材、设备。

(6)法律、法规规定的其他条件。

3. 储存规定

危险化学品经营企业储存危险化学品的,应当遵守《危险化学品安全管理条例》第二章关于储存危险化学品的规定。危险化学品商店内只能存放民用小包装的危险化学品。

课堂讨论

危险化学品仓库安全管理

某危险化学品储运公司拥有一个危险化学品库区,内设有3个危险化学品仓库,一个存有苯、甲苯、硫黄、黄磷这4种易燃物质;一个存有氧气;一个存有氮气、氩气等气体。库区如何划分合理?

4. 采购与经营规定

(1)危险化学品经营企业不得向未经许可从事危险化学品生产、经营活动的企业采购危险化学品,不得经营没有化学品安全技术说明书或者化学品安全标签的危险化学品(第三十七条)。

(2)依法取得危险化学品安全生产许可证、危险化学品安全使用许可证、危险化学品经营许可证的企业,凭相应的许可证件购买剧毒化学品、易制爆危险化学品。民用爆炸物品生产企业凭民用爆炸物品生产许可证购买易制爆危险化学品。

前款规定以外的单位购买剧毒化学品的,应当向所在地县级人民政府公安机关申请取得剧毒化学品购买许可证;购买易制爆危险化学品的,应当持本单位出具的合法用途说明。

个人不得购买剧毒化学品(属于剧毒化学品的农药除外)和易制爆危险化学品(第三十八条)。

(3)不得向不具有相关许可证件或者证明文件的单位销售剧毒化学品、易制爆危险化学品。对持剧毒化学品购买许可证购买剧毒化学品的,应当按照许可证载明的品种、数量销售。

禁止向个人销售剧毒化学品(属于剧毒化学品的农药除外)和易制爆危险化学品(第四十条)。

(4)危险化学品生产企业、经营企业销售剧毒化学品、易制爆危险化学品,应当如实记录购买单位的名称、地址、经办人的姓名、身份证号码以及所购买的剧毒化学品、易制爆危险化学品的品种、数量、用途。销售记录以及经办人的身份证明复印件、相关许可证件复印件或者证明文件的保存期限不得少于1年。

剧毒化学品、易制爆危险化学品的销售企业、购买单位应当在销售、购买后5日内,将所销售、购买的剧毒化学品、易制爆危险化学品的品种、数量以及流向信息报所在地县级人民政府公安机关备案,并输入计算机系统(第四十一条)。

危险化学品经营与运输安全

(四)运输安全

1. 实行运输许可制度

从事危险化学品道路运输、水路运输的,应当分别依照有关道路运输、水路运输的法律、行政法规的规定,取得危险货物道路运输许可、危险货物水路运输许可,并向工商行政管理部门办理登记手续。

危险化学品道路运输企业、水路运输企业应当配备专职安全管理人员(第四十三条)。

2. 持证上岗,依法作业

危险化学品道路运输企业、水路运输企业的驾驶人员、船员、装卸管理人员、押运人员、申报人员、集装箱装箱现场检查员应当经交通运输主管部门考核合格,取得从业资格。

危险化学品的装卸作业应当遵守安全作业标准、规程和制度,并在装卸管理人员的现场指挥或者监控下进行。水路运输危险化学品的集装箱装箱作业应当在集装箱装箱现场检查员的指挥或者监控下进行,并符合积载、隔离的规范和要求;装箱作业完毕后,集装箱装箱现场检查员应当签署装箱证明书(第四十四条)。

3. 安全防护措施到位

运输危险化学品,应当根据危险化学品的危险特性采取相应的安全防护措施,并配备必要的防护用品和应急救援器材。

用于运输危险化学品的槽罐以及其他容器应当封口严密,能够防止危险化学品在运输过程中因温度、湿度或者压力的变化发生渗漏、洒漏;槽罐以及其他容器的溢流和泄压装置应当设置准确、起闭灵活。

运输危险化学品的驾驶人员、船员、装卸管理人员、押运人员、申报人员、集装箱装箱现场检查员,应当了解所运输的危险化学品的危险特性及其包装物、容器的使用要求和出现危险情况时的应急处置方法(第四十五条)。

4. 对道路运输规定

详见第四十六条至第五十一条,或扫码查看相关规定。

5. 对水路运输规定

详见第五十二条至第六十二条,或扫码查看相关规定。

6. 对托运危险化学品的规定

(1)托运危险化学品的,托运人应当向承运人说明所托运的危险化学品的种类、数量、危险特性以及发生危险情况的应急处置措施,并按照国家有关规定对所托运的危险化学品妥善包装,在外包装上设置相应的标志。

运输危险化学品需要添加抑制剂或者稳定剂的,托运人应当添加,并将有关情况告知承运人(第六十三条)。

(2)托运人不得在托运的普通货物中夹带危险化学品,不得将危险化学品匿报或者谎报为普通货物托运。

任何单位和个人不得交寄危险化学品或者在邮件、快件内夹带危险化学品,不得将危险化学品匿报或者谎报为普通物品交寄。邮政企业、快递企业不得收寄危险化学品。

对涉嫌违反本条第一款、第二款规定的,交通运输主管部门、邮政管理部门可以依法拆开查验(第六十四条)。

(五)危险化学品防灾应急办法

(1)发现被遗弃的化学品,不要捡拾,应立即拨打报警电话,说清具体位置、包装标志、大致数量以及是否有气味等情况。

(2)立即在事发地点周围设置警告标志,不要在周围逗留。严禁吸烟,以防发生火灾或爆炸。

(3)遇到危险化学品运输车辆发生事故,应尽快离开事故现场,撤离到上风口位置,不围观,并立即拨打报警电话。其他机动车驾驶员要听从工作人员的指挥,有序地通过事故现场。

(4)一旦闻到刺激难闻的气味,或发现有毒气体发生泄漏,马上采取必要措施:及时撤离现场,通知其他人员;用湿毛巾捂住口鼻,然后报警;堵截一切火源,不开灯,不要动电器,以免产生火花;熄灭火种,关阀断气,迅速疏散受火势威胁的物资;有关单位要禁止无关人员进入现场。化学品火灾的扑救应由专业消防队来进行。

(5)受到危险化学品伤害时,现场正确处理后,立即到医院救治,不要拖延。

八、危险化学品的废弃处置

危险化学品具有易燃、易爆、腐蚀、毒害等危险特性,如果对危险化学品及其废弃物管理、处置不善,不但会污染空气、水源和土壤,造成生态破坏,而且会对人体的安全与健康造成很大程度的伤害。

伤害具体表现在短期和长期危险性上。短期而言,有健康危害:通过摄入、皮肤吸收、眼睛接触而引起的毒害;物理危害:如燃烧、爆炸等危险性事件。长期危害包括重复接触和环境污染等原因导致的人体中毒、致癌、致畸、致突变等。因此必须从贮存、运输、处理各个环节加强管理,避免危险化学品及其废弃物对环境和人体造成伤害。

目前,与废弃物处置的法规有《作业场所安全使用化学品公约》《工作场所安全使用化学品的规定》《中华人民共和国固体废物污染环境防治法》,这些法规对危险物都做出了相应的规定。要求废弃的危险化学品必须依照固体废物污染环境防治法和国家有关规定执行。同时要求处置方案应当报所在地设区的市级人民政府负责危险化学品安全监督管理综合工作的部门和同级环境保护部门、公安部门备案。

危险废物的处置,是指使用能改变危险废物的物理、化学、生物特性的方法,达到已产生的废物数量减少、危险固体废物体积缩小、其危险成分减少或者消除的活动,或者将危险废物最终置于符合环境保护规定要求的场所或者设施并不再回取的活动。常见的废弃物处置方法有以下几种。

1. 填埋法

一般用来处理放射性强度大、半衰期长的放射性危险化学品。

2. 焚烧法

一般用于易燃、可燃的废弃化学品的处置。

3. 固化法

对难以用其他方法处理的,一般不溶于水的物质可与沙土混合,水泥固化后深埋,达到稳定化、无害化、减量化的目的。

4. 化学法

通过氧化还原反应、中和反应等使有毒物质变无害,如氰化钠、废酸碱的处理。

5. 生物法

通过生物降解来解除其毒性。

危险废弃物应由环保局认可的废弃物处理相关方处理,必要时由安全环保办组织人员跟踪了解其处理过程,评估其处理能力,公司相关负责部门委托外单位最终处理,并向危险废弃处理单位提供其废弃物品的物质安全数据说明书(Material Safety Data Sheet,MSDS,也指化学品安全技术说明书)。

九、联合国 GHS 制度简介

(一)GHS

《全球化学品统一分类和标签制度》(Globally Harmonized System of Classification and Labeling of Chemicals,GHS),1992 年联合国环境和发展会议(UNCED)通过了第 21 世纪议程,其中(UNCED)推荐了该项制度。议程的第 19 章"环境中有毒化学品的管理"包括 6 项基本措施,安全技术说明书是其中的措施之一。GHS 第一版于 2003 年发布,由于其封面为紫色,又称为"紫皮书",是由联合国出版的指导各国建立统一化学品分类和标签制度的规范性文件,因此也常被称为联合国 GHS。每两年修订一次,2020 年为第八修订版。

(二)GHS 制度的目的

1. 更好地保护人类健康和环境安全

GHS 制度将化学品的致癌性、生殖毒性、致突变性、对臭氧层的破坏等潜在慢性危害纳入了分类考虑的范畴,提高了人类对化学品危害的认识程度。

2. 提供一个公认的化学品分类框架

联合国 GHS 制度作为一个现成的全球统一的化学品管理制度,既可以统一各国已有的分类标准,也可为尚未建立本国化学品管理制度的国家提供一个值得借鉴的法律框架。

3. 减少化学品试验和评估的需求

由于 GHS 制度统一了各国关于化学品危害分类的标准,同一化学品在国际贸易流通时,只需进行一次试验或评估。

(三)GHS 制度的主要内容

1. 确定化学品危害分类的统一标准

GHS 制度根据化学品危害性质的不同,将其分为物理危害、健康危害以及环境危害,其中物理危害主要关注化学品易燃、易爆以及氧化性等危害。GHS 制度(第七修订版)将化学品的物理危害细分为 17 小类,健康危害细分为 10 小类,环境危害细分为 2 小类,与我国GB 30000系列标准分类一致。

2. 确定化学品危害公示的统一方式

GHS 制度确定了化学品危害公示的统一方式:安全数据单(又称为安全技术说明书,SDS)和安全标签。

目标检测

请扫码完成在线测验:

实训项目三　化学品安全标签的编制

一、实训目的

1. 熟悉 GB 15258—2009 标准规定的标签内容、制作与使用要求。
2. 按照 GB 15258—2009 标准的规定编制一份危险化学品的安全标签。

二、实训内容

安全标签的内容见本任务“五、化学品安全技术说明书和安全标签”之“(二)安全标签”。标签的制作包括编写、颜色、尺寸和印刷,具体要求如下。

(一)编写

标签正文应使用简洁明了、易于理解、规范的汉字表述,也可以同时使用少数民族文字或外文,但意义必须与汉字相对应,字号应小于汉字。相同的含义应用相同的文字或图形表示。

当某种化学品有新的信息发现时,标签应及时修订。

(二)颜色

标签内象形图的颜色根据 GB 30000.2—2013～GB 30000.29—2013 的规定执行,一般使用黑色图形符号加白色背景,方块边框为红色。正文应使用与底色反差明显的颜色,一般采用黑白色。若在国内使用,方块边框可以为黑色。

(三)标签尺寸

对不同容量的容器或包装,标签最低尺寸如表 1 所示。

表 1　标签最低尺寸

容器或包装容积/L	标签尺寸/(mm×mm)
≤ 0.1	使用简化标签
>0.1～≤ 3	50×75
>3～≤ 50	75×100
>50～≤ 500	100×150
>500～≤ 1000	150×200
>1000	200×300

(四)印刷

(1)标签的边缘要加一个黑色边框,边框外应留大于或等于 3mm 的空白,边框宽度大于或等于 1mm。

(2)象形图必须从较远的距离,以及在烟雾条件下或容器部分模糊不清的条件下也能看到。

(3)标签的印刷应清晰,所使用的印刷材料和胶粘材料应具有耐用性和防水性。

(五)化学品安全标签样例

GB 15258—2009 提供的化学品安全标签样例如下。

三、任务要求

从《危险化学品目录》(2015 版)选择某一常见品种,按照本任务介绍的国家标准 GB 15258—2009,编制一个常规安全标签和简化安全标签。

可以参照如下步骤。

确定容器或包装容积→根据本实训中表 1 确定标签最低尺寸→设置标签格式→按照编写要求,在规定标签内容项下填写相关的信息→设置象形图的颜色→对照 GB 15258—2009,逐项检查是否符合编写要求→复查校对编写内容→定稿。

完成任务的形式:分组。

四、在线检测

请扫码完成在线测验:

实训项目四　化学品安全技术说明书的编制

一、实训目标

1. 熟悉 GB/T 16483—2008《化学品安全技术说明书　内容和项目顺序》标准规定的化学品安全技术说明书(SDS)的 16 个部分的内容及其顺序安排。

2. 熟悉 GB/T 17519—2013《化学品安全技术说明书编写指南》标准规定的 16 个部分的内容编写细则、SDS 的格式、SDS 的书写要求和计量单位要求。

3. 按照 GB/T 16483—2008 和 GB/T 17519—2013 的规定编制一份危险化学品的 SDS。

二、实训内容

SDS 的内容见本任务“五、化学品安全技术说明书和安全标签”中的“(一)化学品安全技术说明书”,格式和书写要求如下。

(一)SDS 的格式要求

1. 幅面尺寸

一般为 A4(也可以是供应商认为合适的其他幅面尺寸),按竖式编排。

2. 编排格式

(1)首页上部　使用以下编排格式。

①用显著字体排写“化学品安全技术说明书”大标题。

②给出编制 SDS 化学产品的名称。

③注明 SDS 的修订日期(指最后修订的日期)。

④注明 SDS 最初编制日期。

⑤注明本 SDS 编写依据的标准,即“按照 GB/T 16483、GB/T 17519 编制”。

⑥给出 SDS 编号(由 SDS 编制者设定)。

⑦给出 SDS 的版本号(如果有)。

示例见图 1。

化学品安全技术说明书

产品名称：间二甲苯	按照 GB/T 16483、GB/T 17519编制
修订日期：2012年8月31日	SDS编号：112000013600
最初编制日期：2005年5月3日	版本：2.1

图 1　化学品安全技术说明书示例

(2)首页后各页上部　使用以下编排格式。

首页已给出的产品名称、修订日期(指最后修订的日期)和 SDS 编号,示例见图 2。

产品名称：间二甲苯	SDS 编号：112000013600
修订日期：2011年1月31日	

图 2　化学品安全技术说明书首页后各页上部示意图

(3)页码系统及其位置　页码中应包括总的页数,或者显示总页数的最后一页;印在 SDS 每一页页脚线下居中或右侧位置。

(4)内文编写要求

①在 SDS 规定的 16 个部分下面填写相关的信息,该项如果无数据,应写明无数据原因。16 个部分中,除第 16 个部分“其他信息”外,其余部分不能留下空项。

②16 个部分的标题、编号和前后顺序不应随意变更。

③16 个部分的大标题排版要使用醒目字体,且在标题上下留有一定空间。

④16 个部分可以根据内容细分小项,但小项不编号。

(二)书写要求

(1)应使用规范中文汉字编制。

(2)文字表达应准确、简明扼要、易懂、逻辑严谨,避免使用不易理解或易产生歧义的语句。

(3)在书写时应选用经常使用的、熟悉的词语。

(三)计量单位要求

(1)应执行 GB 3100~3102 的规定,使用法定计量单位。

(2)对于随温度或其他条件变化的参数(如,蒸气压、黏度、溶解度等),在其数值后应指明测量或计算该参数的条件(如温度、压力等)。

示例 1:蒸气压 3.9226×10^5 Pa (21℃)。

(3)某些参数是无量纲参数,如相对密度,应指明测量时所使用的参比物质(水或空气)。

示例 2:相对密度(水以 1 计):1.732;蒸气相对密度(空气以 1 计):3.36。

(四)化学品安全技术说明书样例

SDS 详细内容见 GB/T 17519—2013。

三、任务要求

从《危险化学品目录》(2015 版)选择某一常见品种,按照本任务介绍的两个国家标准:GB/T 16483—2008 和 GB/T 17519—2013,完成 SDS 编写。

可以参照如下步骤。

设置 A4 幅面尺寸→编写首页上部→编写首页后各页上部→编写 SDS 规定

的 16 个部分的标题和编号→按照书写要求，在 SDS 规定的 16 个部分下面填写相关的信息→设置页码系统及其位置→对照 GB/T 16483—2008 和 GB/T 17519—2013，逐项检查编写是否符合编写要求→复查校对编写内容→定稿。

完成任务的形式：分组。各部分注意标注参考文献，以便在第 16 部分时汇总。

四、在线检测

请扫码完成在线测验。

参考文献

[1]GB 13690—1992. 常用危险化学品的分类及标志[S].

[2]GB 13690—2009. 化学品分类和危险性公示通则[S].

[3]GB 6944—2012. 危险货物分类和品名编号[S].

[4]GBZ/T 224—2010. 职业卫生名词术语[S].

[5]GB/T 16483—2008. 化学品安全技术说明书　内容和项目顺序[S].

[6]GB/T 17519—2013. 化学品安全技术说明书编写指南[S].

[7]GB 15258—2009. 化学品安全标签编写规定[S].

[8]AQ 3047—2013. 化学品作业场所安全警示标志规范[S].

[9]GB 2894—2008. 安全标志及其使用导则[S].

[10]GB 2893—2008. 安全色[S].

[11]梅庆慧，王红松，丁晓阳．化学品危害性分类与信息传递和危险货物安全法规[M]. 上海：上海理工大学出版社，2018.

[12]浙江省安全生产教育培训教材编写组．危险化学品安全作业[M]. 杭州：浙江科学技术出版社，2017.

[13]隋新安，崔成红．医药企业安全生产[M]. 北京：中国轻工业出版社，2013.

[14]临安科达认证技术咨询服务有限公司．SDS 报告中第十三部分关于危险化学品废弃处置方法[EB/OL].(2017-02-09)[2020-06-30]. http://www.sds-gov.com/newsinfo-12-370.html.

任务四 危险化学品防火防爆技术

●知识目标

1. 掌握燃烧的条件、燃烧的类型及过程。
2. 掌握粉尘爆炸的影响因素。
3. 掌握火灾分类、控制及预防的主要措施。

●能力目标

1. 能够根据生产岗位情况制订相应的预防控制措施。
2. 能够扑救初起火灾。
3. 能够进行自救逃生。

●思政目标

1. 能够明确火灾和爆炸的危害,从而树立危险意识、法规意识、纪律意识。
2. 树立“安全第一,预防为主”的安全观。
3. 具有信息素养,能够查阅和利用各种信息资源进行自我学习和主动学习。
4. 具有良好的心理素质,能够沉着冷静应对意外事故。

医药化工企业使用的危险化学品中,很多属于易燃易爆品,所以火灾和爆炸是医药化工行业最常见和后果最严重的事故,容易造成人员群体伤亡,社会影响大。车间生产过程中使用大量的易燃易爆物料,存在火灾、爆炸的风险,因此预防火灾、爆炸事故的发生是车间安全生产工作的一项重要任务。

一、燃烧

(一)燃烧的概念

燃烧是指可燃物与氧化剂作用发生的放热发光反应,通常伴有火焰、发烟现象。所以,燃烧是一种特殊的氧化反应,“特殊”之处在于反应过程剧烈,放出大量的热并发出强烈的光。

(二)燃烧的条件

燃烧不是随便就能发生,而是有一定条件。只有具备可燃物、助燃物、点火源三个条件时才有可能发生燃烧,这三个条件缺一不可,称为燃烧三要素。

1. 可燃物

凡能在空气、氧气或其他氧化剂中发生燃烧的物质都称为可燃物。车间内常见的固体可燃物有保温材料聚氨酯等,液体可燃物有丁醇、乙酸丁酯等有机溶媒,气体可燃物有乙炔、天然气等。

知识链接

致命的聚氨酯

2010 年 11 月 15 日，某教师公寓突发大火，造成 58 人遇难，这场特别重大火灾的罪魁祸首就是聚氨酯。聚氨酯是车间设备、管道的重要保温材料，但其本身非常容易燃烧，且在燃烧时放出氰化氢（HCN）等剧毒烟雾。为了安全使用聚氨酯，需要在其原料中加入阻燃剂，降低燃烧性能。若将聚氨酯点燃后，火焰持续数秒便自行熄灭，则可初步判断聚氨酯内添加了阻燃剂，但该公寓设备、管道使用的保温材料聚氨酯中没有添加阻燃剂，因此导致了这场火灾。

2. 助燃物

凡能帮助和支持可燃物燃烧的物质都称为助燃物。过去曾认为，只有氧气存在时，物质才能燃烧，然而并非如此，比如氢气就能在氯气中燃烧。在多数火灾中，空气中的氧气是主要的助燃物。

3. 点火源

凡能引起可燃物质燃烧的热、能源均称为点火源（也称着火源）。点火源可以是明火，也可以是高温表面。车间内常见的点火源有施工使用的电焊、气割等产生的明火，摩擦、撞击迸出的火花，电气设施产生的电火花，静电放电产生的静电火花以及雷电等。

知识链接

高温警报：80℃！

化工生产中温度超过 80℃ 即为高温表面，如蒸汽管道、设备的炽热表面。因此，贮存危险化学品建筑采暖的热媒温度不应过高，热水采暖不应超过 80℃，不得使用蒸汽采暖和机械采暖。

4. 三要素相互作用

燃烧三要素只是发生燃烧的必要条件，只有当可燃物、助燃物和点火源并存时才能发生燃烧。

可燃物、助燃物、点火源三者必须同时存在、相互作用，才可能发生燃烧。通常用一个三角形来表示燃烧三要素的这种关系，称为“火三角”，见图 4-1。

知识链接

图 4-1　火三角

注:三条边分别代表可燃物、助燃物和点火源,而三角形的整体代表燃烧。

(三)燃烧的分类

根据燃烧的起因不同,一般将燃烧分为闪燃、点燃、自燃三类。

1. 闪燃与闪点

液体燃烧时,不是液体本身直接燃烧,而是液体蒸发出的蒸气在空气中燃烧。在液体表面上能产生足够的可燃蒸气,遇火能产生一闪即灭的火焰的燃烧现象称为闪燃。

在规定的试验条件下,液体表面能产生闪燃的最低温度称为闪点。

在闪点,液体虽不能持续燃烧,但闪燃已经表明液体有着火的危险。闪点是衡量液体火灾危险性大小的重要参数,闪点越低,火灾危险性越大。

根据闪点的高低,将可能燃烧的液体分为三类,见表 4-1。

表 4-1　可能燃烧的液体按闪点分类

类别	范围	举例
甲类	闪点<28℃	汽油(-50℃),乙酸丁酯(22℃)
乙类	28℃≤闪点<60℃	煤油(40℃),丁醇(35℃)
丙类	60℃≤闪点	柴油(120℃)

除了可燃液体,某些能蒸发出蒸气的固体,如石蜡、樟脑、萘等,其表面所产生的蒸气可以达到一定的浓度,与空气混合而成为可燃的气体混合物,若与明火接触,也能出现闪燃现象。

2. 点燃和燃点

液体温度达到闪点之后继续增高，会使蒸发速度加快，当可燃蒸气足够时，燃烧就能持续下去。可燃物质与明火直接接触，在火源移去后仍保持继续燃烧的现象，称为点燃，又称着火。

在规定的试验条件下，可燃液体能发生持续燃烧的最低温度称为燃点。对于闪点较低的液体，其燃点只比闪点高 1~5℃，例如汽油、丙酮等，它们的燃点和闪点之差仅有 1℃左右。

可燃液体的闪点与燃点的区别是，在燃点时燃烧的不仅是蒸气，还有液体（即液体已达到燃烧温度，可提供保持稳定燃烧的蒸气）。另外，在闪点时移去火源后闪燃即熄灭，而在燃点时移去火源后则能继续燃烧。

3. 自燃与自燃点

可燃物质在没有外部明火等火源的作用下，因受热或自身发热所产生的自行燃烧现象称为自燃。例如白磷遇空气能发生自燃，所以将其存储于水中；钠、钾等金属遇水发生自燃，所以将其存储于煤油中；机修使用的煤油抹布也会蓄热发生自燃。

在规定的试验条件下，可燃物质产生自燃的最低温度称为自燃点。一般来说，闪点越低，自燃点越高；闪点越高，自燃点越低。例如丙酮的闪点是-16℃，自燃点是 465℃；丁醇闪点是 35℃，自燃点是 340℃。

二、爆炸

（一）爆炸的概念

爆炸是在极短时间内，释放出大量能量，产生高温，放出大量气体，并伴随着巨大的响声，在周围介质中造成高压的化学反应或状态变化。

（二）爆炸的分类

根据爆炸形成的原因，爆炸分为物理爆炸和化学爆炸。

1. 物理爆炸

由于物理因素（如状态、温度、压力等）变化使压力急剧升高而引起的爆炸现象称为物理爆炸。物理爆炸前后物质的性质和成分不发生改变，例如蒸汽锅炉、惰性气体、压缩气瓶的爆炸。

知识链接

蒸汽大爆炸

水变成 500℃的水蒸气时，体积将增大 3500 倍，会发生爆炸。

2. 化学爆炸

由于物质发生激烈化学反应使压力急剧升高而引起的爆炸现象称为化学爆炸。化学爆炸前后物质的性质和成分发生了根本性的变化。

化学爆炸分为分解爆炸和爆炸性混合物爆炸。分解爆炸不一定伴随着燃烧现象,例如叠氮化铅的爆炸。爆炸性混合物爆炸类似于燃烧,它与燃烧的主要区别在于爆炸的反应速度要比燃烧快很多,例如可燃气体、蒸气或粉尘与空气形成的混合物发生的爆炸。

(三)爆炸极限

可燃气体、蒸气或粉尘与空气的混合物,并不是在任意浓度遇明火都会发生爆炸,而是有一个浓度范围,当可燃物的浓度低于某一浓度或高于某一浓度时,都不会发生爆炸。可燃气体、蒸气或粉尘与空气混合后,遇火产生爆炸的最高或最低浓度称为爆炸极限,其中最低浓度称为爆炸下限(LEL),最高浓度称为爆炸上限(UEL),通常用体积分数表示。

爆炸极限可用于评定气体的火灾危险性大小。可燃气体的爆炸下限越低,爆炸浓度范围越大,火灾危险性就越大,而且混合的比例不同,其爆炸的危险程度也不同。例如乙炔的爆炸极限为 2.5%~82%,氢气的爆炸极限为 4.1%~74%,氨气的爆炸极限是 16%~27%。

根据爆炸下限将可燃气体分为两类,见表 4-2。

表 4-2　　可燃气体按爆炸下限分类

类别	爆炸下限范围	举例
甲类	<10%	氢、乙烯
乙类	≥10%	氨、一氧化碳

爆炸极限的范围受许多因素的影响,上文给出的爆炸极限数值是在常温常压下测量的。当温度、压力及其他因素发生变化时,爆炸极限也会发生变化。

(四)粉尘爆炸

粉尘爆炸是指悬浮于空气中的可燃粉尘触及火源发生的爆炸现象,是粉尘粒子表面和氧作用的结果。当粉尘表面达到一定温度时,由于热分解或干馏作用,粉尘表面会释放出可燃性气体,这些气体与空气形成爆炸性混合物,在遇到合适的点火能量时发生粉尘爆炸。因此,粉尘爆炸的实质是气体混合物爆炸。

发生粉尘爆炸需要具备以下条件。

1. 粉尘本身必须可燃

常见的可燃粉尘有铝粉、锌粉、镁粉等。

2. 粉尘必须悬浮于空气中并达到爆炸浓度

可燃粉尘也有爆炸浓度范围。通常在设备内才能达到爆炸浓度范围,不排除在厂房内形成爆炸环境的可能性。

3. 有足够的点火能量

粉尘爆炸所需要的点火能量较大，约为气体爆炸所需点火能量的百倍之多。

粉尘爆炸属于爆炸性混合物爆炸，但也有着自身的特点，其中多次爆炸是粉尘爆炸的最大特点。发生爆炸后由于冲击波的作用，将沉积的粉尘重新扬起，形成新的爆炸环境，使爆炸可能持续下去。粉尘爆炸的危险性受粉尘粒子的理化性质、颗粒大小、悬浮性、含氧量等因素的影响。

案例

江苏昆山中荣金属爆炸事故

2014年8月某日，我国江苏省昆山中荣金属制品有限公司抛光二车间发生特别重大铝粉尘爆炸事故，当天造成114人死亡、185人受伤，直接经济损失3.51亿元。经查明，事故的直接原因是：事故车间除尘系统较长时间未按规定清理，铝粉尘集聚。除尘系统风机开启后，打磨过程中产生的高温颗粒在集尘桶上方形成粉尘云。1号除尘器集尘桶锈蚀破损，桶内铝粉受潮，发生氧化放热反应，达到粉尘云的引燃温度，引发除尘系统及车间的系列爆炸。因没有泄爆装置，爆炸产生的高温气体和燃烧物瞬间经除尘管道从各吸尘口喷出，导致全车间所有工位的操作人员直接受到爆炸冲击，造成群死群伤。

三、火灾

（一）火灾的概念

火灾是指在时间和空间上失去控制的燃烧所造成的灾害。

为了预防火灾和减少火灾危害，国家制定了消防法，提出了“预防为主，防消结合”的消防工作方针。车间作为重点防火区域，要求每名员工都能做到“四懂、四会”。

知识链接

四懂四会

“四懂”是指懂得本岗位火灾的危险性，懂得预防火灾的措施，懂得扑救火灾的方法，懂得逃生的方法。

“四会”是指会使用消防器材，会报火警，会扑救初起火灾，会组织人员疏散逃生。

(二)火灾的分类

根据可燃物的类型和燃烧特性,将火灾分为 A、B、C、D、E、F 六类,见表 4-3。此种分类方法对灭火器材的选用具有指导作用。

表 4-3　　火灾按可燃物的类型和燃烧特性分类

类别*	含义	举例
A 类	固体物质火灾	这种物质通常具有有机物质性质,一般在燃烧时能产生灼热的余烬,如聚氨酯保温材料、木材、煤、棉、毛、麻、纸张等燃烧导致的火灾
B 类	液体或可熔化的固体物质火灾	如煤油、汽油、甲醇、乙醇、乙酸丁酯、丙酮、石蜡等燃烧导致的火灾
C 类	气体火灾	如煤气、天然气、氢气、乙炔等燃烧导致的火灾
D 类	金属火灾	如钾、钠、镁等燃烧导致的火灾
E 类	带电火灾	如物体带电燃烧的火灾
F 类	烹饪器具内的烹饪物燃烧导致的火灾	如动植物油脂燃烧导致的火灾

注:* 表示医药化工企业涉及 A、B、C、D、E 五类火灾。

(三)医药化工企业火灾的特点

(1)火势猛烈,燃烧强度大,火场温度高,热辐射强,见图 4-2。

图 4-2　医药化工企业火灾

(2)火灾蔓延速度快,极易形成立体火灾、大面积火灾和流淌火。

(3)容易复燃和多次爆炸。

(4)组织指挥、扑救和处置的难度大。

(5)往往需要投入较多的参战力量和较长时间来灭火。

(6)容易造成重大人员伤亡和财产损失,社会影响大。

(7)容易造成环境污染,有毒有害物质一旦泄漏到大气或排放到江河中易造成大量人员伤亡和大气、水资源污染,影响持久、治理难度大。

课堂活动

请分组查阅医药化工企业火灾事故案例,分析火灾特点,组间交流分享。

(四)火灾爆炸危险性分析

1. 生产或贮存物品的火灾危险性分类

为防止火灾和爆炸事故,首先必须了解生产或贮存的物质的火灾危险性,发生火灾爆炸事故后火势蔓延扩大的条件等,这是采取行之有效的防火防爆措施的重要依据。生产及贮存的火灾爆炸危险性分类见表4-4,分类依据是生产和贮存中的物质理化性质。

表4-4　　生产及贮存的火灾爆炸危险性分析

类别	火灾危险性特征
甲	使用或产生下列物质的生产 ①闪点<28℃的液体 ②爆炸下限<10%的气体 ③常温下能自行分解或在空气中氧化即能导致迅速自燃或爆炸的物质 ④常温下受到水或空气中水蒸气的作用,能产生可燃气体并引起燃烧或爆炸的物质 ⑤遇酸、受热、撞击、摩擦、催化以及遇到有机物或硫黄等易燃的无机物,极易引起燃烧或爆炸的强氧化剂 ⑥受撞击、摩擦或与氧化剂、有机物接触时能引起燃烧或爆炸的物质 ⑦在密闭设备内操作温度等于或超过物质本身自燃点的生产
乙	使用或产生下列物质的生产 ①28℃≤闪点<60℃的液体 ②爆炸下限≥10%的气体 ③不属于甲类的氧化剂 ④不属于甲类的化学易燃危险固体 ⑤助燃气体 ⑥能与空气形成爆炸性混合物的浮游状态的粉尘、纤维、闪点≥60℃的液体雾滴
丙	使用或产生下列物质的生产 ①闪点≥60℃的液体 ②可燃固体
丁	具有下列情况的生产 ①对非燃烧物质进行加工,并在高热或熔化状态下经常产生强辐射热、火花或火焰的生产 ②利用气体、液体、固体作为燃料或将气体、液体进行燃烧作为他用的各种生产 ③常温下使用或加工难燃烧物质的生产
戊	常温下使用或加工非燃烧物质的生产

生产或贮存物品的火灾危险性分类是确定建(构)筑物的耐火等级、布置工艺装置、选择电气设备以及采取防火防爆措施的重要依据。

2. 医药化工生产火灾危险原因分析

医药化工生产因其使用的原材料易燃易爆和生产工艺的复杂性决定了其在以下几个方面容易产生火灾爆炸事故。

(1)泄漏引起火灾爆炸　化工原料大多是易爆介质,设备破裂泄漏时极易导致火灾和爆炸事故。经常发生破裂泄漏的部位有设备连接的焊缝处、阀门密封垫片处、管段的变径和弯头处、管道阀门、法兰、长期接触腐蚀性介质的设备、输送机械等。

(2)设备内形成爆炸性混合物　在停车检修和开车时,未对设备进行置换,或采用非惰性气体置换,或置换不彻底,空气混入设备内,形成爆炸性混合物。

(3)设备内超压爆炸　设备的超压爆炸与操作失误或反应异常有关,生产系统发生超温、超压的恶性循环,最终导致设备、管线发生超压爆炸事故。

(4)设备堵塞爆炸　设备发生堵塞,会使系统压力急剧增大,导致爆炸破裂事故。输送具有黏性或湿度较高的粉状、颗粒状物料的管道,易在供料处、转弯处黏附管壁最终导致堵塞。

(5)发生自燃火灾　设备内的结焦、积炭,在高温高压下易自燃,引起燃烧或爆炸。在加工含硫原料炼油厂的高压管线中,硫化亚铁是一种很常见的物质,它是铁锈和硫化氢发生反应的产物,设备停用后打开及维修之前与空气接触,就会迅速发生自燃爆炸。

3. 医药化工生产火灾危险性分析

医药化工产品的生产是靠化学反应和单元操作实现的,而化学反应过程和单元操作中都存在着不同程度的火灾危险性。结合化学制药企业的生产状况,针对几种典型的化学反应过程和单元操作的火灾危险性展开分析。

(1)反应过程火灾危险性分析

①氧化反应:氧化反应需要加热,绝大多数是放热反应,反应热若不及时移去,会使温度迅速升高引发爆炸。在反应中,被氧化的物质大部分是易燃易爆物质,而反应所用的氧化剂本身也具有很大的火灾危险性,如过氧化氢、氯酸钾、高锰酸钾等,遇高温或受撞击、摩擦或与有机物、酸类接触,就会着火爆炸。因此,要严格控制反应温度,进行有效的冷却和良好的搅拌,以及控制氧化剂的加料速度和投料量。

②还原反应:还原反应种类很多,无论是利用初生态氢还原,还是用催化剂把氢气活化后还原,都有氢气存在,特别是催化加氢还原,大都在加热、加压下进行,若氢气泄漏,极易与空气形成爆炸性混合物,遇火就会爆炸。其他如固体还原剂保险粉、硼氢化物、氢化锂铝、氢化钠等都是遇湿易燃危险品,本身就具有很大的火灾危险性。因此,需严格控制反应温度以及反应设备的密闭性等。

③硝化反应：硝化反应是放热反应，温度越高，反应速率越快，放出热量越多，反应需在冷却条件下进行，否则易引起火灾和爆炸事故。因此控制反应的温度是关键，可以通过有效冷却、良好的搅拌、控制反应速度等方法实现。此外，硝化剂具有较强的氧化性，常用的硝化剂如硝酸、硫酸、混合酸等，它们与油脂、有机物接触即能引起燃烧，而被硝化的物质（如苯、甲苯、甘油等）也大多易燃，若使用或贮存管理不当，易造成火灾。硝化产品大都有着火爆炸的危险，受热、摩擦、撞击或接触明火，极易发生爆炸或火灾。

④缩合反应：缩合反应一般在常压下进行，在缩合反应中要严格控制反应温度和适宜的搅拌速度。有时有聚合副反应，反应过程中若不能充分搅拌，就会引起闪发聚合，发生爆炸事故。

⑤氯化反应：氯化反应是放热反应，温度越高，反应越剧烈，放出的氯化氢气体越多，设备易受腐蚀而发生泄漏，容易造成火灾或爆炸。常用的氯化剂有气态氯或液态氯、三氯化磷、次氯酸钙等；氯化反应的原料大多是有机易燃物，本身容易发生火灾爆炸。而最常用的液态氯，不仅属剧毒品，且氧化性极强，贮存压力较高，一旦泄漏，危险性很大。因此，氯化反应的关键是控制投料配比、温度、压力和氯化剂的加料速度。

⑥磺化反应：磺化反应是典型的放热反应，若不进行有效控制，很可能使反应温度超高，以致发生火灾或爆炸事故。常用的磺化剂有浓硫酸、发烟硫酸、三氧化硫，它们都能强烈地吸水放热，引起温度升高。磺化反应中所用原料如苯、取代苯均为可燃物，磺化剂浓硫酸、发烟硫酸等又都是氧化性较强的物质，因此要严格控制反应温度和投料速度，进行有效的冷却和良好的搅拌。

（2）单元操作火灾危险性分析　虽然医药化工生产中的化学反应种类繁多，但是生产中的各步操作（单元操作）却相对比较固定，下面将着重分析几种典型单元操作的火灾危险性。

①物料输送：由于医药化工生产中所输送的物料大部分为有机易燃物，因此要防止在输送过程中产生静电，或在搬运过程中由于撞击摩擦产生火花而引发火灾。

②加热：加热是最常见的控制条件。若温度过高，反应速率加快，容易引发火灾爆炸。若升温速度过快，容易使反应温度超过规定的温度上限。因此，在加热过程中要严格控制温度的上限和升温速度。

③冷却：冷却一般比加热安全，但应该控制冷却温度的下限，以免过度冷却，造成物料太稠。冷却速度也不可太快，以免温差太大，引起设备渗漏，引发事故。忌水物料的冷却介质应该选用凝固点低的矿物油，以免遇水发生爆炸。

④蒸馏：蒸馏是化工企业常见的单元操作，主要有减压蒸馏和常压蒸馏，通常以蒸气、载体加热、电加热等方式进行加热，而加热物料往往是易燃可燃液体，极易造成火灾。因此，要严格控制加热温度、保证冷却效果以及反应设备管道的密闭性和系统的静电消除。

⑤搅拌:把物料搅拌均匀,以利于进行反应,通常都是用机械搅拌。机械搅拌时要严格控制温度、搅拌速度以及防止静电。

⑥调 pH:加酸、碱调节 pH 时,都会产生热量,所以加的速度不宜过快,而且要控制温度。调节 pH 时,酸、碱也不能加过头,要严格控制 pH。

⑦压滤/过滤:当压滤或过滤易燃液体时,防火的重点主要是设备的静电消除,以及防止物料的泄漏。

⑧干燥:干燥的火灾危险性主要在于加热方式及被加热物质的化学特性。因此,干燥工艺的防火关键是合理选用干燥设备和控制干燥温度。在加热方式上尽可能用蒸气加热等代替电加热、明火加热。

⑨筛分、粉碎:筛分与粉碎过程中的火灾危险性在于此时的物料一般为可燃物料,挥发产生的可燃粉尘往往能达到爆炸极限,如遇静电或明火等热源就能引起火灾、爆炸。因此,这一操作单元的防火重点是增加场所的相对湿度以及避免产生火花的措施。

案例

某医药化工有限公司对氨基苯酚车间爆炸事故

2010 年 10 月 5 日 23 时许,某医药化工有限公司对氨基苯酚车间加氢还原装置的 1 号反应釜在压料过程中视镜爆裂,釜内约 2.5 吨的成品对氨基苯酚、7 吨的溶剂乙醇和少量氢气的混合物从爆裂的视镜口喷出,并将沉降在反应釜底部的催化剂雷尼镍带出。23 时 21 分 16 秒发生爆炸,导致装置东侧和北侧墙体损坏、南侧防爆墙倒塌,爆炸产生的气浪将位于车间逃生通道的吊装孔上的铁板掀起,4 名职工在撤离时从吊装孔坠落。事故造成该车间 5 人及相邻企业 2 人不同程度受伤。

事故直接原因:该医药化工有限公司在对氨基苯酚加氢还原装置压料管道上不恰当采用视镜,而且视镜设计安装不符合《压力容器视镜》行业标准的相关规定,在使用过程中视镜受压爆裂导致物料喷出,喷出的混合物中夹带的催化剂雷尼镍遇空气自燃,引起混合物气体爆炸并燃烧。

事故间接原因:①该医药化工有限公司变更设计后未进行风险评估,未向原审查部门申请变更设计安全审查,致使变更内容监管缺失,留下重大安全隐患。②该医药化工有限公司在试生产过程中 3 号反应釜视镜曾经发生渗漏及破裂,在竣工验收时未能如实报告和说明,规避了监管部门的审查。③该装置的设计院未能充分考虑在压料管道上加装视镜的后果,疏散通道上不当设置了设备吊装孔,为此次事故的发生留下了重大安全隐患,导致操作人员撤离过程中坠落受伤。

四、防火防爆技术

防火防爆的关键在于破坏燃烧的条件，避免“燃烧三要素”同时存在和相互作用，在火灾爆炸发生后还要防止事故的扩大和蔓延。

（一）控制点火源

1. 明火

明火包括检修用火、加热用火、烟火及机动车辆的排气管火星等。化工行业的火灾爆炸事故有一半以上是由明火引发的，因此严格控制和管理明火对车间的防火防爆工作十分重要。

使用电焊、气割等动火工具进行检修作业时，首先要办理“动火作业证”，采取防护措施后才能动火。动火作业区域周围的可燃物品要清理干净，对易燃液体管道、设备进行动火时要严格执行清洗、置换的规定并按时进行分析检测，需要动火的管道、设备与其他系统相通时应将连接处拆下断开或加堵盲板。

知识链接

法兰让管道检修更安全

车间输送易燃液体的管道每隔几米就会有一个法兰（图 4-3），这样的设计是便于在管道出现漏点时，可以将该段管道拆下来进行动火维修。

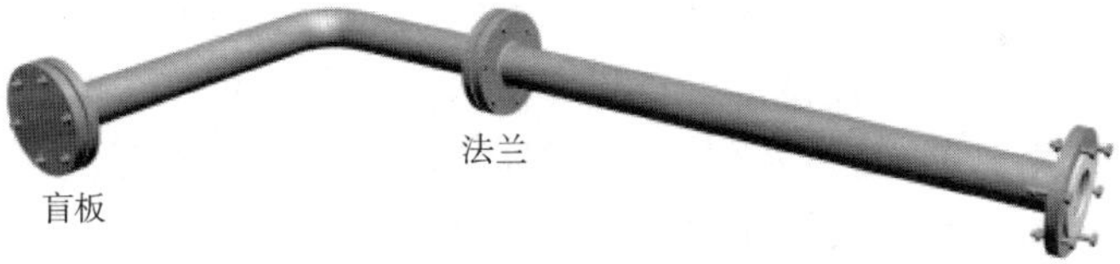

图 4-3　法兰示意图

车间分析岗位使用的酒精灯、打火机、电磁炉等设备要设专人管理，并在指定区域内使用。使用过程中要注意清理周围可燃物。

烟头中心温度为 700～800℃，表面温度约为 250℃。烟头虽然是一个不大的热源，但其流动性强，且吸烟人员有随处丢弃烟头的习惯。为防止吸烟引发的火灾爆炸事故，车间内严禁吸烟，严禁私自携带火柴、打火机。

机动车辆由于设备缺陷、燃烧质量等问题，导致燃料燃烧不完全，可使从排气管内排出的尾气中夹带火星和火焰。因此，进入车间的车辆必须在排气管上安装阻火器。

2. 摩擦、撞击火花

进入防爆区，需要处处提防摩擦、撞击火花。作业时要避免使用铁制工具，应采用铍-青铜合金制作的防爆工具。使用金属容器装运易燃液体时,禁止拖拉、滚动、抛掷。球阀扳手操作完毕后要将扳手取下,禁止挂在阀门上,防止坠落至地板而撞击出火花。

知识链接

防爆工具不是绝对防爆

防爆工具多为铜制,其原理是铜的质地较软,具有很好的退让性,而且铜不含碳,敲击时不会迸出火花。为增强其实用性,需添加铍元素提高硬度,所以称为铍-青铜合金。但防爆工具的防爆性能是有限的,当撞击强度足够大时也有可能产生火花,因此使用过程中同样要谨慎操作。

3. 高温表面

在企业生产中,加热装置、高温物料输送管线及机泵等,其表面温度均较高,要防止可燃物落在上面,引燃着火。可燃物的排放要远离高温表面。如果高温管线及设备与可燃物装置较接近,高温表面应有隔热措施。加热温度高于物料自燃点的工艺过程,应严防物料外泄或空气进入系统。比如,车间使用的蒸汽温度高达140℃以上,蒸汽管道的高温表面可能成为火灾爆炸的点火源。为防止事故发生,采取的主要措施是用保温材料对其表面进行隔热处理,避免易燃物与高温管道表面相接触。

4. 电气、静电火花

电火花是引起火灾爆炸的重要点火源,在防爆区必须使用防爆电气设备,指派专业电工负责电气线路及设备的维护保养。静电火花也可以引起燃烧或爆炸,在对易燃液体进行装卸车、打料、搅拌等操作时,均可因静电放电导致事故,因此需要对设备接地移除静电或者使用除静电设备。同时在满足生产工艺条件的前提下可以通过增加湿度、穿防静电服等办法防止人体产生静电。

(二)控制可燃物

1. 密闭系统设备

密闭设备中充入惰性气体或者抽成负压状态,可以有效防止易燃液体挥发的蒸气与空气混合形成爆炸性混合物,车间涉及易燃液体的生产过程均是在密闭的设备内进行。在设备运行时,人孔口等经常开启的部件处于关闭状态。

案例

江苏省连云港市某医药化工有限公司火灾事故

2014年11月20日下午,江苏省连云港市灌云县临港产业区某医药化工有限公司一生产车间发生火灾，生产车间和部分仓库被大火吞噬。接到报警后，连云港市消防支队共调集3个消防中队和2个专职消防队，近80名消防官兵赶往事故现场扑救火灾。据事故企业的一位工作人员介绍，火灾发生在生产车间，初步判断可能是反应釜内投入化工原料后，有水渗漏到反应釜内与五硫化二磷发生剧烈化学反应，进而发生闪燃，又引燃了周围的化工原料。

2. 防止可燃物外溢泄漏

车间内常见的易燃液体外溢泄漏途径有两种：一是“跑”“冒”，打料过程中由于操作失误而使物料从人孔口、排空口等处向外溢出，或者是由于排污阀门未关闭而从排污管道流出。“跑”“冒”物料的量较大，易造成较大事故。通常通过悬挂警示标志、增加两级控制程序等避免人员操作失误。二是“滴”“漏”，管道及法兰连接处可能由于自身材质、焊接质量、物料腐蚀等原因出现漏点，导致物料向外滴漏。“滴”“漏”物料的量较小，不易被发现，但是会造成可燃蒸气积聚达到爆炸极限而造成事故。因此一方面加强巡回检查及仪器仪表监控，做到早发现早处理。在有火灾爆炸风险的区域安装可燃气体报警器、烟感火灾报警器等设施。可燃气体报警器的探头安装在生产现场的各个区域，当探头感受到现场可燃蒸气浓度升高时，将信息传递给报警器，由报警器通过声、光等形式发出报警信号，通知岗位人员前去处理。采用安全监测手段可以在第一时间发现可燃物泄漏，并及时采取措施进行控制，防止火灾爆炸的发生；另一方面需要提高设备材质，延长使用寿命，减少泄露的可能性；再次提高操控水平，使用自动化控制程序，做好精调细调，确保温度、压力、液位、流量等工艺参数稳定运行。

案例

一种跑料风险的分析

当从储罐向暂存罐A中打料时，正确的操作方法是开启阀门A、关闭阀门B。如果打料过程中阀门B处于错误开启状态，那么就有从暂存罐B的排污阀或人孔口或排空口处发生跑料的事故。当这三个容器分别由不同单位管理时，跑料的风险将更大(图4-4)！

3. 通风置换

在有火灾、爆炸危险的场所，尽管采取措施使设备密闭，但总会有部分可燃物泄漏出来，采用通风置换可以有效地防止可燃物积聚。通风分为自然通风和强制通风(图4-5)，比如使用除尘通风系统。采用通风措施时，应注意生产厂房内的空气，如含有易燃易爆气体，则不应循环使用。在有可燃气体的室内，排风设备和送风设备应有独立分开的通风机室，如果通风机室设在厂房内，应有隔绝措施。

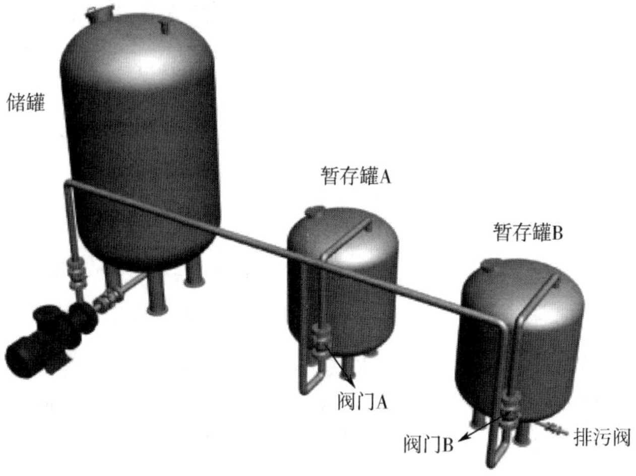

图 4-4 跑料风险示意图

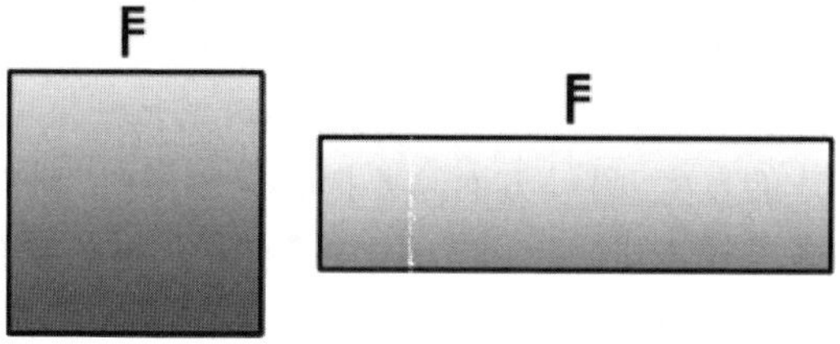

图 4-5 长条形状的建筑更有利于自然通风

知识链接

危险物质的控制

温度压力的控制

总之,危险物质的控制,可以通过以上方法进行,但需要根据物质的特性合理地储存、运输、使用危险物质,比如,对于物质本身具有自燃能力的油脂类、遇空气能自燃的物质、遇水易燃易爆的物质,采取隔绝空气、防水、防潮或通风、散热、降温等措施;比如乙醚,受阳光作用会生成过氧化物,须存放在金属桶内或暗色的玻璃瓶中;互相接触会引起燃烧、爆炸的物质不能混存,遇酸、碱能分解燃烧、爆炸的物质应防止与酸、碱接触,对于机械作用比较敏感的物质要轻拿轻放。

另外,可以通过技术或者工艺改进,用危险性小的物质代替火灾与爆炸危险性大的物质。需要合理地控制生产工艺参数,防止超温超压引发燃烧爆炸事故。

(三)控制助燃物

根据惰性气体既不燃烧,也不支持燃烧的性质,化工生产中使用惰性气体置换空气中的氧气,即惰性气体保护。常见的惰性气体有氮气、二氧化碳、蒸汽等,车间使用最多的是氮气。在生产系统进料前,向设备内充入氮气,置换出原有的空气,防止形成爆炸性混合物。动火作业时,将设备、管道用氮气吹扫、置换,保证动火作业安全。易燃液体也要采用氮气充压输送,而不能使用压缩空气。

案例

泰兴市扬子医药化工有限公司"5·3"一般闪爆事故

2018年5月2日,扬子医药化工有限公司准备全厂停产检修。加氢1期1号氢化釜在5月3日0时53分反应结束,经过静置和压料作业,并进行了两次乙醇洗涤作业。5时44分进自来水(约200L)并开启搅拌,一直到事故发生。

5月3日下午,加氢车间副主任王某某安排1号氢化釜撤催化剂作业。13时41分许,1号氢化釜人孔打开。王某某随后三次逐步打开该釜,打开真空阀,致使大量空气吸入1号氢化釜,与釜内乙醇蒸气形成爆炸性混合气体。接着王某某走到该釜人孔口,用水冲洗1号氢化釜搅拌桨叶及釜壁上的残余催化剂。冲洗过程中,1号氢化釜闪爆,王某某被爆炸冲击波"撞飞"。

事故直接原因:王某某违章作业,在1号氢化釜人孔打开的状态下,未充氮气保护,反而打开真空泵,导致大量空气吸入反应釜内,与乙醇蒸气形成爆炸性混合气体,同时催化剂雷尼镍遇空气自燃,引发闪爆,是此次事故发生的直接原因。

事故间接原因:①岗位操作规程不完善。扬子医药化工有限公司对撤催化剂(雷尼镍)作业未制订单独的安全操作规程,仅在操作要领卡中原则性规定,人孔打开后应对釜内充氮气。对撤催化剂过程中雷尼镍遇空气自燃等事故风险防范措施规定不严格、不明确。②作业审批流于形式。企业检修车间对检修作业审批把关不严,未现场确认隔绝空气措施落实情况,随意签发检修作业录;由机修工现场辨识作业安全风险、制订风险防控措施,企业安全监督措施不到位。③相关人员履职不到位。扬子医药主要负责人、生产负责人等相关管理人员未切实履行安全管理职责,安全隐患排查治理和对员工安全教育培训工作不到位,员工违章作业,未得到及时制止、纠正,埋下了事故隐患。

(四)限制火灾爆炸的扩大蔓延

1. 防火间距

在建筑或装置之间留出一定的防火间距,一旦发生火灾爆炸后不会波及临近的建筑或装置,可减少灾害带来的损失。甲类厂房与甲类厂房的防火间距至少为

12m,与民用建筑的防火间距至少为25m。

2. 阻火器

阻火器灭火的原理是火焰在管道中的传播速度随管径的减小而降低,当管径小到一定程度时,火焰就会熄灭。生产装置的阻火器一般安装在罐体排空管上或管线之间,用来阻止外来火焰进入容器内或火焰沿管线传播,也用于机动车的排气管以防止喷出火星。

3. 安全液封

安全液封的阻火原理是将液体封在进出口之间,一旦液封的一侧着火,火焰都将在液封处被熄灭,从而阻止火焰蔓延。安全液封一般安装在气体管道与生产设备或气柜之间。一般用水作为阻火介质,称为水封井。水封井是安全液封的一种,设置在有可燃气体、易燃液体蒸气或油污的污水管网上,以防止燃烧或爆炸沿管网蔓延。

4. 单向阀

单向阀又称止逆阀、止回阀,其作用是仅允许流体向一定方向流动,遇有回流即自动关闭,常用于防止高压物料蹿入低压系统,也可用作防止回火的安全装置。

5. 阻火闸门

阻火闸门是为防止火焰沿通风管道蔓延而设置的阻火装置。正常情况下,阻火闸门受易熔合金元件控制处于开启状态,一旦着火,温度升高,会使易熔合金熔化,此时闸门失去控制,受重力作用自动关闭。也有的阻火闸门是手动的,在遇火警时由人迅速关闭。

6. 防火门

防火门在火焰中能较长时间地保持稳定性和完整性,起着隔热防烟的作用,限制火灾的蔓延,一般分为常开式和常闭式两种。车间采用的防火门是带有闭门器的常闭式防火门,但在实际使用过程中,闭门器经常损坏。这就要求在做好闭门器维护工作的同时,车间员工还要养成随手关门的习惯。

7. 防爆门斗

防爆门斗(图4-6)是位于防爆区和一般区之间的缓冲区域,可以有效地阻止防爆区的可燃蒸气向一般区扩散,且在发生爆炸时对冲击波有一定的缓冲作用。防爆门斗的防火门同样需要处于常闭状态。

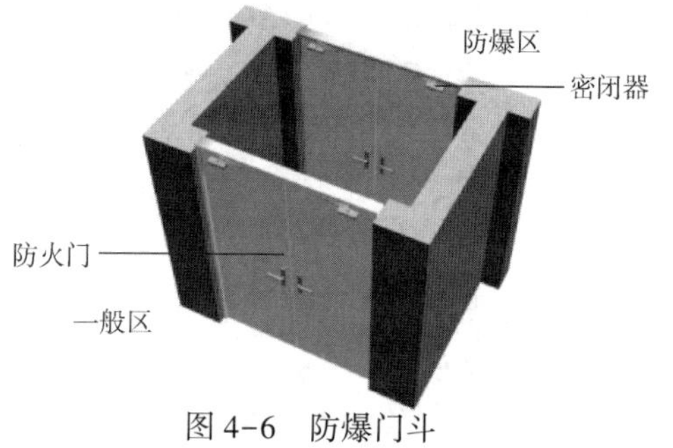

图4-6　防爆门斗

8. 防火堤

防火堤是构筑在储罐四周的密闭矮墙,在易燃液体发生泄漏事故时,用以防止液体外流和火灾蔓延。防火堤必须密实、闭合,而且有效容积不应小于储罐组内一个最大储罐的容积。

9. 防爆泄压装置

防爆泄压装置能够防止压力或冲击波对设备造成损坏，常见的防爆泄压装置有安全阀、爆破片和放空管。

五、消防知识

(一)灭火原理

灭火就是破坏燃烧条件，使燃烧反应终止。对于已经开始的燃烧过程，只要消除“燃烧三要素”中的任何一个条件，燃烧就会终止。根据消除的燃烧条件不同，将灭火原理分为四类。

1. 冷却灭火

冷却灭火是根据可燃物质必须达到一定的温度才能燃烧的必要条件，将可燃物质的温度冷却到燃点以下，从而使燃烧终止。水的灭火原理主要是冷却作用，同时还可以用水冷却尚未燃烧的物质，防止火势扩大，例如用水冷却燃烧储罐周围的其他罐体。

2. 窒息灭火

通过降低燃烧物周围的氧气浓度，从而起到灭火作用。二氧化碳、氮气、泡沫、沙土及灭火毯的灭火原理主要是窒息作用。

3. 隔离灭火

隔离灭火是根据燃烧必须具备可燃物这个条件，将尚未燃烧的物质与燃烧物隔开或分离，使燃烧停止。发生泄漏引起火灾时，首先要将泄漏处进行堵漏，中断可燃物的供给。可燃液体泄漏后四处流淌时，可用沙土筑堤围堵，限制燃烧面积。

4. 化学抑制

化学抑制的原理是使灭火剂参与到燃烧的反应中去，将反应活化中心的活性降低，从而使燃烧停止。干粉灭火剂的主要原理就是化学抑制。

(二)常用灭火剂

灭火剂是能够有效地破坏燃烧条件，终止燃烧的物质。选择灭火剂的基本要求是灭火效能高、使用方便、来源丰富、成本低廉、对人和物基本无害。灭火剂的种类很多，下面介绍常见的几种。

1. 水及水系灭火剂

水的来源丰富、取用方便、价格便宜，是最常用的天然灭火剂。它可以单独使用，也可与不同的化学剂组成混合液使用，称为水系灭火剂。水系灭火剂是采用化学方法，通过改变水的物理特性、喷洒状态而达到提高灭火效能的目的。

(1)水系灭火剂种类　从成分上划分主要包括：①强化水，增添碱金属盐或有机金属盐，提高抗复燃性能。②乳化水，增添乳化剂，混合后以雾状喷射，可灭闪点较高的油品火，一般用于清理油品泄漏。③润湿水，增添具有湿润效果的表面活性剂,降低水的表面张力,适用于扑救木材垛、棉花包、纸库、粉煤堆等火灾。④滑溜水,增添减阻剂,减小水在水带输送过程中的阻力,提高输水距离和射程。⑤黏性水,增添增稠剂,提高水的黏度,增强水在燃烧物表面的附着力,还能减少灭火剂的流失。

因此,发生火灾时,需选用水系灭火剂时,一定要先查看其简要使用说明,正确选用灭火剂。

(2)灭火原理　包括冷却作用、窒息作用和隔离作用。

①冷却作用:水的比热容较大,当常温水与炽热的燃烧物接触时,在被加热和气化过程中,就会大量吸收燃烧物的热量,使燃烧物的温度降低而灭火。

②窒息作用:在密闭的房间或设备中,此作用比较明显。水气化成水蒸气,体积能扩大 100 倍,可稀释燃烧区中的可燃气与氧气,使它们的浓度下降,从而使可燃物因“缺氧”而停止燃烧。

③隔离作用:在密集水流的机械冲击作用下,将可燃物与火源分隔开而灭火。此外水对水溶性的可燃气体(蒸气)还有吸收作用,这对灭火也有意义。

(3)水系灭火剂的特点　优点:①与其他灭火剂相比,水的比热容及气化潜热较大,冷却作用明显。②价格便宜,便于远距离输送。③水在化学上呈中性,对人无毒无害。缺点:①水在 0℃下会结冰,当泵暂时停止供水时会在管道中形成冰冻造成堵塞。②水对很多物品如档案、图书、珍贵物品等有破坏作用。③用水扑救橡胶粉、煤粉等火灾时,由于水不能或很难浸透燃烧介质,因而灭火效率很低。必须向水中添加润湿剂才能弥补以上不足。

(4)适用范围　除以下情况,都可以考虑用水灭火。

①忌水性物质,如轻金属、电石等不能用水扑救,因为它们能与水发生化学反应,生成可燃性气体并放热,扩大火势甚至导致爆炸。②不溶于水,且密度比水小的易燃液体,如汽油、煤油等着火时不能用水扑救,但原油、重油等可用雾状水扑救。③密集水流不能扑救带电设备火灾,也不能扑救可燃性粉尘聚集处的火灾。④不能用密集水流扑救贮存大量浓硫酸、浓硝酸的场所的火灾,因为水流能引起酸的飞溅、流散,遇可燃物质后,又有引起燃烧的危险。⑤高温设备着火不宜用水扑救,因为这会使金属机械强度受到影响。⑥精密仪器设备、贵重文物档案、图书着火,不宜用水扑救。

2. *泡沫灭火剂*

泡沫灭火剂是指能够与水混溶,并可通过化学反应或机械方法产生灭火泡沫的灭火剂。泡沫灭火剂一般由发泡剂、泡沫稳定剂、降黏剂、抗冻剂、助溶剂、防腐剂及水组成。泡沫灭火剂主要用于扑救非水溶性可燃液体及一般固体火灾。特殊的泡沫灭火剂还可用于扑救水溶性可燃液体火灾。

(1)泡沫灭火剂的分类　按照发泡方法可分为空气(机械)泡沫灭火剂和化学泡沫灭火剂两大类。化学泡沫灭火剂主要是由硫酸铝和碳酸氢钠两种化学药剂组成,其水溶液能通过化学反应生成灭火泡沫。但由于灭火器使用中的不安全因素,在国内外早已被淘汰。空气泡沫是通过空气泡沫灭火剂中的水溶液与空气在泡沫产生器中进行机械混合搅拌而生成的,所以又称为机械泡沫,泡沫中所包含的气体一般为空气。空气(机械)泡沫灭火剂按照不同的分类标准有不同的种类。

①按照发泡倍数分类:空气泡沫灭火剂按泡沫的发泡倍数,又可以分为低倍数泡沫、中倍数泡沫和高倍数泡沫三类。低倍数泡沫灭火剂的发泡倍数小于 20 倍;中倍数泡沫灭火剂的发泡倍数为 20～200;高倍数泡沫灭火剂的发泡倍数大于200。泡沫灭火剂多数品种属于低倍数泡沫,其他品种相对较少。

②按发泡基质分类:可分为蛋白型泡沫灭火剂和合成型泡沫灭火剂。蛋白型泡沫灭火剂分为普通蛋白泡沫灭火剂(P)、氟蛋白泡沫灭火剂(FP)、抗溶性氟蛋白泡沫灭火剂(FFFP)、成膜氟蛋白泡沫灭火剂(FFFP/AR);合成型泡沫灭火剂包括普通合成泡沫灭火剂(S)、高倍数泡沫或高中低倍通用泡沫灭火剂、合成型抗溶性泡沫灭火剂(S/AR)、水成膜泡沫灭火剂(AFFF)、抗溶性水成膜泡沫灭火剂(AFFF/AR)、A 类泡沫灭火剂。

③按用途分类:按用途可分为普通泡沫灭火剂和多功能泡沫灭火剂。普通泡沫灭火剂适用于扑救 A 类和 B 类火灾中非水溶性液体火灾;多功能泡沫灭火剂适用于扑救 A 类和 B 类火灾中极性溶剂火灾,以及 A 类和 B 类火灾中非极性溶剂火灾。

(2)灭火原理　空气泡沫是由空气泡沫灭火剂的水溶液通过机械作用,充填大量空气后形成的无数小气泡,由于它的相对密度远远小于一般可燃液体,因而可以漂浮于液体表面,形成一个泡沫覆盖层;由于灭火泡沫具有一定的黏性,可以黏附于一般可燃固体的表面,其作用原理如下。

①窒息灭火作用:灭火泡沫在燃烧物表面形成的泡沫覆盖层,可使燃烧物表面与空气隔绝,起到窒息灭火的作用;同时,泡沫受热蒸发产生的水蒸气还有降低燃烧物附近氧气浓度的作用。

②遮断火焰热辐射的作用:泡沫层封闭了燃烧物表面,可以遮断火焰的热辐射,具有防止燃烧物本身和附近可燃物质蒸发的作用。

③冷却作用:泡沫析出的液体与燃烧物表面接触,使得燃料表面被冷却到所产生的蒸气不足以维持燃烧时,火焰即被熄灭。

(3)适用范围　主要用于 A 类及 B 类非水溶性液体的火灾,如木材、橡胶、各类石油产品、油脂等,多用于油罐、大型储罐、散装仓库、生产装置、油库、炼油厂、船舶、码头、机库、高层建筑、地下坑道等火灾。由于泡沫灭火剂中含有一定量的水,所以不能扑救带电设备或者忌水性物质引起的火灾。

3. 干粉灭火剂

干粉灭火剂,又称化学粉末灭火剂,它是一种易于流动的微细固体粉末。一般借助于专用的灭火器或灭火设备中的气体压力,将干粉从容器中喷出,以粉雾的形式灭火。

(1)干粉灭火剂的分类

①干粉灭火剂按用途分为以下几种。

a. 普通干粉灭火剂,主要是全硅化碳酸氢钠干粉。这类灭火剂适用于扑灭 B 类火灾和 C 类火灾,又称为 BC 类干粉。

b. 多用途干粉灭火剂,主要是磷酸铵盐干粉,具有抗复燃的性能,不仅适用于扑救液体、气体火灾,还适用于扑救一般固体物质的火灾,因此又称为 ABC 类干粉。

c. D 类干粉灭火剂,是指适用于扑救 D 类火灾的干粉,其基料目前主要有氯化钠、碳酸氢钠和石墨等。

②按干粉的粒径分为以下几种:a. 普通干粉灭火剂。b. 超细干粉灭火剂,90%粒径小于或等于 20μm 的固体粉末灭火剂。超细干粉灭火剂按其灭火性能分为 BC 超细干粉灭火剂和 ABC 超细干粉灭火剂。BC 超细干粉灭火剂是指能扑灭 B 类、C 类火灾的超细干粉灭火剂,ABC 超细干粉灭火剂是指能扑救 A 类、B 类、C 类的超细干粉灭火剂。

(2)灭火原理　干粉灭火剂平时储在灭火器或干粉灭火设备中。灭火时靠加压气体(二氧化碳或氮气)的压力将干粉从喷嘴射出,形成夹着加压气体的雾状粉流,射向燃烧物。当干粉与火焰接触时,便发生一系列的物理化学作用,而把火焰扑灭。

①化学抑制作用:干粉颗粒对有燃烧活性的物质发生作用,使其成为非活性的物质。当大量的粉粒以雾状形式喷向火焰时,可以大量吸收火焰中的活性物质,使其数量急剧减少,并中断燃烧的连锁反应,从而使火焰熄灭。此外,粒径的大小与灭火效能也有很大关系。超细干粉灭火剂粒径小,比表面积大,与火焰的接触面积越大,捕获自由基能力越强,化学抑制作用越明显,灭火速度越快。

②"烧爆"作用:干粉与火焰接触时,其粉粒受高热的作用,可以爆裂成为许多更小的颗粒,在火焰中的粉末比表面积急剧增大,大大增加了与火焰的接触面积,从而表现出很高的灭火效果。

③降低热辐射和稀释氧的浓度:使用干粉灭火时,浓云般的粉雾会将火焰包围,可以降低火焰对燃料的热辐射;同时粉末受高温的作用,将会放出结晶水或发生分解,不仅可以吸收火焰的部分热量,而且分解生成的不活泼气体又可稀释燃烧区内氧的浓度,但这些作用对灭火的影响远不如抑制作用大。

(3)干粉灭火剂的特点

①优点:灭火速度快、无毒性、不腐蚀、不导电,制作工艺过程不复杂,易于存贮、使用温度范围广、对环境无特殊要求、使用方便,不需要外界动力、水源。

②缺点:灭火后有残渣,在密闭空间里灭火会形成强烈的粉雾;冷却作用弱,不能扑救无焰燃烧火灾,不能迅速降低燃烧物温度,因此容易复燃。

（4）适用范围　主要用于扑救可燃液体、气体和电气设备火灾，也可与泡沫灭火器联用扑灭大面积油类火灾，但因其对燃烧物的冷却作用很小，扑救较大面积油类火灾时，如灭火不完全或因火场炽热物的作用，易引起复燃，这时需与喷雾水流配合。另外，因其灭火后有残渣，不能用于扑救精密仪器设备的火灾。另外 BC 型干粉不适于扑救轻金属、碱金属引起的火灾。

4. 二氧化碳灭火剂

二氧化碳是以液态形式加压充装于钢瓶中。当它从灭火器中喷出时，由于突然减压，一部分二氧化碳绝热膨胀、气化，吸收大量的热量，起到冷却作用，喷向着火处时，立即气化，又起到稀释氧浓度的作用；大量二氧化碳笼罩在燃烧区域周围，还能起到隔离燃烧物与空气的作用。二氧化碳灭火剂不导电、不含水，可用于扑救600V 以下的电气设备和部分忌水性物质和易燃液体的火灾；由于灭火后不留痕迹，可用于扑救精密仪器、机械设备、图书、档案等火灾。

二氧化碳灭火剂特点是价格相对低廉、冷却作用较差、不能扑救无焰燃烧火灾，且灭火后火焰有复燃的可能；二氧化碳与碱金属（例如钾、钠）在高温下会起化学反应，引起爆炸；二氧化碳膨胀时，能产生静电而可能成为点火源；二氧化碳会导致救火人员窒息。

5. 卤代烷及其替代性灭火剂

卤代烷灭火剂具有电绝缘性好、化学性能稳定、灭火速度快、毒性和腐蚀性小、释放后不留残渣痕迹或者残渣少等优点，并且具有良好的储存性能和灭火效能，可用于扑救可燃固体表面火灾（A 类）、甲乙丙类液体火灾（B 类）、可燃气体火灾（C 类）、电气火灾（E 类）等。

卤代烷是碳氢化合物中的氢原子完全地或部分地被卤族元素取代而生成的化合物，碳氢化合物多为甲烷、乙烷，卤族元素多为氟、氯、溴。过去常用的卤代烷灭火剂有 1211（二氟一氯一溴甲烷）、1202（二氟二溴甲烷）、1301（三氟一溴甲烷）、2402（四氟二溴乙烷）等，也被称为哈龙灭火剂。但是由于哈龙灭火剂比如 1211 与大气层的臭氧发生反应，致使臭氧层出现空洞，使生存环境恶化。而且，卤代烷灭火剂的毒性较高，因而逐渐被限制和淘汰，目前国际上研究开发出很多哈龙灭火剂替代物。

化学抑制作用是卤代烷灭火剂的主要灭火原理。同时卤代烷灭火剂通常经加压液化贮于钢瓶中，使用时因减压气化而吸热，所以对燃烧物也有冷却作用。

卤代烷灭火剂主要用来扑救各种易燃液体火灾；因其绝缘性能好，也可用来扑救带电电气设备火灾；因其灭火后全部气化而不留痕迹，也可用来扑救档案文件、图片资料、珍贵物品等的火灾。卤代烷灭火剂不能用来扑救无焰燃烧火灾，因为此时会形成有毒的热分解产物；卤代烷灭火剂也不能扑救轻金属如镁、钠等引起的火灾，因为它们能与这些轻金属起化学反应且发生爆炸。

6. 气溶胶灭火剂

气溶胶灭火剂是以液体或固体为分散相，气体为分散介质所形成的粒径小于

5μm 的溶胶体系的灭火介质。其特点是:可以不受方向的限制绕过障碍物达到保护空间的任何角落,并能在着火空间有较长的驻留时间,从而实现全淹没灭火;不需耐压容器;灭火效率高;对臭氧层无耗损;由于该灭火剂具有不易降落、可以绕过障碍物等气体特性,故在工程上也当作气体灭火剂使用。

气溶胶灭火剂也是主要通过化学抑制作用来灭火的,可以分为热气溶胶和冷气溶胶两大类。热气溶胶灭火剂对仪器设备产生腐蚀和破坏作用,在储存和运输过程中有可能会产生物理或化学的变化,以致发生自燃或爆炸等危险事故;冷气溶胶灭火剂与热气溶胶灭火剂相比,灭火效率更高,但是气溶胶的固体颗粒对人的呼吸系统有刺激性,也不能用于精密仪器等洁净场所,并且制造工艺复杂,造价高。

(三)常用消防设施

1. 灭火器

灭火器是指在压力的作用下,将充装的灭火剂喷出,用以扑灭火灾的器械。灭火器主要用于扑救初起火灾,虽然它的灭火效力赶不上现代大型灭火器械,但它是灭火器械的基础,是群众性的防火灭火工具。

(1)二氧化碳灭火器　二氧化碳灭火器(图 4-7)的钢瓶内存储有高压液态二氧化碳,喷出气化后利用窒息和冷却作用将火灾扑灭,可用于扑救 A、B、C、E 类火灾。由于二氧化碳灭火不留痕迹,多用来扑灭精密仪器和一般电气火灾,车间的二氧化碳灭火器一般配置在配电室和控制室。不同的手提式二氧化碳灭火器,使用方法也不同。如果是手提开启式(即鸭嘴式)的灭火器,使用时先拔去保险销,一手持喷桶把手,一手紧压压把,二氧化碳即自行喷出,不用时将手放松即可关闭。如果是螺旋开启式(即手枪式)的二氧化碳灭火器,使用时,先将铅封去掉,翘起喷筒,一手提提把,一手将手轮顺时针方向旋转开启,高压气体即自行喷出,见图 4-8。

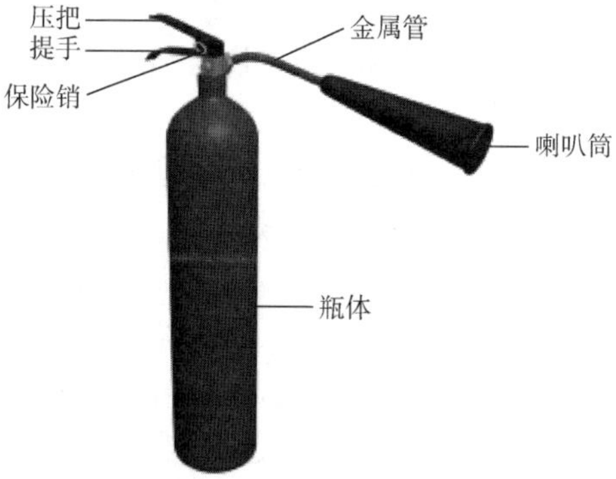

图 4-7　二氧化碳灭火器的结构

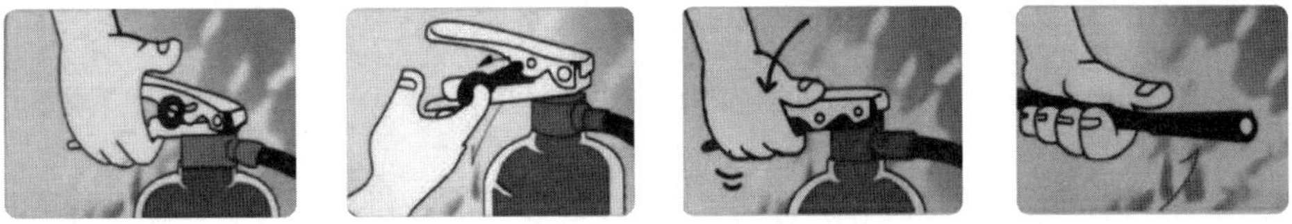

（1）提起灭火器　（2）拔下保险销　（3）用力压下手柄　（4）对准火源根部扫射

图 4-8　灭火器的使用

注意事项：

①当不戴防护手套时，不要用手直接握塑料喷筒或金属管，以防冻伤。

②灭火器应保持直立状态，不能横卧或颠倒。

③在狭小的室内空间使用时，灭火后应迅速撤离，以防窒息。

④在室外应选择在上风向喷射。

（2）干粉灭火器　干粉灭火器以高压氮气为动力喷射干粉灭火剂进行灭火。按充装灭火剂的不同，干粉灭火器可分为 ABC 型和 BC 型两种。ABC 型使用的灭火剂是磷酸铵盐，可以用来扑救 A、B、C、E 类火灾，车间配备的均是该型灭火器。BC 型使用的灭火剂是碳酸氢钠，可以用来扑救 B、C、E 类火灾。按照干粉充装量和移动方式的区别，干粉灭火器可分为手提式和推车式两种。车间配备的手提式干粉灭火器的灭火剂充装量为 8kg，推车式为 35kg。

干粉灭火器的使用

手提式干粉灭火器使用方法：先将灭火器上下颠倒几次，使瓶内干粉松动。在距燃烧物 5m 处，放下灭火器，拔下保险销，握住喷嘴对准火焰根部，压下压把开启灭火器进行灭火，见图 4-9。

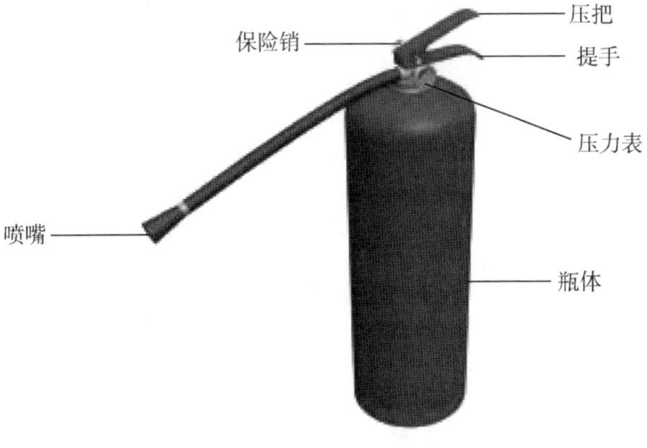

图 4-9　手提式干粉灭火器的结构

注意事项:

①使用时应始终压住压把,不能松开,否则会中断喷射。

②使用时灭火器应保持直立状态,不能横卧或颠倒。

③在室外应选择在上风向喷射。

推车式干粉灭火器的使用方法:一般由两人操作。在距燃烧物 8m 处,一人取下喇叭筒并展开喷射软管后,握住喇叭筒的手柄对准火焰根部,另一人快速打开瓶体开关,进行灭火。

使用注意事项:喷射软管一定要完全展开,否则有鼓破的危险。

(3)灭火器的日常维护保养　灭火器的使用温度一般为-20~55℃,应避免暴晒,远离热源。灭火器应防止受潮腐蚀,避免剧烈碰撞。定期检查保险销铅封是否完好,灭火器一旦开启,必须再充装。定期检查干粉灭火器的压力,压力表的绿色区域,表示灭火器内压力正常(1.0~1.4MPa);红色区域表示压力过低,应进行维修;黄色区域表示超充装。干粉灭火器出厂期限满 5 年进行首次维修,以后每满两年应送修,报废期限为 10 年。

2. 消火栓

消火栓是以水为灭火剂的重要消防设施。为了防止意外关闭消防水进户阀门,导致消防水管网断水,每个单体都有两个消防水进户阀门,确保万无一失,见图 4-10。

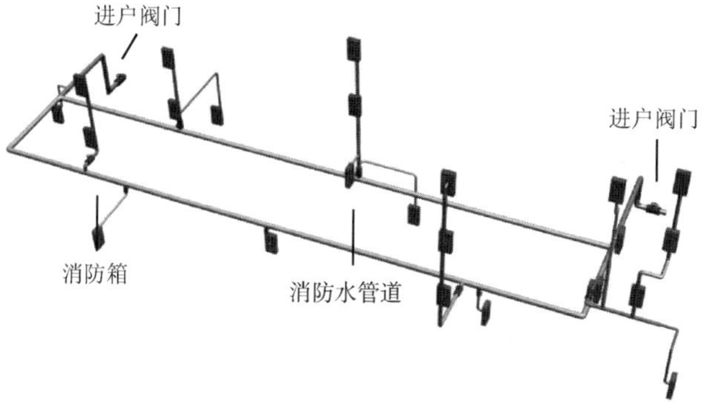

图 4-10　消防水的双保险

(1)消火栓的使用方法　迅速跑向距离起火部位最近的消火栓处,接好水带、水枪,并铺开水带跑向起火地点,对准起火点,摆好姿势,喷水冷却灭火。

人多时三人一组,一人握住水带跑向起火地点,同时接上喷枪,对准喷射物;另一人随后理顺水带,之后上前与第一人共同握住水带;第三人负责接上消火栓并打开阀门。

人少时两人一组,一人握住水带跑向起火地点,同时接上喷枪,对准喷射物;另一人随后理顺水带,再迅速跑向消火栓处,接上消火栓并打开阀门,迅速上前与第一人共同握住水带，喷水灭火。

（2）消火栓的日常维护保养　定期检查消防水压是否正常，定期检查消火栓箱内的枪头、水带是否有缺失，水带是否有老化、破损现象。

3. 安全疏散设施

（1）安全出口　指用于人员疏散的通向室外地平面的出口。安全出口的门要向疏散方向开启。车间要求各单体的安全出口不使用钥匙就可以从内侧打开。

（2）疏散通道　指通向安全出口等安全区域的室内通道。应保持疏散通道的畅通，不得放置物料或其他影响疏散的杂物。

（3）疏散楼梯　指具有防火防烟功能可用于人员疏散的楼梯，分为室内疏散楼梯和室外疏散楼梯。

（4）疏散标志灯　按工作原理的不同，疏散标志灯可以分为充电式和自发光式两种，车间使用较多的是充电式标志灯。按指示内容的不同，疏散标志灯又可以分为疏散方向标志灯和安全出口标志灯两种。疏散方向标志灯应设置在1m以下的墙面上，安全出口标志灯设置在安全出口顶部墙上。

（5）应急照明灯　应急照明灯内有蓄电池，当正常电源中断时，由蓄电池向照明灯供电。按工作方式分为持续式应急照明灯和非持续式应急照明灯两种。

（四）火灾扑救与火场逃生

1. 火灾报警

发生着火后不要惊慌，应立即用身边的灭火器材进行扑救，并向周围同事、车间领导、公司保卫部或119消防队报警。

通过电话向119消防队报警时，应叙述清楚下列内容：发生火灾单位的详细地址、起火物质、火势情况、火场人员被困情况、受威胁物质、报警人姓名及所用电话号码。

报警后要安排专人到路口迎接消防车。

2. 火灾扑救

车间生产使用的易燃液体发生火灾后，火势发展猛烈，扑救难度大，甚至有发生爆炸的可能。及时正确进行火灾扑救，是减轻伤亡和损失的关键。

（1）火灾扑救的一般原则　早报警，以减少损失；边报警，边扑救；先控制，后灭火；先救人，后救物；防中毒，防窒息；听指挥，莫惊慌。

（2）扑救易燃固体火灾时　可以选用泡沫、干粉、沙土、二氧化碳或雾状水灭火剂，但是需注意固体粉末不宜用水、二氧化碳直接扑救，且遇水发生反应的固体物质不宜用水扑救。

（3）扑救易燃液体火灾时

①当有人员受伤或被困时，应积极进行抢救或救援。

②若易燃液体泄露而引起火灾，首先要关闭泄露阀门或封堵漏点，切断可燃物质的补给。

③泄露的易燃液体顺地面流淌会扩大火灾面积,此时应使用消防沙筑堤围堵。

④将着火部位周围容器内的易燃物料输送转移至安全区域,若条件不允许,应用水对罐体进行冷却降温。

⑤车间使用的乙酸丁酯、丁醇等易燃液体密度比水小又难溶于水,会浮在水面上随水流淌而使火灾扩大,所以不能用水扑救。

⑥使用干粉灭火器扑救火灾时,要对准火焰根部。若易燃液体在容器内燃烧时,不能将喷嘴直接对准液面喷射,防止喷射气流使易燃液体溅出而扩大火势。

⑦如果易燃液体在容器内燃烧时间过长,容器壁的温度已超过其自燃温度,此时应防止发生复燃。

(4)扑救电气火灾时　应首先千方百计地设法立即切断电源,然后进行灭火。断电灭火应注意切断电源的位置要选择适当,防止切断电源后影响扑救工作。当在离配电室或动力配电箱较近时,可断开断路器或其他可以带负荷拉闸的负荷开关,但不能带负荷拉隔离开关,以免产生电弧短路发生危险。如果火势迅猛,来不及断电,或因某种原因不可能断电,应注意使用不导电的灭火剂进行灭火,如二氧化碳、1211、干粉灭火器等。严禁使用导电的灭火剂,如水、泡沫灭火剂。还应注意与带电设备保证足够的安全距离。

知识链接

5 种火灾不能用水扑救

火灾事故威胁着群众生命财产安全,正确的灭火是减少伤亡和损失的关键,在此提醒广大群众,牢记 5 种火灾不能用水扑救,切实加强火灾防控。

(1)电器　电器发生火灾时,首先要切断电源。在无法断电的情况下千万不能用水和泡沫扑救,因为水和泡沫都能导电。应选用二氧化碳、1211、干粉灭火器或者干沙土进行扑救,而且要与电器设备和电线保持 2 米以上的距离。

(2)油锅　油锅起火时,千万不能用水浇。因为水遇到热油会形成“炸锅”,使油火到处飞溅。扑救方法是,迅速将切好的冷菜沿边缘倒入锅内,火就自动熄灭了。另一种方法是用锅盖或能遮住油锅的大块湿布遮盖到起火的油锅上,使燃烧的油火接触不到空气缺氧熄火。

(3)燃料油、油漆　家中贮存的燃料油或油漆起火千万不能用水浇,应用泡沫、干粉或 1211 灭火器具或沙土进行扑救。

(4)计算机　电脑着火应马上拔下电源,使用干粉或二氧化碳灭火器扑救。如果发现及时,也可以拔下电源后迅速用湿地毯或棉被等覆盖电脑,切勿向失火电脑泼水。

(5)化学危险物品　在学校实验室常存有一定量的硫酸、硝酸、盐酸,碱金属钾、钠、锂，易燃金属铝粉、镁粉等，这些物品遇水后极易发生反应或燃烧，是决不能用水扑救的。

3. 火灾逃生

火灾发生后，火场里的物质燃烧会产生许多有毒物质，对火场中的人员构成威胁。据统计，火灾的死亡人数中大约有 80%是由于吸入燃烧产生的有毒烟气而致死的。为了避免和减少人员伤亡，发生火灾后要及时进行疏散，在疏散过程中需注意以下事项。

(1)发生火灾后，现场人员在采取必要的工艺技术措施后，要立即从安全通道疏散到安全区域。

(2)疏散时，面对火灾要保持冷静，不要慌乱，也不要延误时间，要树立“时间就是生命、逃生第一”的思想。戴上防毒口罩，身边没有防毒口罩时可用湿毛巾、湿衣服捂鼻，尽量用短呼吸，快速撤离。受到火势威胁时，要当机立断用水浇身向安全出口方向冲出去。

(3)疏散时，不要拥挤、推搡。通道内烟气太浓，辨不清道路时，采取前后扯着衣襟的方式，向室外安全地点撤离。

(4)熟悉环境，暗记出口　当疏散辨不清方向时，不要盲目地跟从人流相互拥挤、乱冲乱撞，要仔细认准疏散标志，按照疏散标志指示方向逃生。

(5)通过浓烟区时，要尽可能以最低姿势或匍匐姿势快速前进，并用湿毛巾捂住口鼻。

(6)如果身上衣服着火，应迅速将衣服脱下，如果来不及脱掉可以就地翻滚，将火压灭。不要穿着火的衣服跑动。如人体已被烧伤时，应注意不要跳入污水中，以防感染。

(7)禁止乘坐电梯逃生。

(8)离开火灾现场后，人员要立即疏散到上风口的安全处。

(9)清点人员，确认火场有无人员被困。

目标检测

请扫码完成在线测验：

实训项目五　灭火器材的使用

一、实训目的

1. 能够根据不同的火灾类型选择合适的灭火器。
2. 能够熟练使用常见的灭火器材。

二、实训原理

根据可燃物的类型和燃烧特性，将火灾分为 A、B、C、D、E 五类，对灭火器材的选用具有指导意义，具体详见表 4-3。

三、实训器材

手提式干粉灭火器模拟器材、消防栓模拟器材。

四、消防栓模拟器材、手提式干粉灭火器模拟器材的使用方法

1. 消防栓模拟器材的使用

使用方法见图 1。

（1）打开或击碎箱门，取出消防水带

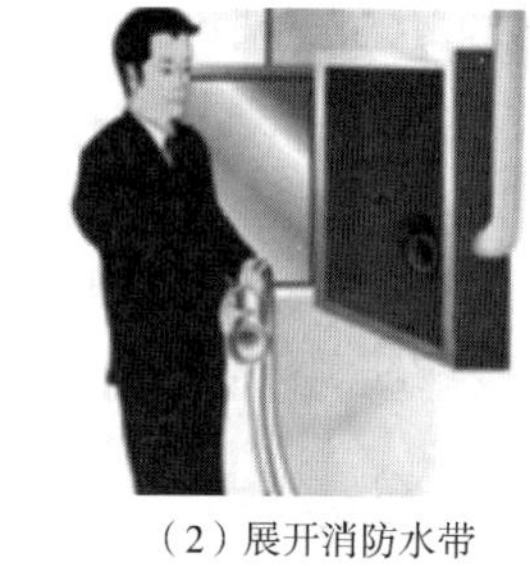

（2）展开消防水带

（3）水带一头接到消防栓接口上

（4）另一头接上消防水枪

（5）另外一人打开消防栓上的水阀开关

（6）对准火源根部，进行灭火

图 1　消防栓的使用

2. 手提式干粉灭火器模拟器材的使用

(1)使用前,先把灭火器摇动数次,使瓶内干粉松散。

(2)在距离燃烧处5m左右,拔下保险销,握住喷射软管前端喷嘴部,另一只手将开启压把压下进行灭火。如在室外喷射,操作人员应站在火源的上风方向。

(3)灭火时对着火焰的根部平射,由近及远,向前平推,左右横扫,不让火焰窜回。

在扑救液体火灾时,因干粉灭火器具有较大的冲击力,不可将干粉直接冲击液面,以防把燃烧的液体溅出,扩大火势。

五、任务要求

使用模拟器材并设置火灾强弱,组织学生熟练使用灭火器并及时扑救。

六、注意事项

1. 灭火器存放在阴凉干燥、便于取用的地方。
2. 喷射时,操作人员应站在火源的上风方向。
3. 干粉灭火器需要经常检查压力表压力,当指针低于绿区,即进入红区时,应送专业机构检修。
4. 灭火器材使用时禁止对着人。

七、在线检测

请扫码完成在线测验:

实训项目六　火灾逃生演练

一、实训目的

1. 能够组织人员疏散。
2. 能够根据不同火灾情景选择合适的逃生方法与逃生工具。

二、实训内容

火灾应急疏散与逃生。

三、实训器材

消防烟饼、湿毛巾、救生绳、求救电话。

四、实训过程

1. 认识疏散标志及逃生通道

疏散标志灯见图 1。

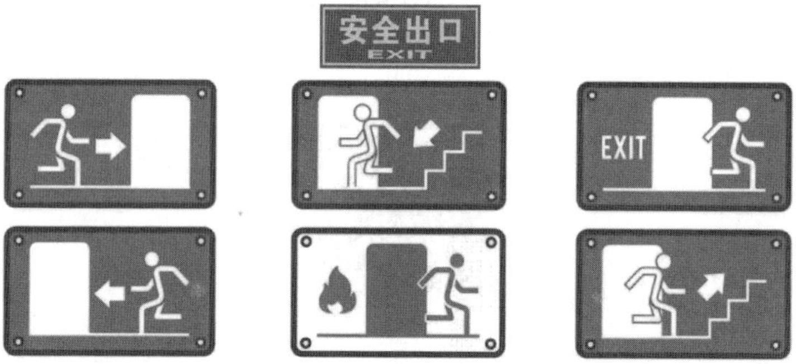

图 1　疏散标志灯

消防应急灯见图 2。

图 2　消防应急灯

2. 逃生演练步骤

（1）报警与处置

①生产装置某层出现“火灾”（虚拟火灾现场）。

②该区域的操作人员发现火情后立即汇报当班班长，并迅速赶到着火点组织力量利用消防器材灭火（使用消防器材与设施见“实训项目五　灭火器材的使用”），迅速拨打火警“119”电话。演练时现场用对讲机演示，要报告着火地点与火情。报告词：您好，是119指挥中心吗？我这里是××单位，地点是××区××路××号，我单位××起火，火势较大，无人员伤亡，着火物品是××，我叫××，联系电话××××（已安排人员到单位门口迎接消防车）。

③安全员在获得火灾信息后，立即鸣哨并通知人员撤离。“二层中间楼道起火了，火势较大，快速撤离！”（酌情安排演示），且迅速向保卫处报警（使用对讲机演示，要报告着火位置、火情、处置与当前情况）。

（2）撤离与疏散　人员撤离时，用湿毛巾捂住口鼻，以弯腰低身贴近地面的姿势，选择最佳路径，有秩序地跑出现场。

（3）情景设置

①被困火场向外求救：楼层（二层一个房间）被困人员在阳台呼救（使用肢体语言、通过挥舞颜色鲜艳的衣物或者大声呼喊、通过通讯方式告知被困地点）；消防人员利用云梯（担架）组织营救被困人员，铺设水带；被困人员往墙上打水，阻止火灾蔓延进入；营救结束后整理消防设备，停留原地，待结束后撤离现场。

②冲出火场：穿越火场时可将身上的衣服鞋袜打湿，并用打湿的衣服被子披在全身，快速穿越火场。

③闯过浓烟区：闯过浓烟区时要弯腰低身，用湿毛巾捂住口鼻，防止烟气中毒或者窒息，必要时可以匍匐前进。

④出门查看火情：如果房间外着火，出门查看火情时先摸一下门把手，如果门把手是热的，说明火势很大，这时需要用重物顶住房门，并用水将门打湿，并用湿被褥堵住门缝，防止烟雾进入房间，然后另外寻找逃生出路。如果门把手是凉的，可以打开门缝查看火情，确认安全后快速从背火的方向逃生。

如果房间内着火，逃出时关闭房门，延长逃生时间。

五、注意事项

（1）进入陌生环境首先要熟悉逃生通道。

（2）逃生时千万不要进电梯。

（3）逃生时要有秩序，听从指挥，防止挤踏事故。

（4）不要留恋财物，逃离火场后不要再返回。

（5）如果建筑物安装有救生绳，可以借助救生绳逃生。

（6）超过15层的楼房会设置防火层，可以暂时躲避火灾。

(7)不要盲目跳楼,利用以下方式逃生。

①绳索:两手握绳,两脚夹紧,手脚并用直接向下滑;绳越粗越好,细绳可以打上若干个结。

②被单、衣物:把织物撕成条状,以两端分别打小结再打大结的方式连接起来,牢固地拴在门窗、阳台或者其他可以承受体重的地方,顺着下滑。

③落水管、避雷针引下线:两手抓紧,两脚夹住,手脚并用向下移动。

④天窗:住在顶楼的人可爬上屋顶,向下发出求救信号等待救援,也可通过旁边的建筑物逃生。

⑤阳台、毗邻平台:爬到隔壁安全地方,或通过窗口转移到下一层的平台。

⑥脚手架、雨篷:就近攀缘避火。

(8)真到不得已需要跳楼时,注意跳楼姿势,双手抱头屈膝团身跳下,如果有消防人员设置的救生气垫时,需要仰面四肢伸展跳下。

六、在线检测

请扫码完成在线测验:

参考文献

[1]李光跃. 安全生产与环境保护[M]. 哈尔滨:哈尔滨工程大学出版社,2020.

[2]隋新安,崔成红. 医药企业安全生产[M]. 北京:中国轻工业出版社,2013.

[3]张一帆,吴瑞. 药品安全生产实务[M]. 青岛:中国石油大学出版社,2019.

[4]应急管理部.5种火灾不能用水扑救[EB/OL].(2020-02-24)[2020-09-19]. https://www. 119. gov. cn/article/3x9iRfYZrmb.

[5]中华人民共和国应急管理部消防局网站[EB/OL]. https://www. 119. gov. cn/.

任务五　职业危害与劳动防护技术

●知识目标

1. 掌握劳动防护措施及职业病的预防原则；掌握劳动防护用品的选择、使用与维护。

2. 熟悉职业性有害因素的来源及其类型；熟悉劳动防护用品的分类、性能及标准。

3. 了解职业危害的概念；了解劳动防护的概念及意义。

●能力目标

1. 能够说出职业危害的概念，对职业性有害因素进行分析与防控。

2. 能够说出劳动防护的概念及意义，利用劳动防护措施进行职业病的预防。

3. 通过学习劳动防护用品知识，能够正确选择、使用与维护个人防护用品。

●思政目标

1. 具有职业保护和健康监护意识。

2. 具有严谨求实的工作态度和实事求是的工作作风。

3. 具有爱岗敬业，团结协作的精神。

一、职业危害

（一）职业危害的定义

职业危害是指对从事职业活动的劳动者可能导致职业病的各种危害。

（二）职业性有害因素

职业性有害因素是指在生产过程、劳动过程、作业环境中存在或产生的对职工的健康和劳动能力产生有害作用并导致疾病的因素，按其来源可分为以下3类。

1. 与生产过程有关的职业性有害因素

（1）化学因素

①工业毒物，如铅、苯、汞、一氧化碳等。

②生产性粉尘，如矽尘、煤尘、有机性粉尘等。

（2）物理性因素

①异常气候条件，如高温、低温、高湿、高压、低压等。

②辐射，如X射线、γ射线、紫外线、红外线、高频电磁场微波、激光等；噪声；振动。

（3）生物因素　作业场所存在的微生物、病菌，如炭疽杆菌、布鲁杆菌、霉菌、病毒、真菌等。

2. 劳动过程中的职业性有害因素

如作业时间过长、作业强度过大、劳动制度与劳动组织不合理、长时间强迫体力劳动、个别器官或系统过度紧张,均可造成对劳动者健康的损害。

3. 生产环境中的职业性有害因素

(1)生产场所设计不合理　如厂房布局时把有粉尘源的车间放在上风口,建筑物容积或建筑构件与生产性质不相适应等。

(2)缺乏安全卫生防护设施　如作业场所采光、照明不足,地面湿滑,没有通风设备;防尘、防爆等设施缺乏或不足;个人防护用品不足或有缺陷等。

(3)特殊工作场所的不良作业条件　如由于生产工艺需要而设置的冷库低温、烘房高温等。

(三)常见的工业毒物

工业生产过程中接触到的毒物主要是化学物质,称为工业毒物或生产性毒物。在药品生产中的工业毒物主要是化学原辅材料,主要有以下几种。

(1)致敏性化合物　如青霉素、氯霉素、庆大霉素、链霉素等。

(2)金属化合物　如铂盐、镍盐等。

(3)异氰酸酯　如甲苯二异氰酸酯。

(4)麻醉性毒物　如苯、丙酮、氯仿等。

(5)溶血性气体　如砷化氢、苯肼、苯胺、硝基苯等。

(6)窒息性气体　如一氧化碳、氰化物和硫化氢等。

(7)刺激性气体　如氯气、氨气、氮氧化物、光气、氟化氢、二氧化硫、三氧化硫和硫酸二甲酯等。

二、劳动防护

(一)劳动防护的概念及意义

劳动防护是指国家和单位为保护劳动者在劳动生产过程中的安全和健康所采取的立法、组织和技术措施的总称。

劳动防护的意义在于保护劳动者在劳动生产过程中的安全与健康,它是我国的一项基本方针,它是坚持社会主义制度的本质要求,它是发展生产、促进经济建设的一项根本性大事,也是社会主义物质文明和精神文明建设的一项重要内容。

(二)劳动防护措施

1. 设备布局

(1)由于工艺要求,离心机一般不集中安装,应在车间的一侧设单独隔离间,封闭该作业环境与其他工序的联系,甩料时密闭门窗,使有害气体或蒸气不至逸散到整个车间。

(2)与离心机配套的空压机、风机、水泵等设单独房间,并尽可能安装在底层,外墙开门窗,内窗采用双层密闭隔声观察窗,并设立隔声值班室;如内墙留有门窗,则必须与生产区之间设置隔离通道以隔声,使机房内值班室的噪声符合《工业企业噪声控制设计规范》的要求。

(3) GMP 要求的精制、干燥和包装工艺(以下简称“精干包”)以及洁净生产区中的离心甩干设备应设独立房间。

2. 工艺措施

(1) 提高自动化水平,减少作业工人与化学物质接触的机会。

(2) 在工艺允许的情况下将离心机盖改为带观察口或透明材质的盖子,对有机溶媒物料加封不锈钢盖,对酸性物料加封搪瓷玻璃盖,甩料时需投加液态化学品的工艺将人工加料改为真空密闭管道加料,加料后将离心机上口密闭,禁止敞口离心甩干,并设内吸式装置,使离心机内腔呈负压状态,将热量和挥发的有毒化学物质外排,避免向车间内逸散。

(3) 改革生产工艺,上道工序来的高温物料离心甩干前,先对物料进行减压浓缩,回收易挥发的溶媒,冷却后再离心甩干,以减少甩料时毒物的挥发量。

(4) 选用新型低噪声设备,并对离心甩干电机加装基础减震垫、隔声罩、安装消声器,使作业场所的噪声强度符合《工业企业噪声控制设计规范》的要求。

3. 通风措施

(1) 离心甩干工作环境应采取有效的局部密闭排风和全面机械排风相结合的综合防护措施,其排毒口设于屋顶,并采用防爆轴流风机,控制工作场所空气中有害物质的浓度。

(2) “精干包”洁净区的离心甩干设备,甩干时有毒物质浓度可能突然增高,排风出口应设置在靠近离心甩干设备的底部,控制点风速应足以将发生源产生的有害气体排出室外,避免有害气体经过呼吸道。同时,净化空调系统应有足够的送风量,但不得采用循环空气用于空气调节,使工作场所中有害因素职业接触限值符合国家卫生标准,并防止污染其他洁净空调室。

(3) 对生产工艺中产生的有机废气、酸雾废气排风后采用二级喷淋吸收塔,吸收净化后高空排放。

(4) 离心甩干机上口设置的排气罩必须遵循形式适宜、位置正确、操作方便、风量适中、强度足够、检修方便的设计原则,罩口风速或控制点风速应足以将发生源产生的有害气体吸入罩内,确保达到高捕集效率;在排风罩口管道处增加隔板,让各类排风管道只在使用时打开,合理调整排风量,使控制点风速达到排毒要求。

(5) 在离心机下方的出口处安装密闭式溶媒接收罐,且设有内吸风装置,加密闭盖、排风管和阀门,防止离心甩干时有害气体或蒸气在出料时逸出,污染车间空气。

4. 个人防护

(1) 接触吡啶、盐酸等有刺激性、腐蚀性的有毒化学物质的作业人员应配备符合要求的工作服、靴、手套、口罩和防护眼镜,防止或减轻对眼睛和皮肤的化学性损伤。

(2) 按照《工业企业职工听力保护规范》的规定,对工作场所噪声接触卫生限值超标和有可能每班接触噪声≥85dB 的工人配备 3 种以上声衰值足够、舒适有效的护耳器,并经常维护、检修,定期检测其性能和效果。

5. 应急救援

(1)甩干物料中含有盐酸时,有可能发生化学灼伤事故,其工作地点应设置冲洗眼睛和皮肤的事故喷淋装置,并保障常年温水供应,并配备应急救援设备、器材和急救药品,一旦溅到眼内或皮肤上,按操作规程可及时冲洗和救治,防止或减少对眼睛和皮肤的损伤;甩料时有可能接触吡啶、氨气、酸雾等刺激性气体,其工作地点应配备足够数量的氧气呼吸器和急救药物,作业工人一旦发生中毒,应立即脱离现场,更换衣服,吸入氧气,保持呼吸道畅通,防止发生喉头水肿及肺水肿。

(2)离心甩干工位有可能突发泄露大量有毒物品或易造成急性中毒,应设置自动报警装置和事故通风设施,其通风换气次数不少于 12 次/h。

(3)在离心甩干工位设置职业病危害警示标识、警示线和告知牌,说明产生职业中毒危害的种类、后果、预防以及应急救治措施等。

6. 管理措施

(1)存在苯等高毒物质的作业场所设置红色区域警示线;存在甲醇、丙酮、醋酸乙酯、吡啶、乙酸、氨、二甲基甲酰胺、盐酸等一般毒物作业场所,设置黄色区域警示线,并在醒目位置设置警示标识和中文警示说明,写明作业时产生的职业病危害种类及对作业工人造成的后果、预防以及应急救治措施等内容。

(2)对可能发生跑、冒、滴、漏的设备及管道,应选用先进的生产设备和生产工艺,经常维修,防锈蚀,杜绝液态物料污染车间环境。

(3)制订严格的操作规程,随时清洗污染的地面,防止毒物的二次污染,保证离心甩干作业场所有害物质浓度符合国家卫生标准要求。

(4)对工作场所进行职业病危害的定期检测与评价;控制作业环境职业病危害因素的浓度(强度),使之符合国家卫生标准的要求。

(5)对劳动者上岗前和在岗期间定期进行职业卫生培训,指导劳动者正确使用职业病防护设备和个人使用的职业病防护用品。对个人使用的职业病防护用品应当进行经常性的维护、检修,定期检测其性能和效果,确保其处于正常使用状态。

(6)对接触职业病危害的劳动者,组织上岗前、在岗期间和离岗时的职业健康检查,及时调离职业禁忌人员,建立、健全职业卫生档案和劳动者健康监护档案;对噪声作业人员进行基础听力测定和定期跟踪听力测定,每年检测作业场所的噪声和工人噪声暴露水平。

(7)制订防护设施维修制度,对离心机的局部排风设施进行经常性的维修、检修,定期检测其性能和效果,确保其排风量始终达到设计风量的要求,保证离心机作业场所有害物质浓度符合国家职业卫生标准的要求。总之,制药行业原料药生产离心甩干工序如能依据国家有关标准、规范进行控制,并完善职业病防护措施的设计,采纳上述防护对策,加强管理,可使生产环境中的职业病危害因素治理符合国家卫生标准,防止职业危害的发生。

（三）急性中毒的救护方法

1. 现场抢救

立即使患者停止接触毒物，尽快将其移至空气流通处，保持呼吸畅通。衣物或皮肤若被污染，必须将衣服脱下，用清水洗净皮肤。如出现休克、呼吸表浅或停止，心脏停搏等，立即进行紧急抢救，具体措施与内科急救原则相同。

2. 防止毒物继续吸收

患者到达医院后，应重点详细检查，需要冲洗的要重复冲洗，气体或蒸气吸入中毒时，可给予吸氧，以纠正缺氧，加速毒物经呼吸道排出；经口食入中毒，需尽早催吐、洗胃及导泻。

3. 加速排出或中和已进入机体的毒物

许多化学物质中毒可采用如透析疗法，使其通过透析膜而排出体外。对严重中毒性溶血患者可考虑换血疗法，但须慎重。吸入氯气中毒时，可采用雾化吸入药物，中和形成的盐酸，以减轻对肺组织的毒性损伤。

4. 消除进入人体内毒物的作用

尽快使用络合剂或其他特效解毒疗法。金属中毒可用二巯基丙醇等络合剂，达到解毒和促排作用。中毒性高铁血红蛋白血症可用美蓝治疗，使高铁血红蛋白还原。急性氰化物中毒时给予亚硝酸钠使形成一定量的高铁血红蛋白与氰化物结合而解毒，再迅速给予硫代硫酸钠，使氰化物形成硫氰酸盐而排出体外。严重的CO中毒时主要给予吸氧疗法。

（四）职业病防治

职业病防治工作坚持预防为主、防治结合的方针，建立用人单位负责、行政机关监管、行业自律、职工参与和社会监督的机制，实行分类管理、综合治理。用人单位应当依照法律、法规要求，严格遵守国家职业卫生标准，落实职业病预防措施，从源头上控制和消除职业病危害。

用人单位的主要负责人和职业卫生管理人员应当接受职业卫生培训，遵守职业病防治法律、法规，依法组织本单位的职业病防治工作。

用人单位应当依照法律、法规要求，严格遵守国家职业卫生标准，为劳动者创造符合国家职业卫生标准和卫生要求的工作环境和条件，落实职业病预防措施，从源头上控制和消除职业病危害。

劳动者应当学习和掌握相关的职业卫生知识，增强职业病防范意识，遵守职业病防治法律、法规、规章和操作规程，正确使用、维护公共防护设备（如通风机）和个人使用的防护用品，发现职业病危害事故隐患应当及时报告。

职业病的发病原因比较明显，因此完全可以预防其发病。企业主要做好职业病防治宣传工作，通过各项措施提高劳动者素质，减少职业病。

（1）加强职业卫生教育和培训，学会自我防护，杜绝习惯性违章。

（2）让职工了解工作场所产生或者可能产生的职业病危害因素、危害后果和应当采取的职业病防护措施,并经常组织检查。

(3)用人单位提供符合防治职业病要求的职业病防护设施和个人使用的职业病防护用品,改善工作条件。

(4)员工要拒绝违章指挥和强令进行没有职业病防护措施的作业。

案例

制药车间急性氯乙醇中毒事故

1. 中毒经过

2003 年 9 月,某制药厂酊剂车间仓库发料员误将氯乙醇当作乙醇发放,车间领料员未认真核对,便误将氯乙醇用于配制口服液和消毒泡液。口服液配好后,配料员按照操作规程进行品尝,1 名配料员口服约 10mL 又吐出,另 1 名配料员口服约 20mL。工作约 30min 后,部分工人感到头晕、头痛、恶心等,尤以 2 名口服者和双手直接接触过氯乙醇溶液者为重,分别出现昏迷,送医院抢救无效死亡。此时才引起厂方的重视,将其余工作人员送医院观察、救治。

2. 分析讨论

本次中毒事件,因工厂管理不严,工人职业防护知识欠缺所致。

3. 措施

企业要切实加强对职工的岗前、岗中培训,提高工人的自我保护意识和职业卫生知识,让每个员工都知道什么是毒物、毒物的危害和预防措施;应严格遵守原料发放的核查制度,使用仪器分析代替口服品尝的操作规程,避免中毒事故再次发生。

三、劳动防护用品与个体防护

(一)劳动防护用品的概念

劳动防护用品,是指由生产经营单位为从业人员配备的使其在劳动过程中免遭或者减轻事故伤害及职业危害的个人防护装备,属于生产劳动过程中个人随身穿戴或佩戴的防护用品。

(二)劳动防护用品的作用

1. 隔离和屏蔽作用

使用一定的隔离或屏蔽物,将人体全部或局部与外界隔开或减少接触,能有效防御职业性损伤。如穿戴齐全工作服、帽、鞋、手套等防护用品,能隔绝和减少生产性粉尘和酸雾气体的刺激,预防职业性皮肤病的发生,避免直接性灼伤等;使用隔绝式防毒服、防辐射服等,都能在相应的工作环境中起到很好的防护作用。

2. 过滤和吸附作用

利用活性炭或某些化学吸附剂对毒物的吸附作用,将有毒气体(或蒸气)经过滤装置净化,能避免呼吸中毒。如佩戴防毒面具,能在有毒环境作业中起到很好的防毒作用。

3. 保险和分散作用

在空中和井下等作业时,若失足坠落或受到高空坠物冲击时,利用安全带、安全网、安全帽等,能对作业人员起到安全保护的作用,特别是安全帽能分散头部冲击力度。

(三)劳动防护用品的分类

从劳动卫生学的角度,劳动防护用品通常按人体防护部位分类。我国制定的标准《劳动防护用品分类与代码》,将劳动防护用品按照人体防护部位分类,共分9大类。这9大类劳动防护用品,分别是以阿拉伯数字从1~9代表头部、呼吸器官、眼(面)部、听觉器官、手部、足部、躯体、皮肤部位防护用品和防坠落及其他防护品。

劳动防护用品具体分类如下。

1. 头部防护用品

用于保护头部免遭或减轻外力冲击、碰撞、挤压和其他危害。通常是工作帽和安全帽,目前主要有普通工作帽、防冲击安全帽、防尘帽、防水帽、防寒帽、防静电帽、防高温帽、防电磁辐射帽、防昆虫帽九类产品。医药化工企业一般选用防冲击安全帽(图5-1)、防静电帽、防尘帽。

图5-1 安全帽

2. 呼吸器官防护用品

用于保护呼吸器官免遭或减轻有毒有害气体、蒸汽、粉尘、烟、雾等的危害。按用途分为防尘、防毒、供氧三类;按功能又分为过滤式、隔离式两类。医药化工企业一般选用过滤式防尘口罩和防毒口罩(面具)(图5-2、图5-3)。

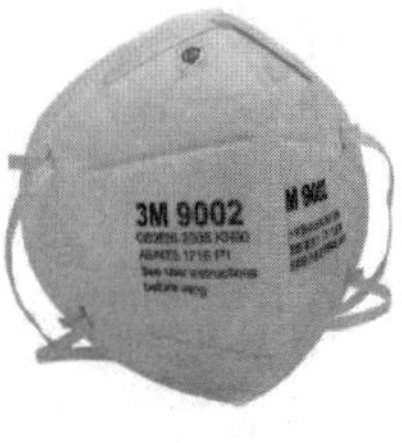

图5-2 防尘口罩

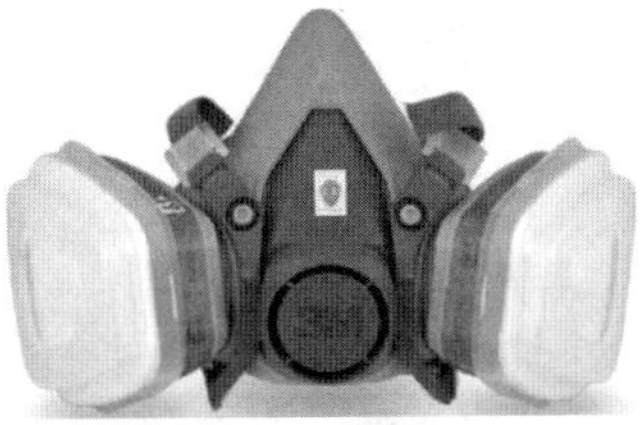

图5-3 防毒面具

知识链接

防毒面具为什么像猪嘴

说来有趣,防毒面具的发明还是受到猪的“启发”呢。第一次世界大战中德军使用了毒气,结果使英法联军伤亡惨重,就连战场上的飞禽走兽也难逃厄运。然而令人惊奇的是,那里的猪却大都安然无恙。难道猪就不怕毒气吗?科学家经过观察发现,原来猪并不是不怕毒气,而是它有防御毒气的好办法。当毒气袭来时,它便把嘴拼命地拱在泥土里,含有毒剂的空气经过土壤颗粒的过滤,就变得无害了。谜底一经揭开,英法联军很快就模仿猪嘴,研制出了防毒面具,再也不怕德军的毒气攻击了。

防毒面具上那个像猪嘴的东西称为滤毒罐,里面装有活性炭。活性炭能将毒剂吸附在炭孔内,使毒气变成清洁的空气。

为了防止化学毒剂的伤害,防化兵在执行任务的时候,还要穿上特制的防毒衣。

3. 眼(面)部防护用品

用于保护眼(面)部免遭或减轻飞溅异物、高温、辐射、风沙、化学溶液或烟雾等的侵害。根据防护功能,分为防尘、防水、防冲击、防毒、防高温、防电磁辐射(射线)、防酸碱、防风沙、防强光九类,主要有各类眼镜、眼罩、面罩、护目镜(图5-4)等产品。

图5-4 护目镜

4. 听觉器官防护用品

用于保护听觉器官免遭或减轻噪声、爆震声和其他危害。根据防护功能,分为防水、防寒、防噪声三类,主要有耳塞(图5-5)、耳罩(图5-6)、防噪声帽等护耳产品。

图5-5 耳塞

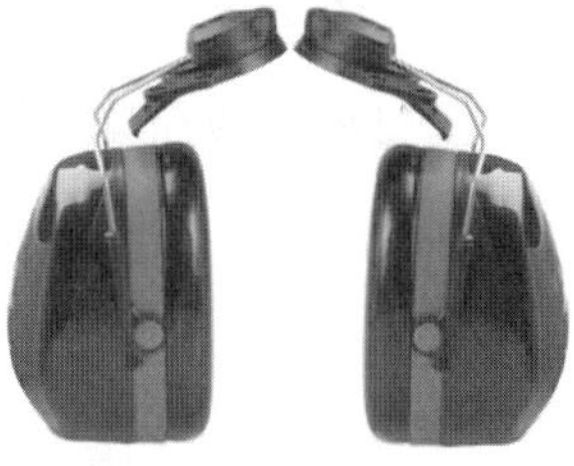

图5-6 耳罩

5. 手部防护用品

手部防护用品用于保护手、臂部免遭或减轻意外伤害和其他危害，通常是手套。按照防护功能，分为普通防护手套（袖套）和防水、防寒、防毒、防静电、防高温、防射线、防酸碱（图5-7）、防油、防振、防切割手套及电绝缘手套十二类。每类手套按制作的材质和式样不同又分为许多品种，分别适用于不同的场合。

图5-7　防酸碱手套

6. 足部防护用品

足部防护用品用于保护足、腿部免遭或减轻各种损伤和其他危害，通常是鞋和靴。按照防护功能，主要包括防尘、防寒、防滑、防震、防静电鞋和防高温、防酸碱、防油、防刺穿鞋（靴）以及防水靴，电绝缘鞋（靴），防烫脚盖，防冲击安全鞋（鞋护盖）（图5-8）几类产品，每类鞋（靴）按制作的材质和式样不同又分为许多品种，分别适用于不同的场合。

图5-8　防冲击安全鞋

7. 躯体防护用品

躯体防护用品用于保护躯体免遭或减轻作业场所物理、化学、生物等因素的危害，通常是防护服。按照防护功能，主要包括普通工作服（衣裤或大褂）（图5-9）、防水服（雨衣或围裙）、防寒服（棉大衣或皮夹克）、防毒服（连体衣）（图5-10）、阻燃服、潜水服、耐酸碱服、防油服、水上救生衣、防静电服、防高温服、防辐射服、防昆虫服、防风沙服、带电作业屏蔽服、防冲击背心、反光标志服等产品。每类服装按制作的材质和式样不同又分为许多品种，分别适用于不同的场合。

图5-9　普通工作服

图5-10　防毒服

8. 皮肤防护用品

用于保护脸、手等裸露皮肤免遭或减轻有毒有害物质的侵蚀。按照防护功能,分为防毒、防照射(放射线或暴晒)、防涂料、防冻(皲裂)、防污(蚀)五类,主要有洗涤剂、毛巾、肥皂、护肤油膏、驱蚊剂等产品。

9. 防坠落及其他护品

防坠落护品用于保护高处作业者免遭或减轻坠落伤害。按照防护功能,主要分为安全网和安全带两类。安全网包括平网和立网,通常在高处作业场所的边侧立装或下方水平张开安全网。安全带包括围杆安全带、悬挂安全带和攀登安全带,作业人员(电工、架子工、维修工等)运用安全带将身体系于牢固的物体上,防止自身不慎坠落。

其他防护品属不能按防护部位分类的劳动防护用品,主要有遮阳伞、登高板、电绝缘板、防滑垫、水上救生圈、脚扣等。

课堂活动

每人逐项选择和使用劳动防护用品。

(四)劳动防护用品的选用

1. 劳动防护用品的选择

如何正确选用劳动防护用品,我国最新公布的《个体防护装备选用规范》为我们提供了依据。此标准规定在生产作业场所穿戴、配备和使用的劳动防护用品也称个体防护装备,并划分了基本作业类别(39 种,编号 A01 ~ A39),明确了常用防护性能(共 72 项,编号 B01 ~ B72),规定了选用的原则和要求,劳动者可根据作业类别、危险特性与防护用品的配伍关系,按编号查找选用劳动防护用品。

劳动防护用品的选用原则是,首先保证劳动者安全与健康,同时又不影响正常操作。防护用品若选用不当,有可能导致伤亡事故的发生。

课堂讨论

根据你对专业的认识和了解,举例说明医药企业从事哪些工作?选用哪些相应的劳动保护用品?

2. 劳动防护用品的使用

生产劳动现场的管理者和作业者,都应该重视劳动防护用品的正确使用。劳动防护用品的使用应注意以下几点。

(1)在使用防护用品前,必须认真检查其防护性能及外观质量是否合格;使用的防护用品与防护的有害因素是否匹配。

(2)劳动防护用品的使用必须在其性能范围内,严禁使用过期或失效的防护用品,不得超极限使用,不得使用未经国家指定和检测达不到标准的产品,不能随便代替,更不能以次充好。

(3)严格按照使用说明书,正确使用劳动防护用品。

(4)对防护用品要有专人保管,并定期检查与维护等,以确保安全和卫生。

目标检测

请扫码完成在线测验:

实训项目七　烫伤、烧伤的处理

一、实训目的

1. 了解烫伤、烧伤的原因及危害。

2. 能正确处理烫伤、烧伤。

3. 提高安全防护意识，注重安全操作，避免在实验及以后的工作中烫伤、烧伤。

二、实训原理

（一）烫伤、烧伤的原因

烫伤是由于高温的液体、蒸气和灼热的物体直接与皮肤接触引起的创伤，烧伤是指火直接引起的皮肤创伤。实验室中常用到的试剂及设备使用不当，是引起烫伤和烧伤的主要原因。严重的烧伤主要由实验室火灾引起，实验室管理不善，易燃物质保存不当，电线负荷过重或加热仪器使用不当均可引起火灾。

（二）烫伤、烧伤的危害

实验室烫伤或烧伤视伤势轻重程度不同，可分为3级（或3度），不同级别的烧伤，急救措施也有不同。依据烧伤程度分为Ⅰ、Ⅱ度（浅Ⅱ度、深Ⅱ度）和Ⅲ度。Ⅰ度：皮肤红肿，疼痛剧烈，多为火烧样痛。浅Ⅱ度：皮肤肿胀有水疱，伴有疼痛。水疱皮脱落后创面渗液较多，红肿。深Ⅱ度：水疱较小，创面呈淡红色或白中透红，可见小红点。深层可见黑紫色小血管网，渗液较少，感觉迟钝，但也有疼痛感。Ⅲ度：创面苍白或焦黄色，干燥、较硬，多能见到黑紫色树枝样粗大的皮下静脉网，无疼痛感觉，但比起烧伤的程度，烧伤面积更为重要。当人体表面的灼伤部分超过1/3时，即使是属于Ⅰ度烧伤，也是十分严重的，有时还会发生休克或感染。

烫伤或烧伤后的病程变化分为3期，具体如下。

1. 体液渗出期

为烧伤后早期，轻者皮肤水肿起水疱，面积较大时体液的丧失量大，如治疗不及时会造成血量减少而休克，渗出在36~72h后停止而开始消肿。

2. 急性感染期

主要来自创面的污染，加之伤后人的抵抗力低下，细菌在创面上繁殖，导致创面感染或菌血症。

3. 修复期

修复在创面出现炎症后即已开始。Ⅰ度烧伤于3~5天痊愈，不留瘢痕。浅Ⅱ

度烧伤如无感染，半个月左右痊愈，不留瘢痕。深Ⅱ度烧伤 3~4 周可痊愈，多留瘢痕。Ⅲ度烧伤焦痂脱落后形成肉芽创面，须植皮才能愈合，并留大量瘢痕。

（三）烫伤、烧伤的应急处置

1. 处置原则

实验人员发生烫伤、烧伤安全事故时，需立即开展应急处置和急救，并视情况严重程度决定是否立即报告实验室安全负责人。报告时应简要说明发生烫伤、烧伤的原因和程度，有无重大危险，以便于做好处置方案的实施。接到现场报告后，实验室安全负责人应视事故严重程度立即做出指示或赶赴现场，按照实验室烫伤、烧伤应急处置方案，组织应急处置，控制事态发展。

2. 处置方法

（1）对于烫伤、烧伤面积较少或四肢部位的轻度烫伤或烧伤，应立即用大量冷水浸泡或冲洗，可起到减少伤害、减轻疼痛的作用，浸泡或冲洗时间一般为半小时。也可用 3%~5%的 $KMnO_4$溶液擦拭损伤处至皮肤变为棕色，再涂凡士林或烫伤膏，直接涂烫伤药。

（2）如受伤部位出现水疱，则需要注意保护水疱避免破溃，以防感染，用消毒纱布轻轻包扎伤处后立即送医院治疗。到医院后在无菌条件下可采取抽吸的方法以保持水疱皮肤的完整，使其紧贴创面，待愈合后去除，这样做有利于再生创面的修复。

（3）大面积烧伤的患者只能给其喝淡盐水而不能大量喝淡水，否则会加剧水肿，出现低钠血症等并发症。

（4）因爆炸燃烧事故受伤的实验人员，创面污染严重，无须强行清除创面上的衣物碎片和污物，简单包扎后立即送往医院治疗。

（5）一旦发生火灾等严重灾害时，实验人员应立即报告火警，并按照火灾发生的应急处置方案进行报告和处置。

3. 处置要点

（1）迅速脱离火源或其他热源。

（2）轻度烫伤、烧伤，立即用大量冷水浸泡或冲洗。

（3）严重烫伤、烧伤，保护创面，尽快就医。

石灰烧伤的急救措施

碱类物质灼伤的急救方法

酸类物质灼伤的急救方法

三、实训过程

假设已经烧伤或烫伤,请模拟烫伤、烧伤的应急处置。

四、在线检测

请扫码完成在线测验:

实训项目八　安全帽的使用与佩戴练习

一、实训目的

1. 了解安全帽的选用与佩戴要求。
2. 能够正确佩戴安全帽。

二、实训原理

头面部防护用品用于保护头部免遭或减轻外力冲击、碰撞、挤压和其他危害。安全帽是工作中常用的防护用具。

安全帽防护原理:当作业人员头部受到坠落物的冲击时,利用安全帽帽壳、帽衬在瞬间先将冲击力分解到头盖骨的整个面积上,然后利用安全帽的各个部位如帽壳、帽衬的结构、材料和所设置的缓冲结构(插口、拴绳、缝线、缓冲垫等)的弹性变形、塑性变形和允许的结构破坏将大部分冲击力吸收,使最后作用到人员头部的冲击力降低到4900N以下,从而起到保护作业人员的头部不受到伤害或降低伤害的作用。

三、实训步骤

(一)检查

(1)使用安全帽时,首先要选择与自己头形适合的安全帽。

(2)佩戴安全帽前,要仔细检查合格证、使用说明、使用期限,并调整帽衬尺寸。

(3)帽衬顶端与帽壳内顶之间必须保持20~50mm的空间。有了这个空间,才能形成一个能量吸收系统,使遭受的冲击力分布在头盖骨的整个面积上,减轻对头部的伤害。

(二)佩戴

(1)必须戴正安全帽,如果戴歪了,一旦头部受到物体打击,就不能减轻对头部的伤害。

(2)必须系好下颏带。如果没有系好下颏带,一旦发生坠落或物体打击,安全帽就会离开头部,这样起不到保护作用,或达不到最佳效果。

(3)安全帽在使用过程中会逐渐损坏,要经常进行外观检查。如果发现帽壳与帽衬有异常损伤、裂痕等现象,或水平垂直间距达不到标准要求的,就不能再使用,而应当更换新的安全帽。

(4)不能随意对安全帽进行拆卸或添加附件,以免影响其原有的防护性能。

佩戴一定要戴正、戴牢,不能晃动,调节好后箍,以防安全帽脱落。

(三)存放

(1)安全帽如果较长时间不用,则需存放在干燥通风的地方,远离热源,不受日光的直射。

(2)安全帽的使用期限　塑料的不超过两年半;玻璃钢的不超过3年,具体使用期限参考产品使用说明。到期的安全帽要进行检验测试,符合要求方能继续使用,否则淘汰更新。

(3)需要注意,安全帽只要受过一次强力的撞击,就无法再次有效吸收外力,有时尽管外表上看不到任何损伤,但是内部已经遭到损伤,不能继续使用。

四、在线检测

请扫码完成在线测验:

参考文献

[1]GB/T 13861—2009.《生产过程危险和有害因素分类与代码》[S].

[2]王俊治. 新职业病防治法职工普及读本[M]. 北京:中国法制出版社,2017.

[3]张一帆,吴瑞. 药品安全生产实务[M]. 青岛:中国石油大学出版社,2019.

[4]李光跃. 安全生产与环境保护[M]. 哈尔滨:哈尔滨工程大学出版社,2020.

任务六　制药生产中的环境保护

●**知识目标**

1. 掌握废水处理的基本原理和方法。
2. 掌握废气和废渣一般处理方法。
3. 了解环保的意义。

●**能力目标**

1. 能够按照岗位标准操作规程组织“三废”处理。
2. 能够对“废水、废气、废渣”处理设备进行操作。
3. 能够查阅文献和搜集各种信息资源,运用“三废”处理技术解决制药污染问题。

●**思政目标**

1. 能够明确制药“三废”的危害,树立环境保护意识、法律意识。
2. 具有勇于探索、开拓进取的创新精神。
3. 具有良好的心理素质,能够沉着冷静处理突发状况。

一、环境保护概述

环境是人类赖以生存和社会经济可持续发展的客观条件和空间。随着现代工业的高速发展,环境保护问题已引起人们的极大关注。根据《中华人民共和国环境保护法》的规定,环境保护主要包括保护自然环境和防治污染,即运用现代环境科学的理论、方法,在更好地利用资源的同时深入认识并掌握污染和破坏环境的根源与危害,有计划地保护环境,恢复生态,促进人类与环境协调发展。

(一)我国防治“三废”的方针政策

保护环境、消除污染是我国的一项基本国策,是国民经济、社会发展的重要战略方针。国家先后颁布了《环境保护法》《水污染防治法》《大气污染防治法》《固体废物污染环境防治法》《海洋环境保护法》以及与各种法规相配套的行政、经济法规和环境标准。

(二)制药“三废”的特点和现状

由于制药企业使用的原辅材料多、工艺路线长、反应复杂,药厂排出的“三废”往往具有毒性、刺激性、腐蚀性等特点,还具有数量少、成分复杂、综合利用率低、种类多、变动性大、间歇排放、化学需氧量(COD)高、pH 变化大等特点。

我国目前环境的现状:局部有所改善,总体仍在恶化,形势令人担忧。随着现代工业的高度发展,废气、废水和废渣即“三废”已引起人们的极大关注。

(三)防治污染的主要措施

1. 研究少污染或无污染的生产工艺

以无毒、低毒的原辅材料代替有毒、剧毒的原辅材料;改进操作方法,调整不合理配料比,采用立体定向合成、固相酶技术、相转移催化反应等新技术,调整化学反应的先后次序。

2. 循环使用与无害化工艺

反应母液中常含有一定数量的未反应原料和反应副产物,在某些药物合成中常可循环使用或经适当处理后使用,既减少了“三废”,也降低了原辅料的消耗。

3. 回收利用与资源化

回收利用采用的方法有:蒸馏、结晶、萃取、吸收、吸附等。直接回收有困难的,可先进行化学反应处理(如氧化、还原、中和等),然后再回收利用。

4. 加强设备管理

设备选择妥当与否与“三废”的数量和浓度有很大的关系。如采用直接水冷凝器来冷凝蒸汽喷射泵的排气及有机物蒸气,会产生大量低浓度废水;若改用表面冷凝器,废水数量可大大减少。重视并认真解决“跑、冒、滴、漏”以减少“三废”的来源。

知识链接

SHE 管理体系

SHE 是安全(Safety)、健康(Health)和环境(Environment)管理体系的简称,SHE 管理体系是实施健康、安全与环境管理的组织机构、职责、做法、程序、过程和资源等要素有机构成的整体,这些要素通过先进、科学、系统的运行模式有机地融合在一起,相互关联、相互作用,形成动态管理体系,即“职业健康、安全、管理体系和环境管理体系”。

SHE 管理体系的十要素:①领导承诺、方针目标和职责。②组织机构、职责、资源和文件控制。③风险评价和隐患治理。④承包商和供应商管理。⑤装置(设施)设计和建设。⑥运行和维修。⑦变更管理和应急管理。⑧检查和监督。⑨事故处理和预防。⑩审核、评审和持续改进。“领导承诺、方针目标和职责”在十个要素中起核心和导向作用。风险评价是所有 SHE 要素的基础,它是一个不间断的过程。全员参与是关键,危害和环境因素识别以及风险和环境影响评估是重要环节,也是首要步骤。风险评价是依照现有的专业经验、评价标准和准则,对危害分析结果做出判断的过程。

二、制药污染综合处理

（一）废水处理

1. 基本概念

（1）水质指标　表征废水性质的参数主要包括 pH、悬浮物（SS）、生化需氧量（BOD）、化学需氧量（COD）等。

①pH：反映废水酸碱性强弱的重要指标，处理后的废水应呈中性或接近中性。

废水处理基本概念

②悬浮物：指废水中呈悬浮状态的固体，是反映水中固体物质含量的一个常用指标，可用过滤法测定，单位为 mg/L。

③生化需氧量：指在一定条件下，微生物氧化分解水中的有机物时所需的溶解氧量，单位为 mg/L。常用 BOD_5 表示，即在 20℃的条件下将废水培养 5 日，单位体积废水中溶解氧的减少量。BOD 反映了废水中可被微生物分解的有机物的总量，其值越大，表示水中的有机物越多，水体被污染的程度也就越高。

④化学需氧量：指一定条件下，用强氧化剂氧化废水中的有机物所消耗的氧量，单位为 mg/L。常用的氧化剂为 $K_2Cr_2O_7$ 或 $KMnO_4$，标记为 COD_{Cr} 或 COD_{Mn}，不标记时一般表示为 COD_{Cr}。COD 与 BOD 均可表征水被污染的程度，但由于 COD 能够更精确地表示废水中的有机物含量，而且测定时间短，不受水质限制，因此常被用作废水的污染指标。COD 和 BOD 之差表示废水中没有被微生物分解的有机物含量。

（2）清污分流　清污分流是指将清水（如冷却用水、雨水和生活用水等）与废水（如制药生产过程中排出的各种废水）分别经过不同的管路或渠道输送、排放或贮留，以利于清水的循环套用和废水的处理。采取清污分流，不仅可以节约大量的清水，而且可大幅度降低废水量，提高废水的浓度，从而大大减轻废水的输送负荷和治理负担。

（3）废水处理级数　根据处理方法和处理目的的不同，分为三级。

①一级处理：通常是采用物理方法或简单的化学方法除去水中的漂浮物和部分处于悬浮状态的污染物，以及调节废水的 pH 等。废水经一级处理后一般不能达到国家规定的排放标准，常作为废水的预处理。

②二级处理：主要指生化处理法。二级处理适用于处理各种含有机污染物的废水，废水经二级处理后水质一般可以达到规定的排放标准。

③三级处理：是一种净化要求较高的处理，目的是除去二级处理中未能除去的污染物，包括不能被微生物分解的有机物、可导致水体富营养化的可溶性无机物（如氮、磷等）以及各种病毒、病菌等废水。经三级处理后，可达到地面水和工业用

水的水质要求。

2. 废水的污染控制指标

《国家污水综合排放标准》按污染物对人体健康的影响程度,将污染物分为两类。

(1)第一类污染物　指在环境或生物体内积累,对人体健康产生长远不良影响的污染物。《国家污水综合排放标准》中规定的此类污染物有9种,即总汞、烷基汞、总镉、总铬、六价铬、总砷、总铅、总镍、苯并(α)芘。

(2)第二类污染物　指其长远影响小于第一类的污染物。在《国家污水综合排放标准》中规定的有pH、化学需氧量、生化需氧量、色度、悬浮物、石油类、挥发性酚类、氰化物、硫化物、氟化物、硝基苯类、苯胺类等共20项。

3. 废水处理的基本方法

废水处理的基本方法

废水的处理和利用方法有很多,按作用原理一般可分为物理法、化学法、生化法和物理化学法。

物理法是不改变废水的化学性质,利用物理作用将废水中呈悬浮状态的污染物分离出来,常用的物理法有:沉降、气浮、过滤、离心、蒸发、浓缩等。常用于废水的一级处理。

化学法是利用化学反应来分离、回收废水中各种形态的污染物,如凝聚、中和、氧化和还原等。一般用于有毒、有害废水的处理,使废水达到不影响生化处理的条件。

生化法是利用微生物的代谢作用,使废水中呈溶解和胶体状态的有机污染物转化为稳定、无害的物质。生化法是常用的二级处理法,能够去除大部分有机污染物。

物理化学法是综合利用物理和化学作用除去废水中的污染物,主要用来分离废水中的溶解物质,回收有用成分,使废水进一步得到处理。常用的物理化学方法有:吸附、离子交换、电渗析、反渗透等。

4. 各类废水的常规处理技术

(1)含悬浮物或胶体的废水　对于废水中所含的悬浮物质一般可用沉淀、上浮或过滤等方法除去。对于悬浮物,可采用气浮法,利用高度分散的微小气泡作为载体去黏附废水中的悬浮物,使其密度小于水而上浮到水面,从而实现固-液分离。也可直接蒸汽加热,加入无机盐等,使悬浮物聚集沉淀或上浮分离。对于极小的悬浮物或胶体,则可用混凝法或吸附法处理。

(2)酸碱性废水　对于含高浓度酸或碱的废水,应首先考虑回收和综合利用。对于浓度在1.0%以下、没有直接利用价值的酸或碱,尽量使用废酸或废碱中和后排放。

(3)含无机物废水　制药废水中所含的无机物通常为卤化物、氰化物、硫酸盐以及重金属离子等,常用的处理方法主要有稀释法、浓缩结晶法和化学法等。稀释法主要用于不含毒物而又无法综合利用的无机盐溶液;浓缩结晶法适用于浓度较高的无机盐废水的处理,便于回收和利用;化学法主要用于毒性较大的含氰化物、氟化物和重金属的处理,如氢氧化钙可用于含氟化铵的废水,硫化物用于汞和镉的沉淀处理。

(4)含有机物废水　含高浓度有机物的废水应首先考虑综合利用,主要方法有萃取和蒸馏等。处理含有机物废水的方法主要有焚烧法和生化法,前者主要用于浓度较高的废水,COD的去除率可达99.5%以上,后者适用的浓度则较低,具有处理效率高、运转费用低等优点。此外,对于浓度低、不易被氧化分解的有机废水,可用沉淀、萃取和吸附等方法进行处理。

思考题

对于酸性废水可考虑用什么来中和,以便于综合利用?

5. 废水的生化法处理

(1)生化处理基本知识　生化处理法是指借助于微生物的生命代谢活动,使废水中的有机污染物得以降解,水质得以净化的处理方法,主要包括好氧生物处理和厌氧生物处理。

废水的生化法处理

①基本原理:好氧生物处理和厌氧生物处理的原理基本相同,都是废水中的可溶性有机质被微生物吸收,通过体内的氧化、还原、分解、合成等生化代谢作用,把部分被吸收的有机物转化为营养物质,使微生物生长繁殖;另一部分有机物则被分解为二氧化碳、水等简单无机物,同时释放出生长活动所需的能量。

②生化处理废水的特点

a. 好氧生物处理废水的特点:好氧生物法处理有机废水,基本上没有臭气产生,所需的处理时间比较短,在适宜的条件下,有机物的生物去除率一般在80%~90%,有时可达95%以上。因此,好氧生物法已在有机废水处理中得到了广泛应用,活性污泥法、生物滤池、生物转盘等都是常见的好氧生物处理法。好氧生物法的缺点是对于高浓度的有机废水,要供给好氧生物所需的氧气(空气)比较困难,需先用大量的水对废水进行稀释,且在处理过程中要不断地补充水中的溶解氧,从而使处理的成本较高。

b. 厌氧生物处理废水的特点:厌氧生物处理是在无氧条件下,利用厌氧微生物,主要是厌氧菌的作用,来处理废水中的有机物。厌氧生物处理中的受氢体不是游离氧,而是有机物或含氧化合物,如SO_4^{2-}、NO_3^-、NO_2^-和CO_2等。因此,最终的代谢产物不是简单的CO_2和H_2O,而是一些低分子有机物(如CH_4)、H_2S和NH_4^+等。

厌氧生物处理主要依靠水解产酸细菌、产氢产乙酸细菌和产甲烷细菌的联合作用来完成。厌氧生物处理过程可粗略地分为水解酸化阶段、产氢产乙酸阶段和产甲烷阶段。

厌氧生物处理过程中不需要供给氧气(空气),故动力消耗少,设备简单,并能回收一定数量的甲烷气体作为燃料,因而运行费用较低。目前,厌氧生物法主要用于中、高浓度有机废水的处理,也可用于低浓度有机废水的处理。该法的缺点是处理时间较长,处理过程中常有硫化氢或其他一些硫化物生成,硫化氢与铁质接触就会形成黑色的硫化铁,从而使处理后的废水既黑又臭,需要进一步处理。

③影响微生物生长的环境因素

a. 温度:-5~85℃,在废水处理中,在20~40℃时,大多数微生物可以很好地生长繁殖。

b. 酸碱度:大多数微生物在pH6.5~7.5时生长最好。一般霉菌和酵母菌的适宜pH为4~6。

c. 营养物质:碳源一般可由废水中的有机物来供应,由于生活污水中含有无机元素氮、硫、磷以及微量的钾、镁、钙、铁等,当某些工业废水缺少这些成分时,可加入生活污水进行均化。

d. 有害物质:大多数重金属(如锌、铜、铬、镉等)离子和某些化合物(如酸、甲醛、氰化物、硫化物等)都有毒性,能抑制微生物对其他物质的生物氧化,有些毒物也能被某些微生物分解。

(2)常用的生化处理方法

①活性污泥法:又称曝气法,利用含大量好氧微生物的活性污泥,在强力通气条件下,由于污水中微生物生长和繁殖,逐渐形成褐色的污泥状絮凝体,从而达到污水净化的目的。生物絮凝体即为活性污泥,其中含有大量的微生物。活性污泥法在国内外污水处理技术中占据首要地位。

a. 工艺流程:典型的活性污泥法是由曝气池、二次沉淀池、污泥回流系统和再生池组成,其流程示意图如图6-1所示。

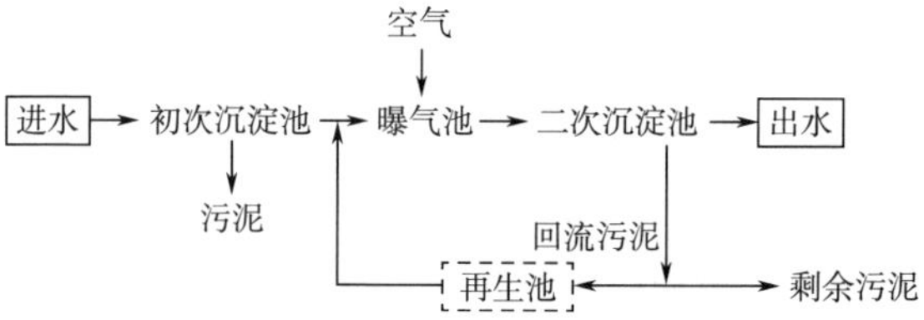

图6-1　典型的活性污泥法流程示意图

污水和活性污泥一起进入曝气池形成混合液。压缩空气通过铺设在曝气池底部的空气扩散装置,以细小气泡的形式进入污水中,使污水和活性污泥充分混合接触,并得到溶解氧。大分子有机物在细菌胞外酶的作用下分解为小分子有机物;低分子有机物则可直接被吸收,经氧化分解,形成二氧化碳和水,一部分供给微生物自身增殖繁衍。活性污泥反应进行的结果是污水中有机污染物得以降解而去除,达到净化的目的,活性污泥的微生物本身得以繁衍增长。经过活性污泥净化作用后的混合液进入二次沉淀池,混合液中悬浮的活性污泥和其他固体物质在这里沉淀下来与水分离，澄清后的污水作为处理水排出系统。经过沉淀浓缩的污泥从沉淀池底部排出，其中大部分作为回流污泥经再生池返回曝气池，以保证曝气池内的悬浮固体浓度和微生物浓度；其余的则从沉淀池中排除，这部分污泥称为剩余污泥。

b. 常用曝气方式：活性污泥法处理系统以其曝气方式不同，可分为普通曝气法、加速曝气法、逐步曝气法、旋流式曝气法、纯氧曝气法、深井曝气法等。其中普通曝气法是最基本的曝气方法，其他方法都是在普通曝气法的基础上逐步发展起来的。我国应用较多的是加速曝气法。

加速曝气法属于完全混合型的曝气法，曝气、二沉、污泥回流集中于一池，充氧设备使用表面曝气叶轮，称为圆形表面曝气沉淀池。

c. 剩余污泥的处理：污泥脱水的方法主要有沉淀浓缩法、自然晾晒法、机械脱水法。脱水后的污泥含有大量的微生物、未分解的有机物甚至重金属等毒物。剩余污泥的处置有以下途径：焚烧，一般采用沸腾炉焚烧，效果好，但投资大，而且耗能量也多。作为建筑材料的掺合物，使用前应先进行无害化处理；作为肥料，污泥含丰富的氮、磷、钾等多种养分，经堆肥发酵或厌氧处理后是良好的有机肥料；繁殖蚯蚓，蚯蚓可以改进污泥的通气状况以加速有机物的氧化分解，去掉臭味，并杀死大量有害微生物

②生物膜法：依靠生物膜吸附和氧化废水中的有机物并同废水进行物质交换，从而使废水得到净化的另一种好氧生物处理法。根据处理方式与装置的不同，可分为生物滤池法、生物转盘法、生物接触氧化法和流化床生物膜法等。净化原理如图 6-2 所示，当附着水的有机质被生物膜吸附并氧化分解时，附着水层的有机质随之降低，而此时运动水层中的浓度相对较高，因而发生传质过程，污水中的有机质

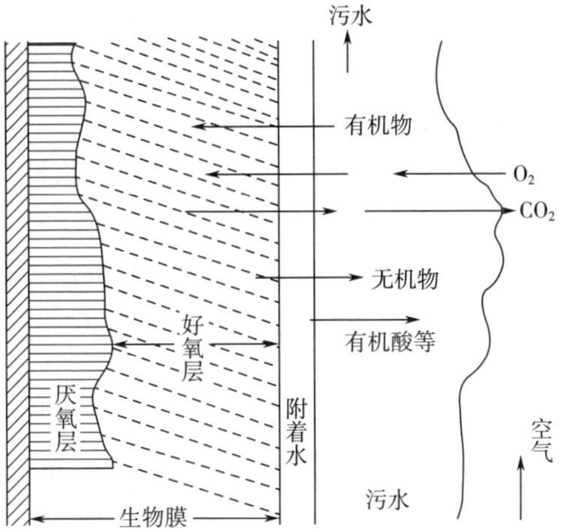

图 6-2　生物膜净化原理示意图

不断转移进去被微生物分解。开始形成的膜是需氧性的,当膜厚度增加,氧扩散到内部受到限制时,生物膜就分成了两层:外层为好氧层、内层为厌氧层。生物膜是一个复杂的生态系统,存在着有机质、细菌、真菌、原生动物的食物链。

a. 生物滤池法:塔式生物滤池是一种新型高负荷生物滤池,具有占地少,基建费用少,净化效果好,操作管理比较方便等特点。构筑物一般高度在 20m 以上,径高比为(1∶6)~(1∶8),形似高塔,通常分为数层,设隔栅以承受滤料。滤料采用煤渣、高炉渣、塑料波纹板、酚醛树脂浸泡过的蜂窝纸或泡沫玻璃块等。多数塔式滤池采用自然通风,较之鼓风更易于在冬天维持塔内水温。

b. 生物转盘法:是用转动的盘片代替固定的滤料,工作时转盘浸入或部分浸入充满污水的接触反应槽内,转盘一起不停地转动。转盘交替地与污水和空气接触,经过一段时间的转动后,盘片上将附着一层生物膜。在转入污水中时,生物膜吸附污水中的有机污染物,对有机物进行分解,微生物在这一过程中得以自身繁殖;转盘转出反应槽时与空气接触,空气不断地溶解到水膜中去,增加其溶解氧。如此反复形成一个连续的吸附、氧化分解、吸氧的过程,使污水不断得到净化。

c. 生物流化床法:是一种新的生化处理技术。它的主体结构是一个塔式或柱式反应器,内部装填有一定高度的砂、无烟煤或活性炭,其粒径为 0.5~1.5mm。微生物以此为载体形成生物膜构成“生物粒”,生物膜挂在运动着的固体颗粒上以处理废水。污水与空气由反应器底部通入,从而形成了气、液、固三相反应系统。当污水流速达到某一定值时,生物粒子可在反应器内自由运动,此时整个反应器出现流化状态,形成“流化床”。

厌氧处理法基本原理

③厌氧处理法:是在缺氧条件下,利用厌氧菌(包括兼性厌氧菌)分解污水中有机质的方法,废水的厌氧处理主要用于高浓度有机废水的前处理。主要产物是以甲烷为主的污泥气(即沼气)。

a. 基本原理:厌氧降解过程分为三个阶段,如下所示。

液化阶段:将复杂的有机物如纤维素、蛋白质、脂肪等降解为简单有机酸、醇等,这类微生物主要为兼性厌氧微生物及少数厌氧微生物。

产氢产乙酸阶段:将第一阶段产生的或原来已经存在于物料中的简单有机物转化成乙酸、H_2及 CO_2,引起作用的菌统称为产氢产乙酸细菌。

产甲烷阶段:在甲烷菌作用下将乙酸(包括甲酸)、CO_2、H_2转化为甲烷。

b. 主要影响因素

温度:污水的最适发酵温度,中温型为 20~40℃,最佳为 37~38℃;高温型为 53~54℃。高温比低温发酵效果好,但因操作管理较复杂,一般采用中温发酵法。

酸碱度:pH 一般维持在 6.5~7.5。有机酸浓度(以乙酸计)是控制发酵的重要指标,以少于 2000mg/L 为宜。

废水组成:废水中的碳水化合物、脂肪、蛋白质、纤维素等,主要提供碳源,此外尚有氮、磷等。

菌种:采用混合菌种,单纯的甲烷细菌接种效果不佳。

(二)废气处理

化学制药厂排出的废气具有种类繁多、组成复杂、数量大、危害严重等特点,主要有含悬浮物废气(又称粉尘)、含无机物废气、含有机物废气三类。

1. 含悬浮物废气的处理

化学制药厂排出的含尘废气主要来自粉碎、碾磨、筛分等机械过程所产生的粉尘,以及锅炉燃烧所产生的烟尘等,处理方法主要有机械除尘、洗涤除尘、过滤除尘等。

(1)机械除尘　是利用机械力(重力、惯性力、离心力)将悬浮物从气流中分离出来。具有设备结构简单、运转费用低等优点,适用于处理含尘浓度高及悬浮物粒度较大的气体,缺点是细小粒子不易除去。为取得好的效率,可采用多级联用的形式,或在其他除尘器使用之前,将机械除尘作为一级除尘使用。

(2)洗涤除尘(又称湿式净化)　一般是用水洗涤含尘废气,使尘粒与水接触而被捕获,并随水流走,除尘率较高,一般为80%~95%,高效率的装置可达99%,适用于极细尘粒的去除,但是装置气流阻力大,运转费用也大;排出的洗涤液必须经过净化处理后方能排放。

(3)过滤除尘　是利用过滤材料,把尘粒截留下来,制药厂中最常用的是袋式过滤器,主要适用于处理含尘量低、较小尘粒的去除,除尘率较高,一般为90%~99%,但不适用于温度高、湿度大或腐蚀性强的废气。在使用一定时间后,滤布的孔隙会被尘粒堵塞,气流阻力增加。因此,需要专门清扫滤布的机械(如敲打、振动)定期或连续清扫滤布。

知识链接

妙法洗涤除生

某化学制药厂用沸腾干燥器干燥氯霉素成品,氯霉素的干燥粉末随气流排出,经两只串联的旋风分离器除去大部分粉末后,再经一只袋滤器滤去粒径细小的粉末。经过上述处理,尚有一些粒径极细的粉末未能被袋滤器捕获,以致从鼓风机口排出的尾气形成一股白烟,这样既损失了产品,又污染了环境。后在鼓风机出口处再安装洗涤除尘器,可将尾气中的悬浮物基本除尽,还可以从洗涤水中回收一些氯霉素。

2. 含无机物废气的处理

化学制药厂产生的废气常含有 HCl、SO_2、NO_n、Cl_2、NH_3、HCN 等无机物。一般

可用水或酸性或碱性水进行吸收处理,如氨气可用水或稀硫酸或废酸水吸收,把它制成氨水或铵盐溶液,可作农肥。氯化氢、溴化氢等可用水吸收成为相应的酸,回收利用,其尾气中残余的酸性气体可用碱液吸收除尽。氰化氢可用水或碱液吸收,然后用氧化、还原及加压水解等方法进行处理。二氧化硫、二氧化氮、硫化氢等酸性气体,一般可用氨水吸收,吸收液根据情况可作为农肥或其他综合利用。

废气处理之吸收法

3. 含有机物废气的处理

(1)冷凝法　用冷却器冷却废气,使其中的有机蒸气凝结成液滴分离。本法适用于浓度高、沸点高的有机物废气。对低浓度的有机物废气,就需冷却至较低的温度,这样需要制冷设备。

(2)吸收法　选用适当的溶剂吸收废气中的有机物,适用于浓度较低或沸点较低的废气的处理。如一般胺类可用乙二醛水溶液或水吸收,吡啶类可用稀硫酸吸收,醇类和酚类可用水吸收,醛类可用亚硫酸氢钠溶液吸收等,有些有机溶剂(如苯、甲醇、醋酸丁酯等)可用柴油或机油吸收等。

(3)吸附法　将废气通过吸附剂,其中的有机成分被吸附,再经过加热、解析、冷凝等过程可回收有机物。常用的吸附剂有活性炭、氧化铝、褐煤等。各种吸附剂有着不同的吸附效果,如活性炭对醇、羧酸、苯、硫醇等有较强的吸附力,对丙酮等有机溶剂次之,对胺类、醛类吸附力最差。

(4)燃烧法　若废气中易燃物质浓度较高,又没有利用价值,可将废气通入焚烧炉中燃烧,燃烧产生的热量可予以利用。

(三)废渣的综合处理

常见废渣包括:蒸馏残渣、失活催化剂、废活性炭、胶体废渣、反应残渣(如铁泥、锌泥等)、不合格的中间体和产品,以及用沉淀、混凝、生化处理等方法产生的污泥残渣等。

1. 一般处理方法

首先应注意是否含有贵重金属和其他有回收价值的物质,是否有毒性。对于前者,要先回收后再做其他处理;对于后者,则先要除毒后才能进行综合利用。例如,把催化剂套用失活后,可用王水处理生成的氯化钯;废活性炭可以考虑再生后利用;铁泥可以制作氧化铁红、磁芯;锰泥可以作氧化剂等。废渣经回收、除毒后,一般可进行最终处理。

2. 废渣的最终处理

废渣的最终处理有综合利用法、焚烧法、填埋法、抛海法等多种方法。

(1)综合利用法　用作本厂或他厂的原辅材料,如氯霉素生产中排出的铝盐可制成氢氧化铝凝胶等;用作饲料或肥料,生物发酵后排出的废渣常含有许多营养物质,可根据具体情况用作饲料或农肥,铺路或建筑材料等。如硫酸钙可作为优质建筑材料;电石渣除可用于调节 pH 外,也可用作建筑材料。

（2）焚烧法　一种高温处理和深度氧化的综合工艺，对于一些暂时无回收价值的可燃性废渣，特别是当用其他方法不能解决或处理不彻底时，焚烧是一个有效的方法。该方法可使废物完全氧化成无害物质，COD 的去除率可达 99.5%以上。焚烧法工艺系统占地不大，建造费用也不算高，在国内外被广泛采用。

但要注意以下 4 个问题。

①废物的发热量：废物的发热量越高，也就是可燃物的含量越高，则焚烧处理的费用就越低。

②焚燃的温度：一般说来，较多有机物的焚燃温度在 800～1100℃，通常 800～900℃基本可符合要求，若温度过低，则燃烧不完全，排出的烟气和焚烧后废渣中的污染物不能去尽。

③烟气的处理：含碳、氢、氧、氮的化合物，经完全焚烧生成无害的二氧化碳、水、氮气等，一般可不经处理直接排入大气。含氯、硫、磷、氟等元素的物质燃烧后有氯化氢、二氧化硫、五氧化二磷等有害物质生成，必须进行吸收等处理至符合排放标准后才能排放。

④残渣的处理：残渣含有重金属等有害物质，应设法回收利用或妥善处置，不完全燃烧产生的残渣具有一定的污染性，不能随意抛弃，也须妥善处置。

（3）填埋法　将一时无法利用、无特殊危害的废渣埋入土中，通过微生物的长期分解作用而使其降解。此法虽比焚燃法更经济，但常有潜在的危险性，如有机物分解时放出甲烷、氨气及硫化氢等气体以及污染地下水的问题。因此，应先将废渣焚燃后再用填土法处理。

除了上述几种方法外，废渣的处理还有湿式氧化法、化学处理法、抛海法等多种。

目标检测

请扫码完成在线测验：

实训项目九　对乙酰氨基酚制备过程中的废水处理

一、实训目的

1. 掌握芬顿(Fenton)法废水处理的原理。
2. 熟悉对乙酰氨基酚常用的鉴别方法。
3. 了解常用仪器的搭装。

二、实训原理

对乙酰氨基酚是常用的解热镇痛药物,难溶于水,具有共轭可变结构和生色基团,其废水在酸性条件下呈褐红色,在碱性条件下呈灰色。对于高浓度含酚的废水很难直接生物降解,因此要采用高级氧化技术。Fenton 法具有操作简单、反应速度快等优点,在众多高级氧化技术中备受重视,其机理是 Fenton 试剂中的催化剂 Fe^{2+} 与 H_2O_2 作用产生 $\cdot OH$,该自由基可与废水中的酚类物质作用,将其氧化成有机小分子,最终氧化成 CO_2 和 H_2O。生成的 $Fe(OH)_3$ 胶体具有絮凝作用,可使水中的悬浮固体凝聚沉淀。

$$Fe^{2+}+H_2O_2 \longrightarrow Fe^{3+}+\cdot OH+OH^-$$

$$Fe^{2+}+\cdot OH \longrightarrow Fe^{3+}+OH^-$$

$$Fe^{3+}+H_2O_2 \longrightarrow Fe^{2+}+OH_2\cdot+H^+$$

$$OH_2\cdot+H_2O_2 \longrightarrow O_2+H_2O+\cdot OH$$

$$\text{有机物}+\cdot OH \longrightarrow \text{产物}$$

$$Fe^{3+}+3OH^- \longrightarrow Fe(OH)_3(\text{胶体})$$

三、实训试剂及仪器

试剂:废水(含对乙酰氨基酚)、$FeSO_4\cdot 7H_2O$、H_2O_2、醋酸、$FeCl_3$ 溶液。

仪器:圆底烧瓶(250mL)、磁力搅拌器、球形冷凝管、铁架台。

四、实训步骤

向 250mL 的圆底烧瓶中加入 100mL 含有对乙酰氨基酚的制药废水,然后加入 2.8g 的 $FeSO_4\cdot 7H_2O$ 作催化剂,在室温下进行磁力搅拌,待溶解后分 2 次共加入 5.7mL 的 H_2O_2,用醋酸调节 pH 为 4,常温反应 3h。

反应结束后减压抽滤,取 5mL 母液于试管中,向里面滴加 2~3 滴 $FeCl_3$ 溶液,振荡;另取 5mL 制药废水于另一支试管中,加入 2~3 滴 $FeCl_3$ 溶液振荡,进行颜色对比。

五、在线检测

请扫码完成在线测验：

参考文献

[1]王效山，夏伦祝．制药工业三废处理技术[M]．北京：化学工业出版社，2018.

[2]孙国香，汪艺宁．化学制药工艺学[M]．北京：化学工业出版社，2018.

[3]李光跃．安全生产与环境保护[M]．哈尔滨：哈尔滨工业大学出版社，2020.

[4]隋新安，崔成红．医药企业安全生产[M]．北京：中国轻工业出版社，2013.

[5]彭海丽，鲁道荣，李存，周旭凯．对乙酰氨基酚制备过程中废水处理[J]．环境工程学报，2014，8（3）：1014-1020.

模块三　电气设备安全技术

任务七　电气安全管理技术

●知识目标

1. 掌握触电事故发生的原因以及应对措施。

2. 掌握触电急救的原则和急救知识，包括让触电人员脱离电源、心肺复苏的步骤和操作方法。

3. 熟悉触电事故预防措施。

4. 了解静电危害及防静电措施。

●能力目标

1. 能够自主查阅安全用电标准和安全用电相关资料。

2. 能够正确进行触电事故急救。

●思政目标

1. 能够明白安全用电的重要性，树立正确的工作观，能够按章作业。

2. 树立热爱生命、尊重生命、生命至上、互帮互助的观点。

车间生产过程中，电是维持设备运转、使用电动工具的动力能源。如果用电不当，会引发严重后果。另外静电和雷电现象也会引发事故，需要做好日常防范。

一、用电安全

（一）触电事故的概念及分类

触电事故是电流的能量直接或间接作用于人体造成的伤害。

1. 按能量施加方式分类

（1）电击　电击是电流通过人体内部，人体吸收能量受到的伤害，也就是俗语中的“过电”。主要伤害部位是心脏、肺部和中枢神经系统。电击是全身伤害，一般不会在人体表面留下大面积明显的伤痕。

（2）电伤　电伤是电流转化为其他形式的能量造成的人体伤害，主要有电烧伤、电烙印、皮肤金属化三种。电烧伤是指电弧产生的高温对身体造成的大面积损伤。电烙印是电弧直接打到皮肤上，造成皮肤深黑色。皮肤金属化是指由于金属导体的蒸气渗入皮肤，使皮肤变成金属色。电伤多是局部性伤害，在人体表面留下明显的伤痕。

2. 按造成事故的原因分类

（1）直接接触触电　直接接触触电是人体触及正常运行的设备和线路的带电

体,造成的触电。

(2)间接接触触电　间接接触触电是设备或线路发生故障时,人体触及正常情况下不带电,故障时意外带电的带电体而造成的触电。

3. 按触电方式分类

(1)低压触电　低压触电是指380V以下的触电。低压触电又可分为单相触电和两相触电。单相触电是指人体某部位接触地面,而另一部位触及一相带电体的触电事故,触电电压为220V。两相触电是指人体两部分同时触及两相电源,多发生在检修过程中,触电电压为380V。两相触电的危害要大于单相触电。

(2)高压放电触电　当人体靠近高压带电体时,就会发生高压放电而导致触电,而且电压越高放电距离越远。

(3)跨步电压触电　高压电线掉落地面时,会在接地点附近形成电压降。当人位于接地点附近时,两脚之间就会存在电压差,即为跨步电压。跨步电压的大小取决于接地电压的高低和人体与接地点的距离。

(二)电流对人体伤害程度的影响因素

1. 电流

电流通过人体,人体会有麻、痛等感觉,严重的会引起颤抖、痉挛、心脏停止跳动,甚至死亡。通过人体的电流越大,人体的生理反应越强烈,危险性就越大。

2. 通电时间

通电时间越长,越容易引起心室颤动,危险性越大。因此发生触电事故时,要尽快使触电人员脱离电源。

3. 电流种类

工频电流(50Hz交流电)对人体的伤害程度大于直流电流和高频电流。车间设备主要使用工频电流。

4. 电流途径

从手到胸、从手到手、从手到脚等电流途经心脏,是最危险的电流途径。从脚到脚是相对危险性较小的电流途径,但可能因痉挛而摔倒造成摔伤、坠落等二次事故。

5. 人体状况

皮肤电阻越低,通过的电流越大,危险性越大。夏季人体容易出汗,皮肤表面潮湿,触电危险性比其他季节大。

案例

电焊机拆除触电事故

事故经过:2015年11月17日,某电厂检修班职工王某带领张某检修380V直流焊机。电焊机修后进行通电试验良好,并将电焊机开关断开。王某安排工作组成员张某拆除电焊机二次线,自己拆除电焊机一次线。王某蹲着身子拆除电焊机电源线中间接头,在拆完一相后,拆除第二相的过程中意外触电,经抢救无效死亡。

原因分析:①王某已参加工作多年,一直从事电气作业并获得高级维修电工资格证书;在本次作业中王某安全意识淡薄,工作前未进行安全风险分析,在拆除电焊机电源线中间接头时,未检查确认电焊机电源是否已断开,在电源线带电又无绝缘防护的情况下作业,导致触电。王某违章作业是此次事故的直接原因。②工作组成员张某为工作班成员,在工作中未有效进行安全监督、提醒,未及时制止王某的违章行为,是此次事故的原因之一。③该公司领导对安全生产方针认识不足,存在轻安全、重经营的思想,负有直接管理责任。

(三)安全电压

在一些特殊的作业场所使用电气设备时,需要采用安全电压,以防止出现触电事故。安全电压是指不致使人直接致死或致残的电压,我国规定的安全电压额定值的等级为42V、36V、24V、12V、6V。当电气设备采用的电压超过安全电压时,必须按规定采取防止直接接触带电体的保护措施。车间内进行设备作业时采用的安全电压为36V或24V。

(四)事故的规律

1. 有明显的季节性

一般每年以二、三季度事故较多,六至九月最集中。因为夏秋两季天气潮湿、多雨,降低了电气设备的绝缘性能;人体多汗,皮肤电阻降低,容易导电;天气炎热,电扇用电或临时线路增多,且操作人员不穿戴工作服和绝缘护具。

2. 低压触电多于高压触电

低压触电多于高压触电是因为低压设备多、电网广,与人接触机会多;低压设备简陋而且管理不严,操作者思想麻痹,多数缺乏电气安全知识,对安全防护工作也不重视。

3. 农村触电事故多于城市

主要是由于农村用电条件差、设备简陋、技术水平低、管理不严。

4. 青年和中年触电多

一方面是因为中青年多数是主要操作者;另一方面是因为这些人多数已有几年工龄,不再如初学时那么小心谨慎。

5. 单相触电事故多

占70%以上。

6. 使用便携式和移动式设备发生的触电事故概率多于使用固定式电气设备

这是因为这类设备需要经常移动,工作条件较差,容易发生故障。

(五)触电的现场急救

1. 低压触电时使触电者脱离电源的方法

(1)如果电源开关或插头在触电地点附近,立即拉开开关或拔出插头。

(2)如果电源开关或插头不在触电地点附近,可用带绝缘柄的电工钳或干燥木柄的斧头切断电源线。

(3)当电线搭落在触电者身上时,可以用干燥的衣服、手套、绳索、木板、木棒等绝缘物作为工具,拉开触电者或挑开电源线,见图 7-1。

图 7-1　使触电者脱离电源

(4)如果触电者的衣服很干燥,且未紧缠在身上,可用一只手抓住触电者的衣服,拉离电源。但因触电者的身体是带电的,其鞋子的绝缘性也可能遭到破坏,所以救护人员不得接触触电者的皮肤和鞋子。

2. 高压触电时使触电者脱离电源的方法

(1)立即通知有关部门停电。

(2)戴上绝缘手套,穿上绝缘靴,用相应电压等级的绝缘工具按顺序拉开电源开关或熔断器。

(3)抛掷裸金属线使线路短路,迫使保护装置动作,断开电源。抛掷金属线前,应注意先将金属线一端可靠接地,然后抛掷另一端,被抛掷的一端不可触及触电者或其他人员。另外,抛掷者抛出线后,要迅速离开接地的金属线 8m 以外或双腿并拢站立,防止跨步电压伤人。在抛掷短路线时,应注意防止电弧伤人或断线危及人员安全。

3. 救护中的注意事项

(1)救护人员不可直接用手、其他金属或潮湿的物品作为救护工具,必须使用干燥绝缘的工具。

(2)要防止触电者脱离电源后可能摔伤,特别是当触电者在高处的情况下,应考虑防摔措施。即使触电者在平地上,也要注意触电者倒下的方向,以防摔伤。

(3)如果触电事故发生在夜间,迅速解决临时照明问题,利于抢救。

(4)人触电以后,有可能出现"假死"现象,外表上呈现昏迷不醒的状态,并且呼吸中断、心脏停止跳动。此时应立即进行心肺复苏,如图 7-2 所示,并向 120 救护中心求救。

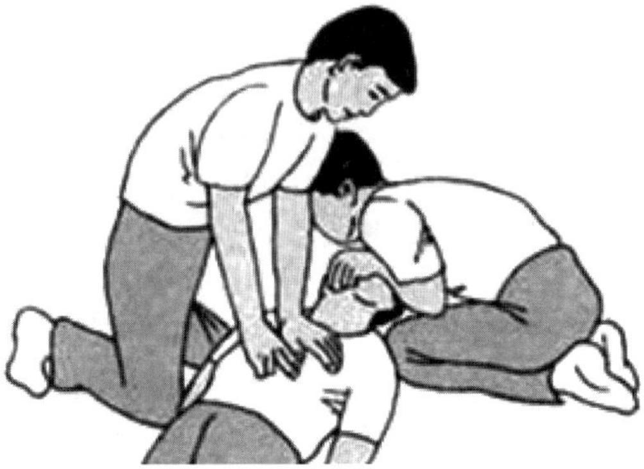

图 7-2　触电后救护

(六)触电的预防措施

为了更好地使用电气设备,防止触电事故的发生,必须采取安全措施。

1. 检查

建立完善的电气安全检查制度,对电气设备、屏护装置、保护装置、安全用具和电气灭火器材等进行经常性检查,确保电气设施处于完好状态。

2. 制度

企业应建立必要的规章制度、安全操作规程、运行管理和维护检修制度及其他规章制度等,对特定的作业环节,要细化明确。电气操作属特种作业,操作人员必须经培训合格,持证上岗。车间内的电气设备,不得随便乱动。如果电气设备出了故障,应请电工修理,不得擅自修理,更不得带故障运行。

3. 培训

在日常工作中,对员工加强教育培训,使工作人员懂得用电基本知识,认识安全用电的重要性,掌握安全用电的基本方法,摒弃侥幸、省事心理,从而安全、有效地进行工作。

4. 工作要求

尽量不要带电工作,特别是在危险场所(如工作场所很狭窄)禁止带电工作,如果必须带电工作时,应采取必要的安全措施(如穿绝缘橡胶靴)。使人体不能触及或接近带电体,比如采取绝缘、屏护等措施。

5. 保护措施

电器设备的外壳应按有关安全规程进行防护性接地或接零,经常接触和使用的配电箱、配电板、闸刀开关、按钮开关、插座、插销以及导线等,必须保持完好、安全,不得有破损或将带电部分裸露出来的情况。在操作闸刀开关、磁力开关时,必须将盖盖好。

二、静电的危害及防护

防止触电的基本措施

在药品生产企业中,由于使用的原料大多具有易燃、易爆性质,在生产、储存和使用过程中经常会产生和聚集静电。如果这些电荷不能及时排放,聚集到一定程度极易发生静电放电,引燃周围的液体蒸气或悬浮的粉尘,并与空气形成可燃混合物,导致爆炸事故。

(一)静电的产生及分类

1. 静电的产生

静电的产生过程及方式是相当复杂的,主要有感应起电、介质的极化起电、温差起电、压力起电、吸附起电、电解起电和接触起电等。有时几种起电方式同时存在。其中接触起电是产生静电电荷的主要方式,在车间生产中,固体之间相互接触、磨碎、研磨而分散成细小的颗粒粉尘时,粉体静电可高达数千伏甚至数万伏。在灌装、输送、搅拌、过滤易燃液体时,也会因摩擦导致静电放电,从而引发火灾、爆炸事故。

2. 静电的分类

静电放电通常是一种电位较高、能量较小,处于常温常压下的气体击穿。按放电形式的不同,主要有电晕放电、刷形放电和火花放电三种形式。

(1)电晕放电　一般发生在电极相距较远,带电体与接地体表面有突出部分或棱角的地方,如罐壁的突出物。这些地方电场强度较大,能将附近的空气局部电离,有时伴有嘶嘶响声和辉光。此种形式的放电能量小而分散,一般放电能量小于油蒸气等最小点燃能量。因此,危险性小,引起火灾的概率较小。

(2)刷形放电　这种类型的放电特点是两电极间的气体是非均匀介质,分布在一定的空间范围内。刷形放电伴有声和光,电极形状多是球形,在绝缘体上更易发生。因为放电不集中,所以在单位空间内释放的能量也较小,但具有一定的危险性,比电晕放电引起的灾害概率高。

(3)火花放电　火花放电时电极有明显的放电集中点。放电时有短暂爆裂声,在瞬间能量集中释放,因而危险性最大。当两极均为导体且相距又较近时,往往发生火花放电,如系在绝缘绳上的采样器在油罐取样、静电接地导线断裂的加油枪在加油过程中均可能引起火花放电。

(二)静电的危害

1. 火灾爆炸

火灾爆炸是静电的最大危害。当静电大量积聚时,就会达到足够的电压而发生放电现象。静电放电的火花能量虽小,但足以将易燃液体、可燃蒸气或粉尘点燃,而发生火灾爆炸事故。

2. 人体电击

静电引起的电击不会直接对人体造成致命伤害,但可能会引起摔倒、坠落等二次事故,还可能使人精神紧张,妨碍工作。

3. 对产品的产量、质量以及设备、生产环境等的危害

静电可以使生产中的粉体沉积,堵塞管道、筛孔等,造成输送不畅,导致设备破裂。静电放电会导致产品熔融、黏结、变色,甚至分解变质、报废等。

案例

离心机爆燃事故

2011 年 1 月 10 日,某车间组长魏某带领彭某等进行某项目中试放大。当进行成品分离时,魏某考虑到用抽滤瓶过滤时间较长,暴露在空气中影响产品质量,决定选用 SS-600 型衬氟离心机进行作业。将配好的料液运往离心机现场后投料。班长巡检到离心机处,对离心甩料心有疑虑,但没有制止,考虑到离心机高速运转的特点,现场指挥魏某启动操作离心机控制转速,魏某三人抬桶向离心机投料,约投入 40L 后,离心机内发生爆燃。造成魏某脸部局部轻微灼伤,彭某耳边略有灼痛感。

原因分析:成品料液含甲苯、正庚烷,都具有易燃易爆特性,高速冲击、流动、激荡后可因产生静电火花放电引起燃烧爆炸,使用的两层滤布,摩擦也易产生静电,导致产生火花。

(三)静电的防护措施

为防止火灾爆炸事故的发生,在涉及易燃液体或可燃粉尘的岗位,应采取消除静电的措施。消除静电首先要设法不产生静电,其次要设法不使静电积聚。

1. 限制加料速度

易燃液体在管道内流动时产生的静电量与流动速度、管道内径成正比。因此加料速度越快,产生的静电量就越多,发生静电放电的可能性就越大,同时随着管径的增大,产生的静电量也会增大,见表 7-1。

表 7-1　　管径-流速-流量的关系

管径/mm	10	25	50	100	200	400	600
流速/(m/s)	8.0	4.9	3.5	2.5	1.8	1.3	1.0

续表

管径/mm	10	25	50	100	200	400	600
流量/(m^3/h)	2.26	8.65	24.73	70.65	203.47	587.80	1017.36

输送易燃液体物料时，静电的危害是在管道口处。由于管道本身具有较大电容且管道内部没有空气，易燃液体不会因静电放电在管道内燃烧爆炸。但在管道口处却极易放电，将液体表面的混合性可燃气体点燃而发生火灾或爆炸。

2. 从容器底部进料

从罐顶进料时，易燃液体猛烈向下喷洒，所产生的静电电压要比从罐底进料高得多。因此易燃液体的进料管要延伸至罐底，减少静电产生。若不能伸至罐底，也应将易燃液体导流至罐壁，使之沿罐壁下流。

3. 静电接地

所有涉及易燃液体的容器、管道等设备要相互跨接，形成一个连续的导电体并有效接地，从而消除了静电的积聚。使用软管输送易燃液体时，要使用导静电的金属软管并接地。接地简单有效，是防静电中最基本的措施。

4. 静置

在易燃液体灌装作业时，会有静电积聚。若此时进行取样、拆除地线等操作，可能产生静电放电。因此要求易燃液体灌装后和槽车装卸前后均应静置至少15min，使静电充分消散后进行其他作业。

5. 增加空气湿度

在空气湿度较大时，会在物体表面形成一层极薄的水膜，加速了静电的消散，避免静电放电现象。秋冬季节易发生静电放电，与空气较为干燥有很大关系。车间内可采用洒水或拖地等方法增加空气湿度。

6. 不使用合成纤维布料的抹布

尼龙等合成纤维布料在摩擦时易产生静电，尤其是在用此类抹布擦拭现场残余可燃液体物料时，有可能因静电放电而引起燃烧或爆炸。因此，车间使用的抹布和拖把应为棉质。

7. 消除人体静电

人体在作业过程中会因为摩擦而带有静电，存在静电放电的危险。因此要求如下。

(1)在进入防爆区时需触摸静电消除球，清除人体所带静电。

(2)不得穿着化纤衣物，应穿戴防静电工作服、帽、鞋，禁止在防爆区内穿脱衣物。

(3)操作时动作应稳重果断，避免身体剧烈运动，严禁追逐打闹。

车间预防静电的方式

知识链接

静电消除球

静电消除球,又名静电释放仪器、静电球,是一种适用于易燃、易爆和防静电场所的人体静电释放产品,研发本产品的主要目的是:在易燃、易爆危险区域和防静电场所,使用本产品将人体本身所积累的静电电荷安全地泄掉,避免因人体静电而引发的火灾爆炸事故、人体电击及减少电子元件的静电损害现象。

三、电气安全管理

(一)医药企业常用的防爆电气

常用的防爆电气主要分为:防爆起动器、防爆控制箱、防爆控制开关、防爆灯具、防爆风扇、防爆管件,见图 7-3 至图 7-6。

图 7-3　防爆起动器

图 7-4　防爆控制开关

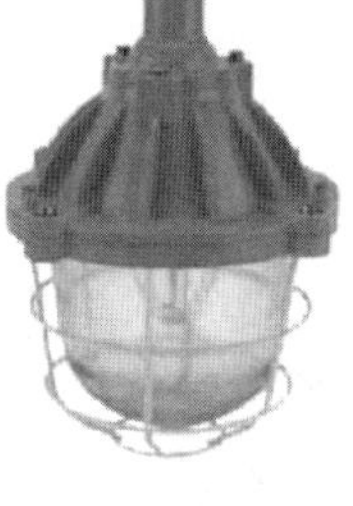

图 7-5　防爆灯具

图 7-6　防爆风扇

1. 防爆起动器

此类产品具有就地控制、远距离控制和自动控制功能,包括手动起动器、电磁起动器、可逆电磁起动器、自耦减压起动器和馈电开关等产品。

2. 防爆控制箱

此产品主要包括用于控制照明系统的照明配电箱和用于控制动力系统的动力箱。这类产品大部分结构为组合式，最多可控制12个回路，其外壳大部分是以铸造铝合金材料制作的，也有一部分为钢板焊接的，还有很少一部分为绝缘材料外壳。防爆等级最高可达ⅡCT6级。

3. 防爆控制开关

此产品主要包括照明开关、转换开关、行程开关、拉线开关等小型防爆产品。这些产品的防爆等级可达ⅡCT6级别，其防爆外壳壳体通常是采用铸造铝合金压铸而成的复合型结构，也有少数制造厂采用其他材质外壳。这类产品的特点是体积小，内部元件单一、技术含量较低、结构简单、制作容易。

4. 防爆灯具

含有各种爆炸性气体的场所采用照明的设备，必须选用防爆灯具。防爆性能以隔爆型为主，可以满足用户在ⅡC级以下场所的各种照明和显示功能的需要。

5. 防爆风扇

此类产品主要包括防爆吊扇、防爆排风扇和防爆轴流风机等产品，其结构由防爆电机、防爆接线盒和防爆调速控制器及叶片组成。其额定工作电压一般是380V，防爆等级可达ⅡBT4级。

知识链接

防爆标志的含义

ExdⅡBT4——“Ex”表示防爆总标志；“d”表示隔爆型；“Ⅱ”表示工厂用；“B”表示使用环境中的易燃易爆的气体为B类气体；“T4”表示温度组别。

ExeⅡT4——“Ex”表示防爆总标志；“e”表示增安型；“Ⅱ”表示工厂用；“T4”表示温度组别。通用于A、B、C三类气体。

ExdeⅡBT4——“Ex”表示防爆总标志；“de”表示主腔为隔爆型，接线腔为增安型，总体为复合型防爆结构；“Ⅱ”表示工厂用；“B”表示使用环境中的易燃易爆的气体为B类气体；“T4”表示温度组别。

（二）企业常用的电气相关安全管理措施

1. 定期培训、考核

对电气工作人员应定期进行安全技术培训、考核。各级电工必须达到各专业电工技术等级标准和相应的安全技术水平，凭操作证操作，严禁无证操作。

2. 三级安全教育和电气安全技术培训

新从事电气工作的工人、工程技术人员和管理人员都必须进行三级安全教育和电气安全技术培训,见习期或学徒期满,经考试合格发给操作证后才能操作。新上岗位和变换工种的工人不能担任主值班或其他电气工作的主操作人。

3. 外观和电器绝缘检测

便携式、移动式用电设备,使用之前一定要进行外观和电器绝缘检测,确保完好,按要求悬挂安全警示标志牌。

4. 金属外壳良好接地

长时间不使用的电器设备,使用时注意安全规定;所有电气设备的金属外壳和支架必须有良好的接地(或接零)线。

5. 保持安全距离

用电设施的四周需要预留足够的安全过道与工作空地;和设备无关的管道、接地线等不可以从变压器室、配电室等室内经过。

6. 可靠的保护设施和措施

全部临时线路必须由一个能带负荷拉闸的总断路器控制,每一分路应装保护设施。装在户外的开关、断路器、熔断器等电气设备应有防雨设施。临时线路必须放在地面上的部分,应采取可靠的保护措施。

7. 使用合格品

所用各种绝缘安全用具均应有检查合格证。使用前应检查所用安全用具是否是检验周期内的合格品,同时进行外观检查。安全用具使用后,应擦拭干净,存放在通风干燥处,保持清洁,防止潮湿。

目标检测

请扫码完成在线测验:

实训项目十　触电急救与心肺复苏技术

一、实训目标

1. 了解触电急救的原则、现场触电急救的基本处理步骤。
2. 掌握现场心肺复苏的操作流程和操作方法。
3. 具备现场触电急救、现场心肺复苏的能力。
4. 增强医药企业生产安全意识，树立生命至上、互帮互助的观点。

二、实训内容

（一）触电急救

触电事故是电流的能量直接或间接作用于人体造成的伤害。

紧急救护的基本原则是在现场采取积极措施保护伤员生命，减轻伤情，减少痛苦，并根据伤情需要，迅速联系医疗部门救治。急救的成功条件是动作快，操作正确。任何拖延和操作错误都会导致伤员伤情加重或死亡。

触电急救的具体内容请参见任务七的“一、用电安全”之“（五）触电的现场急救”。

这里介绍心肺复苏术的相关概念、简单原理和现在心肺复苏的具体步骤。

知识链接

最好的急救医生是现场的“第一目击者”

每年9月的第二个周六，是“世界急救日”。如果有人倒在了我们身边，您知道怎么样对他进行施救，给他第二次生命吗？——抢夺“钻石4分钟”。

“钻石4分钟”，也称“黄金4分钟”，是指在心脏骤停、猝死的状态下，对病患进行心肺复苏的抢救过程，要在患者发病时立即抢救。4分钟以内，患者被抢救回来的概率有50%，而超过4分钟就会大大降低。当发现患者突然倒地，应该立刻拨打120急救电话，在等待急救人员的时候，应该立刻开始进行急救，哪怕单纯的胸外心脏按压，都可能增加患者被挽救回来的希望。所以说最好的急救医生，其实是现场的“第一目击者”，只要尽早伸出援手开始抢救，患者生还的可能就会增加。

公众号“我要当医生”

(二)心肺复苏术

1. 心肺复苏术的相关概念和简单原理

(1)心肺复苏术(Cardiopulmonary Resuscitation,CPR) 是针对心跳呼吸骤停和意识丧失采取的急救措施,目的是尽快恢复患者的自主循环和自主呼吸,为大脑和其他主要器官提供生命活动需要的氧气。

心搏骤停后,20%以上的幸存者有严重的神经系统后遗症,因此心肺复苏术的成功不仅要求心跳和呼吸的恢复,还必须达到脑功能的恢复,包括智能和工作能力,临床上称之为心搏骤停恢复自主循环后治疗,故 CPR 的全程称之为心肺脑复苏(Cardiopulmonary Cerebral Resuscitation,CPCR)。

心脏骤停一旦发生,如得不到及时有效的抢救复苏,4~6min 后会造成患者脑和其他人体重要器官组织不可逆的损害,因此心搏骤停后的心肺复苏必须在现场立即进行,为进一步抢救直至挽回心搏骤停伤员、病员的生命而赢得最宝贵的时间。

复苏开始越早,存活率越高。大量实践表明,4 分钟内开始复苏,可能有一半的人被救活;超过 6 分钟开始复苏,存活率仅 4%;10 分钟以上开始复苏,存活率已不足 0.1%。因此有抢救"黄金 4 分钟"或"钻石 4 分钟"之说。

(2)胸外按压 也称胸部按压,心跳停止后,全身血液循环也立即停止,脑组织及许多重要脏器得不到血液及氧气的供应,数分钟后就会相继出现细胞坏死。无反应、无呼吸的病人或呼吸异常的病人,都应当立即进行胸外心脏按压,几分钟内氧气就会进入肺和血流,因此最先开始胸外按压会促进氧气更快地输送到大脑和心脏。另一方面,心跳停止初期血液中含氧量还比较高,此时循环支持比呼吸支持更重要,而且胸外按压本身也能产生一定的通气,所以开始只按压也不会立即造成机体的氧供不足。

(3)畅通气道 畅通气道也称畅通呼吸道,病人心跳呼吸停止后,全身肌肉松弛,口腔内的舌肌也松弛导致舌根后坠,因此阻塞了呼吸通路。采取头后仰,抬举下颏,可使舌根部向上提起,从而使呼吸道畅通。

在畅通呼吸道之后,就能用口向病人肺内顺利吹气。正常人吸入的空气含氧量为 21%,二氧化碳为 0.04%。肺脏吸收 20%的氧气,其余 80%的氧气按原样呼出。因此,我们正常人给病人吹气时,只要吹出气量较多(400~ 600mL),则进入病人肺内的氧气量可达 18%,基本上是够用的。

(4)人工呼吸 是用人为的方法,帮助呼吸停止的患者进行被动呼吸的过程。只要患者呼吸停止或非常微弱,就应该实施人工呼吸。

知识链接

心脏骤停与心脏性猝死是不同的概念

心脏骤停(Cardiac Arrest,CA)也称心搏骤停,是指各种原因(心脏和非心脏原因)引起的心脏有效泵血功能突然丧失,导致血液循环停止,全身重要脏器严重缺血、缺氧的临床急症状态。发生 CA 的患者不一定有心脏基础疾病或全身其他的基础疾病,可能发生于任何人、任何时间、任何场合。发病后若不立即进行积极心肺复苏,患者可能在极短的时间内死亡。

心脏性猝死(Sudden Cardiac Death,SCD)是指由于各种心脏原因引起的短时间内发生的(一般在症状出现后 1h 内)突然死亡。SCD 的患者绝大多数有心脏结构异常,主要包括冠心病、肥厚型心肌病、心脏瓣膜病、心肌炎、非粥样硬化性冠状动脉异常和结构性心电异常等。另外,尚有一些暂时的功能性因素(如心电活动不稳定、冠状动脉痉挛、心肌缺血及缺血后再灌注等),也可能使心脏发生不稳定的情况。其他如自主神经系统不稳定、电解质紊乱、过度劳累、情绪压抑及使用导致室性心律失常的药物等心外因素也可能诱发 SCD。

2. 生存链

生存链(Chain of Survival)也称生命链,是心肺复苏中贯穿始终的重要概念。成人生存链包括以下五个环节,见图 1。

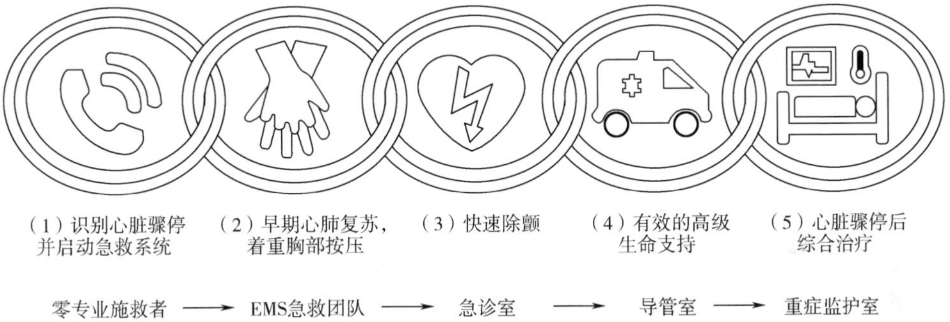

图 1 成人完整生存链

心脏骤停后有效的复苏取决于生命链中五个环节的紧密配合。其中前三个环节为基本生命支持(Basic Life Support,BLS),或称基础生命支持,是心脏骤停后挽救生命的基本措施,由现场目击者完成,所以也称现场心肺复苏,或早期心肺复苏。

有效的基本生命支持能够产生 25%~33%的心输出量和 60~80mmHg 的收缩压,对于心脏和大脑的供血和供氧非常重要。尽早识别和开始 CPR 是提供有效心肺复苏的前提,即刻的 CPR 能够使室颤所致的心脏骤停患者的生存概率提高 2~3 倍。

3. 现场心肺复苏的操作程序

现场心肺复苏包括三个步骤:胸外按压→开放气道→人工呼吸。

第一步:胸外按压。

包括:确认环境安全→检查患者有无反应→呼救→检查呼吸和脉搏→胸外按压。

(1)确认环境安全　观察周围环境,确保现场对自己和病人均是安全的。

(2)检查患者有无反应　轻拍肩部,并大声呼唤,如“喂喂!你怎么啦?”“你没事吧?”“你还好吧?”确认意识是否丧失。

(3)立即呼救,寻求帮助　如果病人没有反应,应大声呼救,以获得周围人员的帮助。呼叫内容如“快来人呐!有人晕倒了,需要抢救!”当有人前来帮忙时,要指定人拨打“120”急救电话,拨打后给予反馈;同时指定人去取除颤仪(AED)。如果现场还有其他人,安排其协助进行急救。

(4)检查呼吸　扫视病人胸部,5~10s内查看胸部有无起伏,确认呼吸是否停止,用快速数数1001、1002……1007的方法计时,数一组数字的时间是1s。

(5)检查脉搏　判断呼吸的同时摸颈动脉搏动。非专业人员只要发现患者无反应、无呼吸或呼吸不正常就可以考虑患者发生了心脏骤停,无须检查脉搏。专业人员发现患者无反应、无呼吸或呼吸不正常后可以检查颈动脉搏动。检查脉搏的方法:食指和中指并拢,用指尖触颈前气管正中(男性为喉结)旁2cm,5~10s内如感觉不到脉搏,立即进行胸外按压。

(6)胸外按压

①调整患者体位:让患者仰卧于坚硬的平面(如硬板床或地面上),身体无扭曲,使其头、颈、躯干在同一直线上;双手紧贴身体两侧。解开其衣扣和腰带,充分暴露胸部。

注意:确定或怀疑患者有头颈部创伤时,只有在环境不安全或患者处于俯卧位时才能移动患者,不恰当的移动可能会加重患者颈部的损伤;按压前需检查胸部有无外伤,如对伤口有影响,则应放弃急救,等待急救医生到来。

②寻找按压部位:在胸骨下半部,男性为两乳头连线中点。

③进行按压:如图2所示。急救者双膝跪在患者一侧,与病人肩部平齐。一只手的掌根放在按压部位,手指尖向上翘起;另一只手掌根重叠置于第一只手背上,手指扣住第一只手的指间(即十指相扣)。双手臂伸直,腕、肘、肩上下垂直,身体上半身前倾,双肩在胸骨正上方,以肩关节为轴心,用身体重力快速按压,按压频率为100~120次/min。按压与弹开的时间比例为1∶1,弹开时应完全放松,让胸廓恢复到正常位置,但掌跟不能离开定位点,以免移动位置;按压深度成人为5~6cm。注意不要依靠在患者身上休息。

第二步:畅通气道。

畅通气道也称开放气道,或打开气道,方法为以下几点。

(1)调整患者体位　患者体位同第一步中的“(6)胸外按压”中的“①调整患者体位”。

(2)检查并清除口腔异物　将患者仰卧,松开衣扣和裤带,头部偏向一侧,检

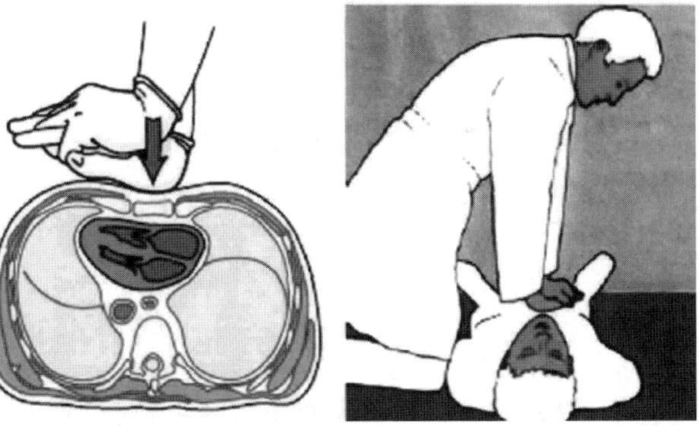

图 2　胸外按压示意图

查并清除其口中的血块、假牙等异物。

(3)使用仰头抬颌法开放气道　如图 3 所示,急救者双膝跪在患者一侧,与病人肩部平齐。抢救者一只手置于患者前额,手掌用力向下施压,同时捏住病人的鼻孔;另一只手中指和食指剪刀式分开放在病人下颌部将其上抬,使其头部尽量后仰,下颌角与耳垂的连线与地面垂直。

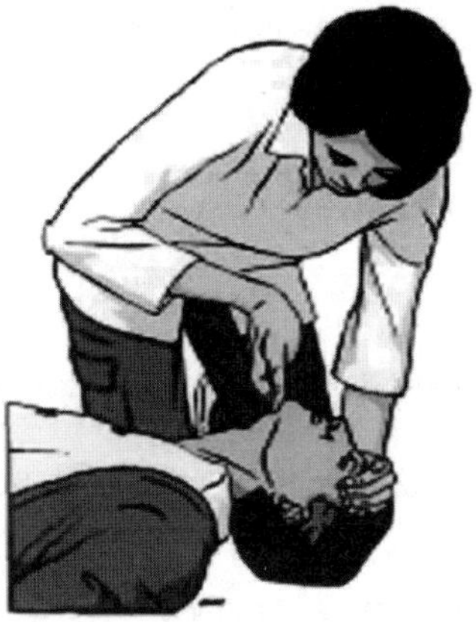

图 3　仰头抬颌法示意图

第三步:人工呼吸。

采用口对口人工呼吸。保持气道通畅后,操作者深吸一口气,以拇指食指捏住患者鼻孔,以自己的嘴封闭患者的嘴,并向患者口内吹气;同时用眼角注视患者的胸廓,胸壁略微隆起为有效,每次吹气超过 1s,但不可超过 10s,吹气不可过急。吹气后放开,让患者的胸壁恢复原状,然后再捏住患者的鼻子,再次吹气、放松,如此反复,吹气频率是每分钟 10~12 次。

人工呼吸具体操作

小常识

常用的人工呼吸方法

口对口人工呼吸是院前急救最常用的方法;当病人呼吸道不能打开时,要实施口对鼻人工呼吸;对于婴幼儿,则要实施口对口鼻人工呼吸。

注意事项:

单纯人工呼吸:如果病人脉搏存在,没有正常呼吸,则开放气道,单纯给予人工呼吸,并每两分钟重新评估脉搏和呼吸。

胸外按压与人工呼吸交替进行:对于心脏骤停的患者,需要胸外按压和人工呼吸交替进行。每按压 30 次,人工吹气 2 次,即按压与吹气次数比例是 30 : 2。完成操作五组为一个循环,再次评估患者的生命体征:看胸廓同时摸颈动脉 5~10s,自主呼吸是否恢复,可触及大动脉搏动,瞳孔由大变小,面色、口唇由紫绀转红润,四肢开始有抽动,复苏有效。

胸外按压

当有两名以上施救者时,每 2min 按压,更换 1 次按压者,替换时间不超过 10s。

现场心肺复苏操作结束,整理患者衣裤,将其头偏向一侧,注意保暖,与 120 急救医生对接,进行下一步生命支持。

知识链接

人人可成为心跳呼吸骤停的施救者

每个人都可以成为心跳呼吸骤停的施救者,但使用这项技能取决于训练水平、经验和信心。2015 年版《心肺复苏指南》和 2017 年《心肺复苏指南》更新内容根据救援人员受训情况,将参与性 CPR 分为:调度员指导实施 CPR、旁观者实施 CPR 和急救医疗服务人员实施 CPR。

根据施救者熟练程度,实施的心肺复苏模块分为以下三个层次。

(1)单纯胸外按压心肺复苏　对于培训不足、设备有限的单名施救者可能只能提供胸外按压直到有其他帮助。

(2)30 : 2 心肺复苏　施救者信心充足且训练有素,可同时提供胸外按压和急救呼吸,使用每 30 次按压接 2 次人工呼吸的比例。

(3)高效团队协作心肺复苏　一名施救者进行胸外按压,另一名施救者通过球囊给予呼吸,第三名施救者使用体外自动除颤器(AED)。

三、任务要求

1. 学习者仔细观看示教者操作

学习者仔细观看教师、护理人员或其他示教人员如何使触电者脱离电源,在心肺复苏模型人上示范现场心肺复苏操作步骤和方法,记录操作要点和注意事项。

2. 学习者分组练习

三人一组,按教师规定的触电后急救实训步骤使触电者脱离电源,在模拟人身上进行现场心肺复苏操作,教师巡视指导。

3. 考核评价

每位学习者进行触电急救操作展示,其中现场心肺复苏考核由仪器自动给出考核结果,然后师生共同对训练情况进行总结评价和反馈。

四、在线检测

请扫码完成在线测验:

参考文献

[1]隋新安,崔成红. 医药企业安全生产[M]. 北京:中国轻工业出版社,2013.

[2]陈永强.《2015美国心脏协会心肺复苏及心血管急救指南更新》解读[J]. 中华护理杂志,2016,51(2):253-256.

[3]刘元生. 心肺复苏2015年指南与解读[J]. 临床心电学杂志,2015,24(6):401-409.

[4]王一镗,陈彦. 心肺脑复苏术操作训练规范[M]. 上海:上海科学技术出版社,2019.

[5]王印华,等. 现代急危重症监护与治疗[M]. 长春:吉林科学技术出版社,2019.

[6]李光跃. 安全生产与环境保护[M]. 哈尔滨:哈尔滨工程大学出版社,2020.

[7]张一帆,吴瑞. 药品安全生产实务[M]. 青岛:中国石油大学出版社,2019.

任务八 制药设备安全管理技术

●知识目标

1. 掌握常见制药设备,包括化工管路、反应容器、离心机、离心泵、常/减压蒸馏装置的操作方法、事故类型及预防措施。

2. 熟悉常用的压力容器及安全附件、防火防爆的安全装置、安全防护装置及安全使用注意事项。

3. 了解电梯、起重机械和厂内专用机动车辆安全注意事项。

●能力目标

1. 能够按照设备标准操作规程操作,严格按照仪器仪表设施的安全使用注意事项执行。

2. 能够制订设备标准操作规程(SOP)。

●思政目标

能够明白按设备SOP规范操作的重要性,树立规范意识、纪律意识和爱护公物意识。

一、制药设备安全管理

(一)化工管路安全及预防

知识链接

管道的相关知识

管道是用管子、管子联接件和阀门等联接成的用于输送气体、液体或带固体颗粒的流体的装置。通常流体经鼓风机、压缩机、泵和锅炉等增压后,从管道的高压处流向低压处,也可利用流体自身的压力或重力输送。管道的用途很广泛,主要用在给水、排水、供热、供煤气、长距离输送石油和天然气、农业灌溉、水利工程和各种工业装置中。

1. 管道系统的火灾爆炸事故类型分析

(1)泄漏引起火灾爆炸 制药管道大多输送易燃易爆介质,管道破裂泄漏时极易导致火灾和爆炸事故。管道经常发生破裂泄漏的部位主要有与设备连接的焊缝处、阀门密封垫片处、管段的变径和弯头处、管道阀门、法兰、长期接触腐蚀性介质的管段等。造成泄漏的原因有管道质量因素、管道工艺因素、操作失误以及外来因素破坏。

（2）管道内形成爆炸性混合物　在停车检修和开车时，未对管道进行置换，或采用非惰性气体置换，或置换不彻底，空气混入管道内，形成爆炸性混合物；检修时在管道上未堵盲板，致使空气与可燃气体混合；负压管道吸进空气；操作阀门有误使管道中漏入空气，或使可燃气体与助燃气体混合，遇引火源发生爆炸。

（3）管道内超压爆炸　管道的超压爆炸与反应容器的操作失误或反应异常有关，冷却介质输送管道出现故障，导致冷却介质供应不足或中断，使生产系统发生超温、超压的恶性循环，最终导致设备、管线发生超压爆炸事故。

（4）管道内堵塞爆炸　管道发生堵塞，会使系统压力急剧增大，导致爆炸事故。输送低温液体或含水介质的管道，在低温环境条件下极易发生结冰“冻堵”；输送具有黏性或湿度较高的粉状、颗粒状物料的管道，易在供料处、转弯处黏附管壁最终导致堵塞；操作不当使管道前方的阀门未开启或阀门损坏卡死，或接收物料的容器已经满负荷，或流速过慢，突然停车等都会使物料沉积，发生堵塞。

（5）发生自燃火灾　管道内结焦、积炭，在高温高压下易自燃，引起燃烧或爆炸。

（6）具有多种引火源　物料在管道中输送时，有多种引火源存在。启闭管道阀门时，阀瓣与阀座的冲击、挤压可成为冲击引火源。阀门在高低压段之间突然打开时，低压段气体急剧压缩致使局部温度上升，形成绝热压缩引火源。物料在高速流动的过程中，粉体与管壁、粉体颗粒之间、液体与固体、液体与气体、液体与另一不互溶的液体之间、气体与所含少量固态或液态杂质之间，发生碰撞和摩擦，极易带上静电，产生火花。危险物料输送管道周围具有摩擦撞击、明火、高温物体、电火花、雷击等多种外部点火源。可燃物料从管道破裂处或密封不严处高速喷出时会产生静电，成为泄漏的可燃物料或周围可燃物的引火源。

（7）易成为火灾蔓延的通道　由于管道连接着各种设备，管道发生火灾，不但影响管道系统的正常运行，而且还会使整个生产系统发生连锁反应，事故迅速蔓延和扩大，特别是管内介质有毒时，对人的生命威胁更大。

2. 化工管道火灾爆炸事故的预防措施

（1）遵守安全布置原则。

（2）选材、设计、加工、安装合理。

（3）采取防腐措施。

（4）消除管道残余应力。

（5）严格安全操作。

（6）加强防火安全管理。

（7）采取防静电措施。

（8）设置防火防爆安全装置。

(二)反应容器安全及预防

1. 反应容器火灾爆炸事故原因分析

(1)反应失控引起火灾爆炸　许多化学反应如硝化、磺化、氧化、氯化、聚合等反应是放热量较大的反应。若正常的反应过程失控,反应热蓄积,反应体系的温度随之升高,反应速度加快,体系内压力增大,当内压急剧上升超过容器的耐压能力时,容器破裂,高压物料从破裂处喷出,引发反应失控,发生火灾爆炸事故。

(2)反应容器内形成爆炸性混合物　有些气态反应的原料混合气,其原料配比处在爆炸极限范围之内,具有爆炸性。另外反应容器内可燃气体或易燃液体蒸气未置换或置换不彻底,也是形成爆炸性混合物的重要原因。

(3)反应容器密封不严,物料泄漏引起燃烧爆炸。

(4)反应容器因设计制造缺陷引起爆炸　反应容器设计不合理、结构形状不连续、焊缝布置不当等引起应力集中;设备材质选择不当、制造容器时焊接质量不合要求及热处理不当等使材料韧性降低;容器壳体受到腐蚀介质的腐蚀、强度降低等可能使容器在生产过程中发生爆炸。

(5)反应容器中高压物料蹿入低压系统。

(6)反应容器泄放系统不合理引起事故　在物料泄放时,泄放口位置、高度未按要求设置,排出的物料飘散流入室内,遇明火燃烧爆炸。

(7)反应容器受热引起爆炸　由于外部可燃物起火,辐射热引起反应容器内温度急剧上升、蒸气压增大,发生冲料或爆炸。

2. 反应容器火灾爆炸事故的预防措施

(1)严格按照安全规程生产　反应容器的工艺规程需经专门的科研和设计单位审定,进行相应鉴定。生产操作人员必须熟悉生产工艺规程、操作条件、原材料、产品、中间产物的反应放热性和火灾爆炸危险性质,杜绝操作失误。

(2)维护容器的耐压强度　反应容器作为一种承压设备,应严格按照压力容器的设计、制造工艺进行,消除焊接等质量上的缺陷。容器在使用过程中要防止由于腐蚀等原因造成的器壁变薄,耐压强度降低。容器要定期进行探检、维修,进行耐压试验,确保容器的耐压强度。

(3)防止反应失控发生　按规定严格监测和控制反应容器内的温度、压力、物料组成和投料顺序等,以使反应保持正常。

(4)及时清理设备管路内结焦　要定期清除设备内的污垢、焦状物、聚合物,以保证设备传热良好,并防止其堵塞设备管道和发生自燃。清除方法可用水冲刷器壁表面和管道,用氮气或水蒸气吹扫。清理时不得使用铁质工具或金属条,清理出来的污物必须送至安全地点处理掉。

(5) 防止反应容器漏水　反应容器的夹套和蛇管冷却系统的水位和水压应略低于器内的液位和液压。为了能及时发现反应容器的裂纹或孔洞,在排水管可安装自动电导报警器,当管中漏入极少物料时,水的导电率会发生变化,利用这种变化进行检测并发出声响警报。

(6)保证反应容器进出物料安全　为了防止进出物料因静电火花发生燃烧爆炸，反应容器、管道、器具应采用导体联成一体，再进行接地，接地线必须连接牢靠，有足够机械强度，并定期检查。

(7)配置预防事故安全系统。

(8)注意反应容器的安全泄放　反应容器的放空管一般应安设在顶部，室内容器安设的放空管应引出室外。

(9)掌握事故处置方法　将消防知识宣传和教育作为岗位培训的一项重要内容。尤其注意对生产操作人员进行生产中紧急情况处置的培训工作，掌握事故情况下的应急措施、灭火与疏散方法。

反应釜的结构

思考题

洗衣机是利用什么原理去除衣服中的水分呢？

(三)离心机安全及预防

知识链接

离心机的原理及应用

离心机是利用离心力，分离液体与固体颗粒或液体与液体的混合物中各组分的机械。离心机主要用于将悬浮液中的固体颗粒与液体分开，或将乳浊液中两种密度不同，又互不相溶的液体分开(例如从牛奶中分离出奶油)；它也可用于排除湿固体中的液体，例如用洗衣机甩干湿衣服；特殊的超速管式分离机还可分离不同密度的气体混合物；利用不同密度或粒度的固体颗粒在液体中沉降速度不同的特点，有的沉降离心机还可对固体颗粒按密度或粒度进行分级。

离心机常见的事故有燃烧爆炸、操作失误、机械伤人、腐蚀致使转鼓破裂和异常振动等，其主要原因及预防措施如下。

1. 燃烧爆炸事故

(1)事故原因

①在刮刀式离心机处理物料的温度低于其闪点或非刮刀式离心机处理的温度等于或高于其闪点的情况下，发生燃烧爆炸的可能性较大。

②当刮刀式离心机处理的物料温度等于或高于其闪点时，发生燃烧爆炸的可

能性极大。

③离心机因下料不均匀,偏心运转,转鼓负荷过重,致使转鼓与机壳摩擦起火,引起机内可燃性气体爆炸。

④离心机下料管紧固螺栓松动,与推料器相碰撞产生火花,引起机内可燃性气体爆炸。

⑤可燃性气体泄漏到离心机内,形成爆炸性混合气体,当离心机高速运转时,因产生静电火花而爆炸。

⑥离心机使用时间过长,腐蚀严重,使其转鼓变薄而导致转鼓运转时爆炸。

⑦违反操作规程,超电流、超温、超压运行或在岗位上吸烟而引爆。

⑧超速运转引起转鼓爆炸:转鼓的转速一般都很高,如超速运转而使其应力超过转鼓材料的许用应力时,将引起转鼓爆炸。

(2)预防措施

①采用惰性气体或其他气体保护,如用氮气或二氧化碳气体冲淡氧气的浓度;若为正压操作,最好采用压力监控法。

②采用氧浓度监控法,严格控制氧的浓度。

③严格执行操作规程,控制投料量,且均匀下料,若发现下料不均匀,及时处理,使之均匀;定期检查离心机上的放空管,使之畅通无阻。

④安装时拧紧紧固螺栓。

⑤采用晶液分离器压液时,严防可燃性气体进入机内。

⑥加强设备维护管理,特别是易腐蚀的设备要加强防腐和维护。

⑦如果驱动机械超过转鼓的安全转速,应安装一个限速器,使其转速限制在安全范围之内,因此,离心机铭牌上应注明最大安全转速。

2. 操作失误、机械伤人事故

在离心机的人身安全事故中,大多数是因误操作或违反操作规程所致。

(1)事故原因

①在离心机加料时,转鼓内的物料不可能达到绝对的均匀分布,出现不平衡。因此,转鼓高速旋转时,这种不平衡将导致转鼓的振动。

②离心机在操作运行中,人工铲料或直接用手从转鼓中接取物料而造成人身伤害。

(2)预防措施

①在安全保护机壳进料口处安装一个有效的连锁盖板保护装置,以消除事故隐患。

②禁止用任何物体以任何形式强行使离心机停止运行,设备未停稳之前,禁止人工铲料,开关按钮应安装在方便操作的位置。禁止在离心机运转时,用手或其他工具伸入转鼓内接取物料。

3. 腐蚀致使转鼓破裂

腐蚀是医药、化工行业使用离心机时须特别重视的问题。腐蚀将使离心机转鼓壁厚减薄、强度降低,导致发生破裂事故。

(1)事故原因

①转鼓长期在腐蚀性介质作用下工作,腐蚀严重,以致其鼓壁最薄处低于转鼓的最小许用壁厚。

②机壳(为铸铁)材料厚薄不均,其误差在 8～32mm,在转鼓破裂时将机壳击碎。

(2)预防措施

①转鼓、离心机的内部零件尽可能采用耐腐蚀性材料;如果不能或不允许这样选用时,则应在离心机内部装设耐腐蚀性衬套,如铅、塑料等。

②经常检查离心机转鼓等重要零部件的腐蚀情况,一旦发现严重腐蚀,及时修复或更换;机壳可采用钢制,并保证其制造质量。

4. 振动事故

离心机转鼓的转速较高,一般可达 4500～9000 转/min,高转速下物料不平衡产生的离心力将会引起剧烈振动,它不仅会降低机械效率,缩短使用寿命,恶化工作条件,而且还会造成重大事故。

(1)引起振动的主要原因

①转鼓本身不平衡,即转鼓材料组织结构不均匀,制造加工和安装有误差,如椭圆度、偏心度、加工变形等,也有结构设计上的不对称等问题。

②操作中装料不均匀或卸料时因物料本身性质而引起的切削力不均匀。

(2)预防措施

①保证结构设计合理,确保材质、加工和安装的质量。对加工后的转鼓必须进行严格的动平衡试验,使转鼓的不平衡质量尽可能减小。

②严格控制加料量,均匀投料,注意调整转鼓与机壳之间的运行间距。

三足式离心机的结构

思考题

“人往高处走,水往低处流”是自然趋势,但是想要实现水往高处流,有几种方法可以实现?

(四)离心泵安全及预防

1. 可能引起安全事故的原因

(1)电机损坏、漏电。

(2)安装问题,离心泵运行不稳会导致打火甚至爆炸。

2. 预防措施

(1)水泵放置地点应坚实,安装应牢固、平稳,并应有防雨设施。

(2)冬季运转时,应做好管路、泵房的防冻、保温工作。

(3)启动前检查项目应符合下列要求。

①电动机与水泵的轴接同心,联轴节的螺栓紧固,联轴节的转动部分有防护装置,泵的周围无障碍物。

②管路支架牢固,密封可靠,泵体、泵轴、填料和压盖严密,吸水管底阀无堵塞或漏水。

③排气阀畅通,进、出水管接头严密不漏,泵轴与泵体之间不漏水。

(4)启动时应加足引水,并将出水阀关闭;当水泵达到额定转速时,旋开真空表和压力表的阀门,待指针位置正常后,方可逐步打开出水阀。

(5)运转中发现下列情况,应立即停机检修

①漏水、漏气、填料部分发热。

②底阀滤网堵塞,运转声音异常。

③电动机升温过高,电流突然增大。

④机械零件松动或其他故障。

(6)升降吸水管时,应在有护栏的平台上操作。

(7)运转时,严禁人员从机上跨越。

(8)水泵停止作业时,应先关闭压力表,再关闭出水阀,然后切断电源。冬季使用时,应将各部放水阀打开,放净水泵和水管中积水。

(9)潜水泵放入水中或提出水面时,先切断电源,严禁拉拽电缆或出水管。

(10)潜水泵应装设保护接零或漏电保护装置,工作时泵周围 30m 以内水面不得有人、畜进入。

(11)水泵启动前检查项目应符合下列要求。

①水管结扎牢固。

②放气、放水、注油等螺塞均旋紧。

③叶轮和进水管道无杂物。

④电缆绝缘良好。

(12)接通电源后,应先试运转,检查并确认旋转方向正确,在水外运转时间不得超过 5min。

(13)应经常观察水位变化,叶轮中心至水平距离应为 0.5~3.0m,泵体不得陷入污泥或露出水面。电缆不得与井壁、池壁相擦。

(14)新泵或新换密封圈在使用 50h 后,应旋开放水封口塞,检查水、油的泄漏量。

(15)经过修理的油浸式潜水泵,应先经 0.2MPa 气压试验,检查各部无泄漏现象,然后将润油加入上、下壳体内。

(16)当气温降到0℃以下时,在停止运转后,应从水中提出潜水泵擦干后存放室内。

(17)每周应测定一次电动机定子绕组的绝缘电阻,其值应无下降。

知识链接

离心泵的种类及应用

离心泵种类繁多,相应的分类方法也多种多样,按被输送液体性质分为清水泵、油泵、耐腐蚀泵和杂质泵等。清水泵是制药生产中普遍使用的一种泵,适用于输送水及性质与水相似的液体。耐腐蚀泵(F型)的特点是与液体接触的部件用耐腐蚀材料制成,密封要求高,常采用机械密封装置,用来输送酸、碱等腐蚀性液体。油泵(Y型)是用来输送油类及石油产品的泵,由于这些液体多数易燃易爆,因此必须有良好的密封。杂质泵(P型)叶轮流道宽,叶片数目少,常采用半开式或开式叶轮;有些泵壳内衬以耐磨的铸钢护板,不易堵塞,容易拆卸,耐磨;用于输送悬浮液及较稠的浆液等。

IS单级单吸离心泵的结构

(五)常/减压蒸馏装置安全及预防

1. 常/减压蒸馏装置的火灾爆炸危险性分析

(1)原料和产品具有火灾爆炸危险性　蒸馏过程中的原料、中间体及产品绝大多数属于火灾危险物品,遇火源即会爆炸。

(2)容易形成爆炸性气体混合物　蒸馏过程中,由于物料处于沸腾状态,体系内始终呈现气液共存状态,若因设备破裂或操作失误,使物料外泄或吸入空气,或由于冷凝、冷却不足,使大量蒸气经贮槽等部位逸出,均可形成爆炸性气体混合物,遇点火源就会发生容器内外的爆炸燃烧。

(3)易发生自燃。

(4)蒸馏操作过程危险　蒸馏操作是一种复杂的过程,蒸馏过程某一指标或某一环节出现偏差,会干扰整个蒸馏系统的平衡,导致事故发生。

(5)设备、管线易遭受破坏　设备、管线等在长时间的反复加压与物料高速流动、摩擦过程中,金属壳体材料易出现金属疲劳。

2. 预防措施

(1)防止形成爆炸性混合物。

(2)严格按照规程安全操作　蒸馏操作中,要注意对温度、压力、进料量、回流量等操作参数严格控制,以减少人为操作的失误。

(3)采取防腐措施。

(4)加强装置的检查维护　发现设备破损,应及时修复。定期更换仪器、仪表、设备容器、管线等,坚决杜绝设备带病运转、超期服役和超负荷运行。

(5)设置安全装置和灭火设施　蒸馏设备应具有完备的温度、压力、流量仪表装置。减压蒸馏的真空泵应装有单向阀,防止突然停车时空气流入设备内。

(6)强化防火安全管理　制订健全的防火安全生产规章制度、责任制度,用电、用火制度,以及有效而完善的应急事故处理规程。

做一做

请查阅文献解决下述问题,我国对特种设备进行专项管理,我们国家对于特种设备管理的法律、法规等都有哪些?(最新版)

二、特种设备

特种设备是指涉及生命安全、危险性较大的锅炉、压力容器(含气瓶)、压力管道、电梯、起重机械、客运索道、大型游乐设施和场内专用机动车辆。

(一)压力容器

车间的生产设备很多都是压力容器,小至40L的氮气瓶,大至325m^3的发酵罐,包括在制药发酵、提取等环节的很多主要的生产设备。

1. 压力容器的概念

压力容器是指盛装气体或者液体,承载一定压力的密闭容器。其范围是同时具备最高工作压力大于或者等于0.1MPa(表压)、压力与容积的乘积大于或者等于2.5MPa·L和盛装介质为气体、液化气体和最高工作温度高于或者等于标准沸点液体的三个条件的容器。

知识链接

兆帕与公斤

车间日常生产中所说的压力实际上就是压强。常用的压力单位是兆帕(MPa)和公斤(kgf/cm^2),其换算关系如下。

$1kgf/cm^2=0.1MPa=1$ 个标准大气压。

2. 压力容器的分类

根据分类的标准不同,压力容器有多种分类方法。

(1)按工作压力分类　见表8-1。

表 8-1　　压力容器按工作压力分类表

类别	代号	压力范围
低压容器	L	0.1MPa≤p<1.6MPa
中压容器	M	1.6MPa≤p<10MPa
高压容器	H	10MPa≤p<100MPa
超高压容器	U	p≥100MPa

(2)按工艺用途分类　见表 8-2。

表 8-2　　压力容器按工艺用途分类表

类别	代号	举例
反应容器	R	反应釜、合成塔
换热容器	E	换热器
分离容器	S	过滤器、分离器
储存容器	C	储罐、缓冲罐

(3)根据危险程度分类　根据压力、容积和工作介质的危险性等综合方面考虑,将压力容器分为三类,其基本分类原则如表 8-3 所示。

表 8-3　　压力容器按危险程度分类表

类别	基本分类原则
一类压力容器	工作介质为水蒸气、氮气等的低压容器
二类压力容器	工作介质为剧毒、易燃物质或液化气体的低压容器 中压容器
三类压力容器	高压和超高压容器

车间中日常生产所说的类外容器一般是指常压容器及达不到压力容器标准的承压容器。

(4)按是否有固定使用地点分类　按照压力容器是否有固定的使用地点,将其分为固定式压力容器和移动式压力容器。其中移动式压力容器(如气瓶、槽车等)没有固定的使用地点,操作人员、使用环境经常变化,管理较为复杂,因而较易发生事故。

3. 压力容器的安全附件

为提高压力容器的可靠性和安全性,需要设置必要的安全附件。压力容器的主要安全附件有安全阀、爆破片、压力表、液位计、温度计等。

(1)安全阀　当容器内的压力超过设定值时,安全阀起跳排放,使压力迅速降下来,从而保证压力容器的安全。

车间常用的安全阀是弹簧式安全阀,它利用弹簧的弹力压住容器内的介质。当容器内压力超过弹簧所能维持的压力时,阀芯被顶起,介质向外排放,容器内压力迅速降低;当容器内压力小于弹簧所能维持的压力时,阀芯再次和阀座闭合。

安全阀的优点是只排出压力容器内高于规定值的部分压力,降至正常值时则自动关闭,不会中断生产。缺点是密封性差,即使是较好的安全阀在正常工作压力下也难免会有轻微泄露,不宜用于毒性介质;开启有滞后现象,由于弹簧的惯性,泄压反应比较慢,不适用于有可能发生剧烈化学反应而使容器压力急剧升高的介质。

安全阀的安装和使用要求如下所示。

①直接连接,垂直安装:安全阀与容器应直接连接,安装在压力容器的气相空间部分(一般是最高处),安全阀与容器之间原则上不准装设任何阀门。

②防止腐蚀,安全排放:安全阀放空口应设置在安全地点,防止介质喷出后造成人员伤害或其他破坏。安全阀排放管如果存在积液、存水,易造成腐蚀,应及时排净。

③铅封完好,定期排放:在安全阀校验后会加设铅封,防止无关人员改变其参数,发现铅封缺失时,应及时进行处理。安全阀在使用过程中,还要定期手动排放,以防阀芯和阀座粘牢,导致安全阀失效。

④消除泄露,定期检验:一般一年校验一次。

(2)爆破片　主要由夹盘和膜片组成。爆破片克服了安全阀密封性差和开启滞后的缺点,但由于它是一种断裂型的泄压装置,泄压后爆破片不能继续使用,压力容器也被迫停止运行,因此使用不如安全阀广泛,只用在安全阀不宜使用的场合。

(3)压力表　压力表是用以检测容器内压力强度的测量仪表。

①压力表的量程应为最高工作压力的1.5~3倍,最好是2倍。量程太小,压力表内的弹簧一直处在最大变形的状态,易产生永久变形,使压力表失效;量程太大,指针偏离零位太小,误差大。

②表盘直径一般不小于100mm,当观察距离大于2m时,表盘直径应不小于150mm。

③使用时应根据压力容器的最高工作压力,在压力表刻度盘上画条红线,以示警戒。但不能画在表盘玻璃上,一是因为读数时会有误差,二是因为玻璃会发生转动。

④定期检验,每半年检验一次。

⑤容器泄压后,压力表不归零时,应更换压力表。

(4)液位计　液位计用来显示容器内的液面位置,车间常用的是玻璃管和磁翻板两种。

4. 压力容器的使用注意事项

为保证压力容器使用安全,必须严格按照操作规程认真操作,做到以下几点。

(1)压力容器属于特种设备,只有取得特种设备作业人员证后,方可上岗作业。

(2)在操作压力容器时必须在显著位置安装设备铭牌。

(3)操作时要动作平稳,防止压力、温度骤升骤降,严禁超温、超压、超负荷运行。

(4)压力容器检修时首先要清空归零,严禁带压检修。

(5)定期检查,及时发现和消除缺陷。主要检查内容包括压力、温度等参数是否符合操作规程要求,容器有无渗漏、腐蚀、变形或不正常震动,安全装置是否齐全完好等。

(二) 电梯、起重机械和厂内专用机动车辆

知识链接

电梯的维护保养

《中华人民共和国特种设备安全法》规定:电梯的维护保养应当由电梯制造单位或者依照本法取得许可的安装、改造、修理单位进行操作。

电梯的维护保养单位应当在维护保养中严格执行安全技术规范的要求,保证其维护保养的电梯的安全性能,并负责落实现场安全防护措施,保证施工安全。

电梯的维护保养单位应当对其维护保养的电梯的安全性能负责;接到故障通知后,应当立即赶赴现场,并采取必要的应急救援措施。

1. 电梯

电梯包括载人(货)电梯、自动扶梯、自动人行道等。

电梯使用注意事项:①使用电梯时严禁超载,不允许私自装运易燃易爆品。②运送重量、体积较大的货物时,应放在电梯内的中间位置。③当装载货物时,禁止人员站在电梯门之间,应站在电梯内或电梯外等候。④等候或乘坐电梯时,严禁倚靠电梯门。⑤电梯门将要关闭时,不得用手挡门,强制电梯门反弹,应使用呼梯按钮或开门按钮。⑥当电梯出现故障停运时,应向电梯外人员报警,不得试图扒开电梯门逃生。⑦火灾时不得乘坐电梯。

2. 起重机械

起重机械是指用于垂直升降或者垂直升降并水平移动重物的机电设备。车间使用较多的是行车。

行车使用注意事项:①行车由取得特种设备作业人员证的人员进行操作,其他人员不得操作。②使用行车时严禁超载。③行车吊重运行时,其他人员不得从货

物下方通过。

3. 厂内专用机动车辆

厂内专用机动车辆是指只在厂区内使用的专用机动车辆。车间使用较多的是叉车。

叉车使用注意事项:①叉车由取得特种设备作业人员证的人员进行操作,其他人员不得操作。②车辆运行时,其他人员不得坐在叉车上。

三、制药设备安全装置

(一)防火防爆安全装置

1. 阻火装置

阻火装置的作用是防止外部火焰蹿入有火灾爆炸危险的设备、管道、容器,或阻止火焰在设备或管道间蔓延,主要包括阻火器、安全液封、单向阀、阻火闸门等。

(1)阻火器　阻火器的工作原理是使火焰在管中蔓延的速度随着管径的减小而减小,最后可以达到一个火焰不蔓延的临界直径。

阻火器常用在容易引起火灾爆炸的高热设备和输送可燃气体、易燃液体蒸气的管道之间,以及可燃气体、易燃液体蒸气的排气管上。

阻火器有金属网、砾石和波纹金属片等形式。

①金属网阻火器:核心的部件由壳体(阀体)和金属网状阻火板构成,其结构如图 8-1 所示。原理是用若干具有一定孔径的金属网把空间分隔成许多小孔隙,对一般有机溶剂采用 4 层金属网即可阻止火焰蔓延。通常采用 6~12 层。

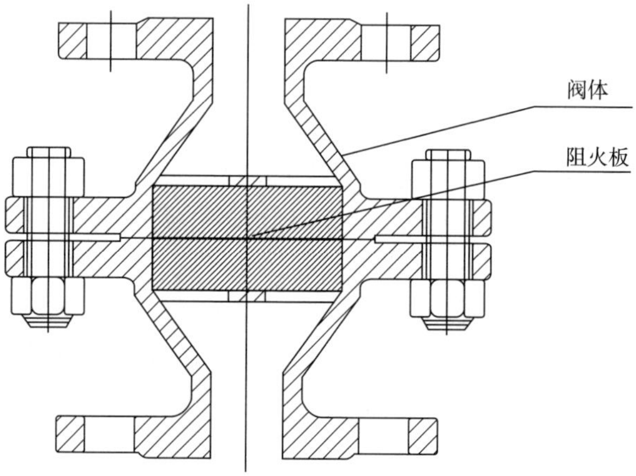

图 8-1　金属网阻火器结构

②砾石阻火器:结构如图 8-2 所示,其是用砂粒、卵石、玻璃球等作为填料,这些阻火介质使阻火器内的空间被分隔成许多非直线性小孔,当可燃气体发生燃烧

时,这些非直线性微孔能有效地阻止火焰的蔓延,其阻火效果比金属网阻火器更好。阻火介质的直径一般为 3~4mm。

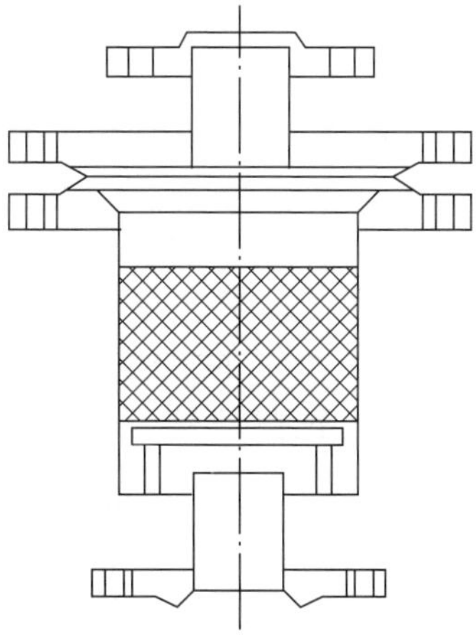

图 8-2　砾石阻火器结构

③波纹金属片阻火器:壳体由铝合金铸造而成,阻火层由 0.1~0.2mm 厚的不锈钢带压制而成波纹型。两波纹带之间加一层同厚度的平带缠绕成圆形阻火层,阻火层上形成许多三角形孔隙,孔隙尺寸在 0.45~1.5mm,其尺寸大小由火焰速度的大小决定,三角形孔隙有利于阻止火焰通过,阻火层厚度一般不大于 50mm。

(2)安全液封　安全液封的阻火原理是液体封在进出口之间,一旦液封的一侧着火,火焰都将在液封处被熄灭,从而阻止火焰蔓延。安全液封一般安装在气体管道与生产设备或气柜之间。一般用水作为阻火介质。

安全液封的结构形式常用的有敞开式和封闭式两种。

水封井是安全液封的一种,设置在有可燃气体、易燃液体或油污的污水管网上,防止燃烧或爆炸沿管网蔓延,水封井的结构如图 8-3 所示。安全水封的使用安全要求如下。

①使用安全水封时,应随时注意水位不得低于水位阀门所标定的位置,但水位也不应过高,否则除了可燃气体通过困难外,水还可能随可燃气体一起进入出气管。每次发生火焰倒燃后,应随时检查水位并补足。安全水封应保持垂直位置。

②冬季使用安全水封时,在工作完毕后应把水全部排出、洗净,以免冻结。如发现冻结现象,只能用热水或蒸汽加热解冻,严禁用明火烘烤。为了防冻,可在水中加少量食盐以降低冰点。

③使用封闭式安全水封时,由于可燃气体中可能带有黏性杂质,使用一段时间后容易黏附在阀和阀座等处,所以需要经常检查逆止阀的气密性。

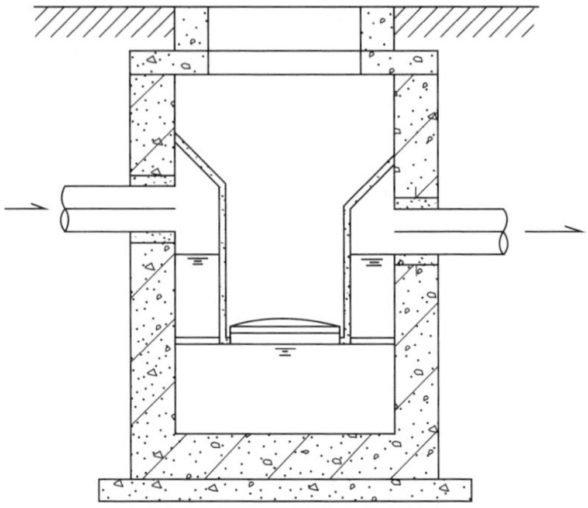

图 8-3　水封井结构

课堂活动

下水道返味是困扰很多家庭的问题，请同学们查阅资料并分组讨论下水道的地漏都采用了什么形式？各种形式的优缺点是什么？

(3)单向阀　又称止逆阀、止回阀，其作用是仅允许流体向一定方向流动，遇有回流即自动关闭。常用于防止高压物料蹿入低压系统，也可用作防止回火的安全装置。如液化石油气瓶上的调压阀就是单向阀的一种，还有很多家庭为了防止厨房串味会在风道上安装单向阀。

生产中用的单向阀有升降式、旋启式、摇板式、球式等，见图 8-4、图 8-5。

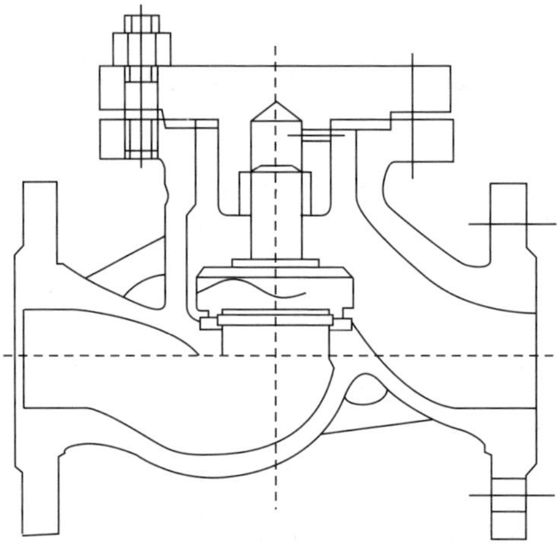

图 8-4　升降式单向阀结构

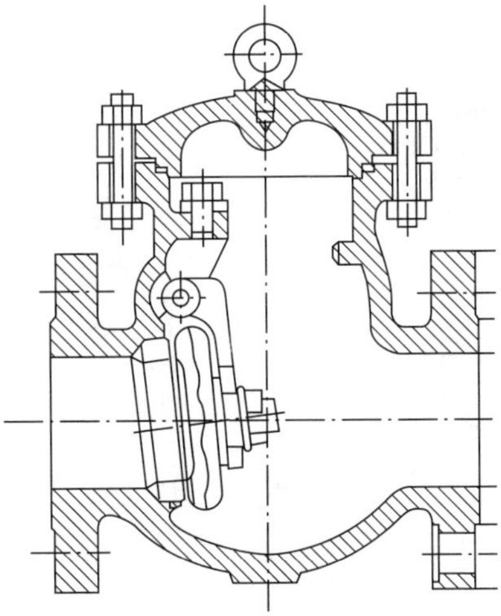

图 8-5　旋启式单向阀结构

思考题

生活中的单向阀都有哪些?

(4)阻火闸门　阻火闸门是为防止火焰沿通风管道蔓延而设置的阻火装置。正常情况下,阻火闸门受易熔合金元件控制处于开启状态,一旦着火,温度升高,会使易熔金属熔化,此时闸门失去控制,受重力作用自动关闭。也有的阻火闸门是手动的,在遇火警时由人迅速关闭。

2. 防爆泄压装置

防爆泄压装置包括安全阀、防爆片、防爆门和放空管等。系统内一旦发生爆炸或压力骤增时,可以通过这些设施释放能量,以减小巨大压力对设备的破坏或爆炸事故的发生。

(1)安全阀　是为了防止设备或容器内压力过高引起物理性爆炸而设置的。当设备或容器内压力升高超过一定限度时安全阀能自动开启,排放部分气体,当压力降至安全范围内再自行关闭,从而实现设备和容器内压力的自动控制,防止设备和容器的破裂爆炸。

常用的安全阀有弹簧式、杠杆式,其结构如图 8-6、图 8-7 所示。

工作温度高而压力不高的设备宜选杠杆式安全阀,高压设备一般多用弹簧式安全阀。

设置安全阀时应注意以下几点。

①压力容器的安全阀直接安装在容器本体上。容器内有气、液两相物料时,安

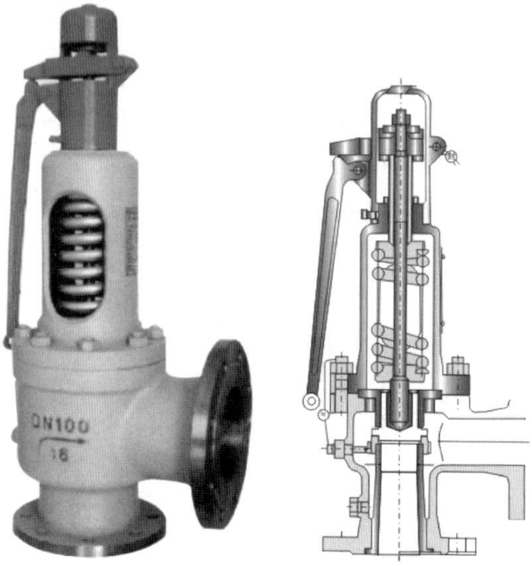

（1）实物图　　（2）示意图

图 8-6　升降式安全阀

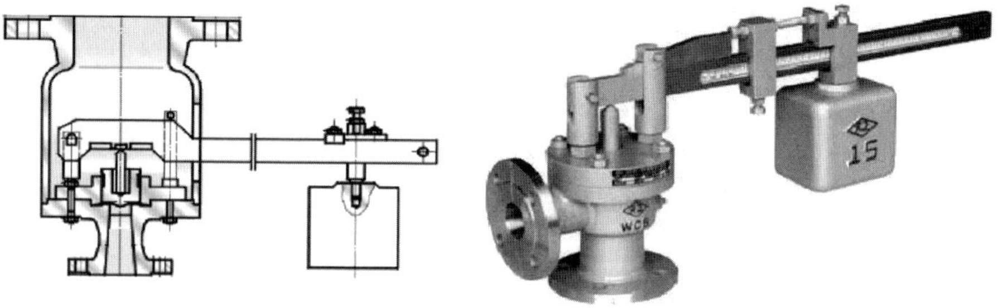

（1）GA42H型示意图　　（2）实物图

图 8-7　杠杆式安全阀

全阀应装于气相部分,防止排出液相物料而发生事故。

②一般安全阀可就地放空,放空口应高出操作人员 1m 以上且不应朝向 15m 以内的明火或易燃物。室内设备、容器的安全阀放空口应该引出房顶,并高出房顶 2m 以上。

③安全阀用于泄放可燃及有毒液体时,应将排泄管介入事故储槽、废油罐或其他容器;用于泄放与空气混合能自燃的气体时,应接入密闭的放空塔或火柜。

④当安全阀的入口处装有隔断阀时,隔断阀应设置为常开状态。

⑤安全阀的选型、规格、排放压力的设定均应符合防火防爆的相关要求。

(2)防爆片(又称防爆膜、爆破片)　是通过法兰装在受压设备或容器上。当设备或容器内因化学爆炸或其他原因产生过高压力时,防爆片作为人为设计的薄弱环节自行破裂,高压流体即通过防爆片从放空管排出,使爆炸压力难以继续升高,从而保护设备或容器的主体免遭更大的损坏,使在场的人员不致遭受致命的伤害。

防爆片一般应用在以下几种场合。

①存在爆燃危险或异常反应使压力陡然增加的场合,弹簧安全阀由于惯性而不适应这种情况。

②不允许介质有任何泄漏的场合。

③内部物料易因沉淀、结晶、聚合等形成黏附物,妨碍安全阀正常动作的场合。

④凡有重大爆炸危险性的设备、容器及管道,例如进焦煤炉的气体管道、乙炔发生器等,都应安装防爆片。

防爆片的安全可靠性取决于防爆片的材料、厚度和泄压面积。

正常生产时压力很小或没有压力的设备,可用石棉板、塑料片、橡皮或玻璃片等作为防爆片,微负压生产情况可采用2~3mm厚的橡胶板作为防爆片;操作压力较高的设备可采用铝板、铜板。铁片破裂时能产生火花,存在易燃爆性气体时不宜采用。

防爆片的爆破压力一般不超过系统操作压力的1.25倍。若防爆片在低于操作压力时破裂,就不能维持正常生产;若操作压力过高而防爆片不破裂,则不能保证安全。

(3)防爆门　防爆门一般设置在燃油、燃气或燃烧煤粉的燃烧室外壁上,以防止燃烧爆炸时,设备遭到破坏。防爆门的总面积一般按燃烧室内部净容积1m^3对应不少于250cm^3计算。为了防止燃烧气体喷出时将人烧伤,防爆门应设置在人们不常到的地方,高度不低于2m。

(4)放空管　在某些极其危险的设备上,为防止可能出现的超温、超压而引起爆炸的恶性事故的发生,可设置自动或手控的放空管以紧急排放危险物料。

(二)安全防护装置

制药自动化生产中,大多是对连续变化的参数进行自动调节。对于在生产控制中要求一组机构按一定的时间间隔做周期性动作,如抗生素发酵生产中发酵液的培养,要求一组阀门按一定的要求做周期性切换,就可采用自动程序控制系统来实现。它主要是由程序控制器按一定时间间隔发出信号,驱动执行机构动作,而这种自动化的装置广泛应用在安全防护中。

1. 信号报警装置

制药生产中,在出现危险状态时信号报警装置可以警告操作者,及时采取措施消除隐患。发出信号的形式一般为声、光等,通常都与测量仪表相连接。需要说明的是,信号报警装置只能提醒操作者注意已发生的不正常情况或故障,但不能自动排除故障。

火灾自动报警系统,即常说的火灾探测系统。它能在火灾初期,将燃烧产生的烟雾、热量、光等物理量,通过火灾探测器变成电信号,传输到火灾报警控制器,火灾报警器装置要发出独特的音响,同时显示出火灾发生的部位、时间等,并且目前在探测系统上集成了许多联动功能,比如发现火灾时,可能通过探测系统的联动控制启动消防水泵、防火卷帘、消防电梯、防排烟风机、应急消防广播,从而及时采取有效措施,扑灭初期火灾,最大限度地减少因火灾造成的生命和财产的损失,是人们同火灾做斗争的有力工具。有关资料统计表明:凡是安装了火灾自动报警系统的场所,发生了火灾一般都能及时报警,不会酿成重大火灾。

火灾自动报警系统,一般分为感温报警器、感烟报警器、感光报警器和可燃气体报警器、复合式火灾报警器。

(1)感温报警器　是一种利用火灾初期的热量,作用于报警器的感温元件而发出警报的报警器。自动报警的动作温度一般为65~100℃。感温报警器可分为定温式和差动式两种。

(2)感烟报警器　是一种利用事故地点还没有出现火焰,刚发生阴燃冒烟时即发出警报的装置,它具有报警早的优点。根据敏感元件的不同,感烟报警器分为离子感烟报警器和光电感烟报警器两种。

(3)感光报警器　利用物质燃烧时火焰辐射的红外线和紫外线,制成红外检测器和紫外检测器。前者的敏感元件是硫化铝、硫化镉等制成的光导电池,这种敏感元件遇到红外辐射时即可产生电信号。后者的敏感元件是紫外光敏电子管,它只对光辐射中的紫外线波段起作用。光电报警器不适合明火作业的场所中使用,在安装检测器的场所也不应划火柴、烧纸张,报警系统未切断时也不能动火,否则易发生误报。在安装紫外线光电报警器的场所,还应避免使用氙气灯和紫外线灯,以防误报。感光报警器多适用于输油管道、燃料仓库和石油化工装置等。

(4)可燃气体报警器　利用可燃气体的浓度超过报警点时发出报警的装置,主要用于易燃易爆场所的可燃气体的检测。

(5)复合式火灾报警器　能够响应两种以上火灾参数的火灾报警器。有感温感烟报警器、感光感烟报警器等。

做一做

寻找安装在家庭、学校、商场等场所中的信号报警装置,请先拍照再分类。

2. 保险装置

保险装置在发生危险状况时,能自动消除不正常状况,如锅炉、压力容器上装设的安全阀和防爆片等安全装置。这部分内容在防火防爆装置中已经讲述过,就不再重复提及。

3. 安全联锁装置

所谓联锁就是利用机械或电气控制依次接通各个仪器及设备，并使之彼此发生联系，达到安全生产的目的。

安全联锁装置是对操作顺序有特定安全要求、防止误操作的一种安全装置，有机械联锁和电气联锁。例如，需要经常打开的带压反应器，开启前必须将器内压力排出，而经常连续操作容易出现疏忽，因此可将打开孔盖与排出器内压力的阀门进行联锁。

制药生产中，常见的安全联锁装置有以下几种。

(1)同时或依次放入两种液体或气体时。

(2)在反应终止需要惰性气体保护时。

(3)打开设备前要预先解除压力或需要降温时。

(4)当两个或多个部件、设备、机器由于操作错误引起事故时。

(5)当工艺控制参数达到某极限值，开启处理装置时。

(6)某危险区域或部位禁止人员入内时。

例如，在硫酸与水的混合操作中，必须首先往设备中注入水再注入硫酸，否则将会发生喷溅和灼伤事故。将注水阀门和注酸阀门依次联锁起来，就可达到此目的。如果只凭工人记忆操作，很可能因为疏忽使顺序颠倒，发生事故。

目标检测

请扫码完成在线测验：

实训项目十一　制定设备标准操作规程

一、实训目标

1. 熟悉标准操作规程的定义、内容、应用。
2. 掌握标准操作规程的编制。

二、实训内容

标准操作规程（Standard Operation Procedures，SOP），即标准作业程序，就是将某一事件的标准操作步骤和要求以统一的格式描述出来，用来指导和规范日常的工作。SOP 的精髓，就是将细节进行量化，用更通俗的话来说，SOP 就是一套包罗万象的操作说明书大全，是对某一程序中的关键控制点进行细化和量化。SOP 是各种标准化管理认证和产品认证的重要内容，各行业都有 SOP 的要求。一套好的 SOP 是确保产品或服务质量的必要条件。SOP 不仅仅是一套技术性范本，它更重要的是涵盖了管理思想、管理理念和管理手段。

对于制造型企业而言，SOP 是由企业针对企业内部生产作业流程的特点，自行编制的作业准则或操作规范。SOP 的形式可以是操作手册或指导作业书，其中可能包含生产记录、相关表格、图示操作说明以及评估报告等，SOP 是正确、持续稳定地进行一项作业的基础和保证。

（一）定义

设备标准操作规程是指对操作工人正确操作设备的有关规定和程序。各类设备的结构不同，操作设备的要求也会有所不同，编制设备操作规程时，应该以制造厂提供的设备说明书的内容要求为主要依据。

设备操作规程是为保障仪器设备安全运行和保持良好的工作状态，操作人员需要掌握的操作技能的技术性规范。

（二）编制的基本原则

（1）编制要合理、可行，各项操作步骤的前后衔接要紧凑，条理性好。最佳办法是将操作步骤列出提纲，然后进行整理、归纳。

（2）语言要简练、明确、通俗、易懂，应该使用熟悉的、简短有力的词语来表达，尽量口语化。

（3）标准操作规程中必须包括每一项必要的步骤、信息与参数，关键步骤和信息可采用流程图来说明强调。

（三）编制的依据

编制的依据为设备性能及基本参数以及设备的安全说明。

(四)编制的基本内容

设备标准操作规程的内容是根据设备的结构特点,以及安全运行等要求,对操作人员在全部操作过程中必须遵守的事项、程序及动作等做出规定。一般包括以下内容。

操作设备前对现场的清理和设备状态的检查内容和要求。

操作设备必须使用的工具、器具。

设备运行的主要参数。

常见故障的原因及排除方法。

开始的操作程序和注意事项。

润滑的方式和要求。

点检、维护的具体要求。

停止的程序和注意事项。

安全防护装置的使用和调整要求。

交、接班的具体工作和记录内容。

(五)示例

示例见表1。

表1　××××药业有限公司GMP文件——操作规程表

题目	××离心机操作、维护及保养规程	编号版本号	SOP-SB-111-01
制定人	审核人	批准人	
制定日期	审核日期	批准日期	
编制依据	《药品生产质量管理规范》(2010修订)	生效日期	
颁发部门	GMP办	页码	共　页
分发部门		制作份数	

目的:建立离心机标准操作规程,使操作达到规范化。

范围:适应于离心机使用岗位。

职责:离心机操作工、设备维修人员。

正文如下(引用):

1. 开机前准备

1.1 使用前应检查设备清洁状况、完好情况,核对状态标志,温湿度应符合规定。

1.2 回收清场合格证,领取生产指令并核对所需混合物料的品名、数量、编(批)号等。

1.3 用75%乙醇对设备内外表面进行清洁消毒。

1.4 地脚螺栓应未松动,转鼓内无异物。

1.5 检查转鼓是否牢固地连接在主轴上,先以手用力将转鼓摇动,假如有轻微松动的感觉,应将大螺帽重新紧固,然后用手转动转鼓,重新检验是否正常。

1.6 制动装置应灵活可靠。用手转动转鼓,无咬死或卡阻现象。电机部位联结螺栓应紧固,三角带的张紧应适当。

1.7 检查以上部位后,将工艺要求配套的滤布平整地套在转鼓及贴在转鼓内壁和上边缘,通电、点动、空运转,转鼓旋转方向必须符合指示牌的转向,离心机在运转时声音均匀,不夹杂冲击或其他怪声和摩擦声。如有异常声响时应立即停车检验纠正。

1.8 停机:检查结束后,先切断电源,操纵制动手柄缓慢制动,一般制动时间不得少于30秒,切勿急刹车以免机器受损,制动装置应灵活可靠。

1.9 重新整理检查滤布:滤布不脱落、不起皱,运转后滤布不得有摩擦。

2. 开动离心机

2.1 加料操作在转鼓停止运转以后进行,为了降低不平衡的可能性,必须将物料尽可能地平均分配在转鼓内,特别是处理膏状物料或以块计算的物料时,要特别注意,以免发生危险。加料一直进行到滤渣充满转鼓的操作容积或根据事先计算的重量限度为止,不得超过规定的体积或重量,严禁用物体敲打机壳。

2.2 启动开车:操作人员离开离心机合适距离后,启动电动机,多次连续点动离心机,使转鼓逐渐增加转速,以达到最大转速时为止,启动时间一般为60秒左右,如果操作时离心机开始猛烈跳动,必须立即停车,待停止运转后,将转鼓内物料重新铺匀再开车,如仍有激烈跳动应停车检修。

2.3 运行中应集中注意力,如发现危及设备及人身安全等一切不正常现象应立即停车,停稳后进行处理或向机修班反映,杜绝野蛮操作。

3. 停车

过滤结束后,停车。停车先切断电源,操纵制动手柄缓慢制动,使用刹车时应注意:停车时不得急刹车,应该在开始时用较轻短的时歇动作,将把手几收几放逐步拉紧,以达到制动的目的。一般制动时间不得少于30秒,停机后方可人工出料,严禁将铁锨等工具伸到转动的机器内,否则可能发生事故。

4. 注意事项

4.1 每次操作容积及重量不得超过规定限额。

4.2 保持滤液出口畅通,以免离心机在滤液中旋转,发生事故。

4.3 停车时必须先将电动机断电,然后使用刹车装置,开车前必须将刹车装置松开。

4.4 离心机在加料时,尤其当离心块状物料时,必须将物料在转鼓内散布均匀,以免破坏离心机运转的平衡,引起猛烈振动。

4.5 发现猛烈跳动、噪声等异常现象应立即停车检修;如有不安全因素,在排除前绝对不能使用。

4.6 每次出料后应及时检查各部连接处的松动现象并加以紧固,检查接地转鼓等各部件的完好情况。

4.7 物料离心完毕后将设备状态标识更换为“待清洁”。

5. 日常维护

5.1 维护保养过程注意事项。

5.1.1 除了发生事故外,一般不允许急刹车。

5.1.2 如确需紧急刹车,必须切断电源再刹车,分数次刹住为宜,否则因惯性力缘故很容易使主螺帽松动,或主轴折断,造成事故。

5.2 维护与保养。

5.2.1 转鼓使用久后,鼓壁有腐蚀,强度也会降低,要注意检查。

5.2.2 如若转鼓在使用过程中产生不平衡,应将转鼓卸下,重找动平衡,否则轴、摆杆及其他部件都容易折断。

5.2.3 检修时,卸下主轴螺帽,通过注油孔可以注入润滑油到轴承处。

5.2.4 运转时,如有异常响声与反常振动,应立即停机检查。

5.2.5 机器必须由专人负责操作,在使用 6 个月后必须全面保养一次。

5.2.6 应经常检查制动摩擦片、离合器摩擦片是否有严重磨损,若严重磨损应当更换。

5.2.7 经常检查转鼓、筒体有无严重腐蚀或裂纹,筒体有无变形,加强箍有无断裂等,若有应向机修班报告,以便及时修理。

三、任务要求

选择熟悉的设备,参照上述实训内容和示例,完成 SOP 编写。

完成任务的形式:分组。

四、在线检测

请扫码完成在线测验:

参考文献

[1]隋新安,崔成红. 医药企业安全生产[M]. 北京:中国轻工业出版社,2013.

[2]胡迪君,张海霞. 化工安全与清洁生产[M]. 北京:化学工业出版社,2015.

[3]孙玉叶. 化工安全技术与职业健康[M]. 北京:化学工业出版社,2015.

[4]刘景良. 化工安全技术[M]. 北京:化学工业出版社,2019.

[5]白羊中凯. 设备标准操作规程编制与管理规程[EB/OL]. (2014-11-22)[2020-05-15]. https://wenku.baidu.com/view/e8c65c5387c24028915fc3a8.html.

[6]Soper. 标准操作规程(SOP)基础知识[EB/OL]. (2007-04-23)[2020-05-15]. http://blog.sina.com.cn/s/blog_4cd0d759010008jl.html.

[7]长河5016. SS800三足离心机操作、维护保养规程[EB/OL]. (2018-12-14)[2020-05-15]. https://wenku.baidu.com/view/b9ba2549443610661ed9ad51f01dc281e53a56ae.html? rec_flag=default.

模块四　安全生产双重预防机制

任务九　企业双重预防机制简介

●知识目标

1. 掌握双重预防机制相关术语及定义。

2. 掌握危险源、重大危险源辨识方法及安全隐患排查方法和治理要求。

3. 熟悉化工、危险化学品行业企业双重预防机制工作流程和危险源辨识流程及风险点划分原则。

4. 了解双重预防机制的由来及发展。

●能力目标

1. 能自主查阅、学习双重预防机制相关文件、标准等资料。

2. 能够用 LEC 法计算风险值,确定风险等级和管控措施。

3. 能够进行危险源辨识、安全风险隐患排查和风险分级管控。

●思政目标

1. 能够明白安全生产的重要意义,牢固树立"安全第一,预防为主"的思想,严格按法律法规要求做好安全生产风险分级管控和隐患排查治理工作。

2. 树立热爱生命、尊重生命、生命至上的观点。

一、概述

(一)双重预防机制的含义及由来

1. 双重预防机制的含义

安全生产风险分级管控和隐患排查治理共同构建起预防事故发生的两项有效工作机制,简称双重预防机制,也称双重预防体系。生产经营单位通过定性定量的方法把风险用数值表现出来,并按等级合理配置资源,分级管控不同等级的风险,并通过排查风险管控过程中出现的缺失、漏洞和风险控制失效环节,治理隐患,动态管控风险。

安委办〔2016〕3号

2. 双重预防机制的由来及发展

2016 年中共中央政治局常委会会议上对加强安全生产工作提出五点要求,其中第四点是必须坚决遏制重特大事故频发势头,对易发生重特大事故的行业领域采取风险分级管控、隐患排查治理双重预防性工作机制,推动安全生产关口前移,加强应急救援工作,最大限度地减少人员伤亡和财产损失。

扎实做好安全生产各项工作,强化重点行业领域安全治理,加快健全隐患排查治理体系、风险预防控制体系和社会共治体系,依法严惩安全生产领域失职渎职行为,坚决遏制重特大事故频发势头,确保人民群众生命财产安全。

2016年国务院安全生产委员会办公室(简称"国务院安委办")印发关于《标本兼治遏制重特大事故工作指南》的通知(安委办〔2016〕3号,以下简称《工作指南》),其指出:为认真贯彻落实党中央、国务院决策部署,着力解决当前安全生产领域存在的薄弱环节和突出问题,强化安全风险管控和隐患排查治理,坚决遏制重特大事故频发势头。到2018年,构建形成点、线、面有机结合、无缝对接的安全风险分级管控和隐患排查治理双重预防性工作体系,着力构建安全风险分级管控和隐患排查治理双重预防性工作机制。

2016年中共中央政治局常委会会议上,对加强安全生产和汛期安全防范工作做出重要指示,强调安全生产是民生大事,一丝一毫不能放松,要以对人民极端负责的精神抓好安全生产工作,站在人民群众的角度想问题,把重大风险隐患当成事故来对待。各级党委和政府特别是领导干部要牢固树立安全生产的观念,正确处理安全和发展的关系,坚持"发展决不能以牺牲安全为代价"这条红线。要把遏制重特大事故作为安全生产整体工作的"牛鼻子"来抓,在煤矿、危化品、道路运输等方面抓紧规划实施一批生命防护工程,积极研发和应用一批先进安防技术,切实提高安全发展水平。坚持生命安全至上、人民利益至上,坚持安全发展理念,坚持依法治安、源头防范、系统治理,切实加强安全风险识别管控和隐患排查治理,切实加大安全基础保障能力建设力度,切实落实安全生产责任制、强化工作考核,依法严惩违法违规和失职渎职行为。

对加强安全生产和汛期安全防范工作作出重要指示批示

2016年国务院安委办印发关于《实施遏制重特大事故工作指南构建双重预防机制的意见》(安委办〔2016〕11号),指出:构建安全风险分级管控和隐患排查治理双重预防机制(以下简称双重预防机制),是遏制重特大事故的重要举措。准确把握安全生产的特点和规律,坚持风险预控、关口前移,全面推行安全风险分级管控,进一步强化隐患排查治理,推进事故预防工作科学化、信息化、标准化,实现把风险控制在隐患形成之前、把隐患消灭在事故之前。

安委办〔2016〕11号

2016年中共中央国务院印发《中共中央国务院关于推进安全生产领域改革发展的意见》(中发〔2016〕32号),以下简称"意见(2016)",指出:构建风险分级管控和隐患排查治理双重预防工作机制,严防风险演变、隐患升级导致的生产安全事故。加强安全风险管控,实行重大安全风险"一票否决"。

意见(2016)

2017年《国务院安委办关于实施遏制重特大事故工作指南全面加强安全生产源头管控和安全准入工作的指导意见》(安委办〔2017〕7号),指出:牢固树立安全发展理念,认真落实《中共中央国务院关于推进安全生产领域改革发展的意见》和《工作指南》要求,做实、做细重大安全风险的排查和分级分类的管控工作,着力构建集规划设计、重点行业领域、工艺设备材料、特殊场所、人员素质"五位一体"的源头管控和安全准入制度体系,减少高风险项目数量和重大危险源,全面提升企业和区域的本质安全水平。

安委办〔2017〕7号

课堂活动

安委办〔2017〕7号,指出:着力构建"五位一体"的源头管控和安全准入制度体系,全面提升企业和区域的本质安全水平。

请分组查阅文献,讨论什么是"本质安全"。

(二)双重预防机制与企业安全生产标准化的关系

安全风险管控及隐患排查治理双重预防机制是企业安全管理的基础工作,是企业安全生产标准化风险管理要素的重点内容,贯穿于安全生产标准建设的全过程,为安全生产标准化建设提供了坚实的基础保障。构建双重预防机制,是遏制重特大事故的重要举措。

安委办〔2016〕11号指出:深入推进企业安全生产标准化建设。要引导企业将安全生产标准化创建工作与安全风险辨识、评估、管控,以及隐患排查治理工作有机结合起来,在安全生产标准化体系的创建、运行过程中开展安全风险辨识、评估、管控和隐患排查治理。要督促企业强化安全生产标准化创建和年度自评,根据人员、设备、环境和管理等因素变化,持续进行风险辨识、评估、管控与更新完善,持续开展隐患排查治理,实现双重预防机制的持续改进。

安全生产标准化建设工作是我国安全生产领域当前的重点工作,其实施的主要依据是《企业安全生产标准化基本规范》(目前执行GB/T 33000—2016)及各行业的安全生产标准化评定标准。GB/T 33000—2016第5.5项即为安全风险管控及隐患排查治理,对安全风险管理、重大危险源辨识与管理、隐患排查治理和预测预警等四个方面提出了基本要求和原则性规定。

知识链接

企业安全生产标准化

根据2017年4月起实施的GB/T 33000—2016《企业安全生产标准化基本规

范》,企业安全生产标准化,是指企业通过落实安全生产主体责任,全员全过程参与,建立并保持安全生产管理体系,全面管控生产经营活动各环节的安全生产与职业卫生工作,实现安全健康管理系统化、岗位操作行为规范化、设备设施本质安全化、作业环境器具定置化,并持续改进。

作业环境,是指从业人员进行生产经营活动的场所以及相关联的场所,对从业人员的安全、健康和工作能力,以及对设备(设施)的安全运行产生影响的所有自然和人为因素。

持续改进,是指为了实现对整体安全生产绩效的改进,根据企业的安全生产和职业卫生目标,不断对安全生产和职业卫生工作进行强化的过程。

二、化工、危险化学品行业企业双重预防机制工作流程

根据 DB 22/T 2883—2018《化工行业安全生产风险分级管控和隐患排查治理双重预防机制建设通用规范》提供的工程流程,结合 DB 37/T 2882—2016《安全生产风险分级管控体系通则》提供的工作程序,确定以下流程,见图 9-1。

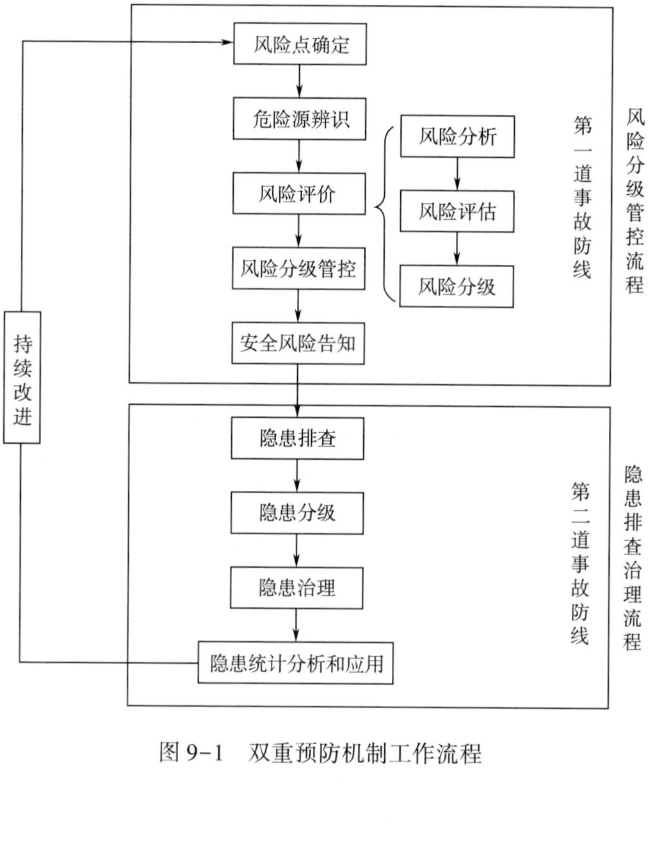

图 9-1 双重预防机制工作流程

三、化工、危险化学品行业企业安全风险管控

(一)风险点确定

1. 相关术语及定义

(1)风险　根据 DB 37/T 2882—2016,风险是指生产安全事故或健康损害事件发生的可能性和严重性的组合。可能性是指事故(事件)发生的概率。严重性是指事故(事件)一旦发生后,将造成的人员伤害和经济损失的严重程度。风险=可能性×严重性。

(2)安全风险　根据 GB/T 33000—2016,安全风险是指发生危险事件或有害暴露的可能性,与随之引发的人身伤害、健康损害或财产损失的严重性的组合。

(3)风险点　根据 DB 37/T 2882—2016,风险点是指风险伴随的设施、部位、场所和区域,以及在设施、部位、场所和区域实施的伴随风险的作业活动,或以上两者的组合。风险点有时也称风险源。

(4)事故　根据 AQ 3013—2008《危险化学品从业单位安全标准化通用规范》,事故是指造成死亡、职业病、伤害、财产损失或其他损失的意外事件。

(5)事件　根据 AQ 3013—2008,事件是指导致或可能导致事故的情况。

课外活动

查阅《危险化学品企业安全风险隐患排查治理导则》(应急〔2019〕78 号,见附件 2)中关于"安全风险"和"风险点"的定义,以加深理解和记忆。

2. 风险点划分原则

根据 DB 37/T 2971—2017《化工企业安全生产风险分级管控体系细则》,风险点划分原则为以下内容。

(1)对化工装置风险点的划分　应遵循大小适中、便于分类、功能独立、易于管理、范围清晰的原则,可按照生产装置、储存罐区、装卸站台、作业场所等功能分区进行。例如,石油化工企业的常/减压、催/裂化、气分、加/制氢、延迟焦化、重整等生产装置;原料与产品储存设备;储存盐酸、硫酸、烧碱等腐蚀品储罐,关联的装卸设施、生产或作业场所。

(2)对操作及作业活动等风险点的划分　应当涵盖生产经营全过程所有常规和非常规状态的作业活动。对于系统或大型机组开/停车、检/维修、动火、受限空间操作等难度大、技术含量高、风险等级高、可能导致严重后果的作业活动应进行重点考虑。例如,化工企业的自动化操作(DCS)、可燃液体储罐动火等。

3. 风险点排查

根据 2020 年 3 月起施行的《山东省安全生产风险管控办法》(省政府令第 331

号),生产经营单位应当组织对生产经营全过程进行风险点排查,并重点排查下列设备设施、部位、场所、区域以及相关作业活动。

(1)生产工艺技术及流程。

(2)设备设施及其安全防护、检验检测情况。

(3)易燃易爆、有毒有害生产经营场所。

(4)建筑物、构筑物及其相关的环境和气象条件。

(5)有限作业空间。

(6)高处作业、临时用电、动火等特殊作业活动。

(7)其他需要重点排查的环节和内容。

排查结束后,应当列明风险点名称、所在位置、可能导致的事故类型及后果。

对排查出的风险点,生产经营单位应当根据其生产工艺、作业活动等情况选择适用的分析辨识方法进行风险因素辨识,明确可能存在的不安全行为、不安全状态、管理缺陷和环境影响因素。

课堂活动

根据《企业职工伤亡事故分类》(GB/T 6441—1986)现行标准,不安全状态是指能导致事故发生的物质条件;不安全行为是指能造成事故发生的人为错误。请查阅该标准附录 A 表 A6 和 A7,了解不安全状态和不安全行为有哪些具体表现,选择熟悉的一种,举例说明其可能的危害,并分享。

(二)危险源、危险有害因素辨识

1. 危险源辨识

(1)术语及定义

①危险源辨识:根据 DB 22/T 2881—2018,危险源辨识是指识别危险源的存在并确定其特性的过程。

②“两重点一重大”是指重点监管的危险化学品、重点监管的危险化工工艺、危险化学品重大危险源。

(2)辨识原则　应以“全员、全过程、全方位、全天候”的原则开展全员参与的、全面的、系统的危险源辨识。

(3)辨识范围　危险源辨识范围应覆盖本单位的所有活动及区域,充分考虑危险因素的三种状态、三种时态、7 种类型。

①三种状态:正常状态,如每天正常生产、施工等过程;异常状态,如停机、检修;紧急状态,如火灾、爆炸等。

②三种时态:过去,如已发生过的事件、事故;现在,如作业活动、设备等现在的

安全控制状态；将来，如作业活动将发生变化、设备设施改进、新购等活动时的安全控制状态。

③7 种类型：生产性粉尘、毒物、噪声和振动、高温作业、低温作业、辐射、其他危害因素。

危险源辨识范围应从地理区域、自然条件、作业环境、工艺流程、设备设施、作业活动等各个方面进行辨识，包括但不限于以下范围：a. 规划、设计、建设、投产、运行等阶段。b. 常规和非常规作业活动。c. 事故及潜在的紧急情况。d. 所有进入作业场所人员的活动。e. 原材料、产品的运输和使用过程。f. 作业场所的装置、设施、设备、车辆、安全防护用品。g. 工艺、设备、管理、人员等变更。h. 维修、废弃、拆除与处置。i. 气候、地质及环境影响。j. 停产、复工。

（4）辨识内容

①应依据 GB/T 13861—2009 的规定，开展危险源辨识，充分考虑人的因素、物的因素、环境因素和管理因素。例如，造成火灾和爆炸的因素；造成中毒、窒息、触电及辐射的因素；工作环境的化学因素和物理性危害因素；导致有毒有害物料、气体泄漏的原因等。

②也可以从能量和物质的角度进行提示：其中从能量的角度可以考虑机械能、电能、化学能、热能和辐射能等。例如，机械能可造成物体打击、车辆伤害、机械伤害、起重伤害、高处坠落、坍塌等；热能可造成灼烫、火灾；电能可造成触电；化学能可导致中毒、火灾、爆炸、腐蚀。

从物质的角度可以考虑压缩或液化的气体、腐蚀性物质、可燃性物质、氧化性物质、毒性物质、放射性物质、病原体载体、粉尘和爆炸性物质等。

③涉及危险化学品的企业应进行危险化学品重大危险源辨识。

④依据 GB/T 6441 确定事故类别及后果。危险源造成的事故类别，包括物体打击、车辆伤害、机械伤害、起重伤害、触电、淹溺、灼烫、火灾、高处坠落、坍塌、锅炉爆炸、容器爆炸、其他爆炸、中毒和窒息，以及其他伤害等。

危险源引发的后果，包括人身伤害、伤亡疾病、财产损失、停工、违法、影响商誉、工作环境破坏、环境污染等。

（5）辨识方法　危险源辨识宜选用但不限于以下方法。

①对于作业活动，宜选用工作危害分析法（JHA）进行辨识。

②对于危险物质、设备设施，宜选用安全检查表法（SCL）、预先危险性分析法（PHA）、失效模式与影响分析法（FMEA）进行辨识。

③对于复杂、危险工艺，涉及重点监管的危险化学品、重点监管的危险化工工艺和危险化学品重大危险源（“两重点一重大”）的生产储存装置，宜选用危险与可操作性分析法（HAZOP）、事故树分析法（FTA）进行辨识。

2. 危险、有害因素辨识

（1）定义　根据 AQ 3013—2008《危险化学品从业单位安全标准化通用规范》，

危险、有害因素识别是指识别危险、有害因素的存在并确定其性质的过程。

(2)辨识原则

①依据科学性、系统性、全面性的基本原则辨识危险有害因素。

②依据安全科学理论、国家法律、法规、标准及专业知识,针对不同作业场所生产工艺、作业环境的特点,识别可能的危险有害因素。

③应对生产经营活动中各个环节的危险有害因素进行系统分析,确定危险有害因素存在的位置、危害方式、事故发生的途径及后果。

④应从人员、设备设施、环境条件、管理制度等方面进行识别。不仅应分析正常生产操作中存在的危险有害因素,还应分析技术、材料、工艺等发生变化、设备受到破坏或失效、人员操作失误等情况下可能产生的危险有害因素。

(3)辨识方法

①生产经营单位应根据 GB/T 6441 中规定的事故类别、卫生部公布的《职业病危害因素分类目录》中的危害因素及其他职业卫生的规定辨识危险有害因素。

②应由专业人员采用现场调查,测量,查阅相关记录、安全检查表,询问与交流等方式对作业环境中的危险有害因素进行分析,确定危险有害因素、伤害类型、对人体伤害的可能性、程度及后果。

③在识别危险有害因素时,应主要从以下几方面进行分析。

a. 正常工作状态。b. 设备设施的运行、维修和保养。c. 原材料、设备采购、贮存和输送。d. 生产、施工工艺。e. 其他辅助活动。

课外活动

请分组查阅 GB/T 45001—2020《职业健康安全管理体系　要求及使用指南》,了解该标准中关于危险源辨识的要求,小组间进行交流。

(三)重大危险源辨识

根据[《危险化学品重大危险源监督管理暂行规定》总局令 40 号(79 号修正)]第七条,危险化学品单位应当按照《危险化学品重大危险源辨识》标准(GB 18218),对本单位的危险化学品生产、经营、储存和使用装置、设施或者场所进行重大危险源辨识,并记录辨识过程与结果(目前执行的 GB 18218 标准是 2018 年版)。

1. 重大危险源辨识依据

(1)危险化学品应依据其危险特性及数量进行重大危险源辨识,具体见表 9-1 和表 9-2。危险化学品的纯物质及其混合物应按GB 30000. 2—2013 ~ GB 30000. 5—2013、GB 30000. 7—2013 ~ GB 30000. 16—2013、GB 30000. 18—2013 的规定进行分类。危险化学品重大危险源可分为生产单元危险化学品重大危险源和储存单元危险化学品重大危险源。

（2）危险化学品临界量的确定方法

①在表 9-1 范围内的危险化学品，其临界量应按表 9-1 确定。

②未在表 9-1 范围内的危险化学品，应依据其危险性，按标准表 9-2 确定其临界量；若一种危险化学品具有多种危险性，应按其中最低的临界量确定。

请扫码查看表 9-1（危险化学品名称及其临界量）和表 9-2（未在表 9-1 中列举的危险化学品类别及其临界量）具体内容。

表 9-1　危险化学品名称及其临界量

表 9-2　未在表 9-1 中列举的危险化学品类别及其临界量

2. 重大危险源的辨识指标

（1）生产单元、储存单元内存在危险化学品的数量等于或超过表 9-1、表 9-2 规定的临界量，即被定为重大危险源。单元内存在的危险化学品的数量根据危险化学品种类的多少区分为以下两种情况。

①生产单元、储存单元内存在的危险化学品为单一品种时，该危险化学品的数量即为单元内危险化学品的总量，若等于或超过相应的临界量，则定为重大危险源。

②生产单元、储存单元内存在的危险化学品为多品种时，按式（9-1）计算，若满足式（9-1），则定为重大危险源。

$$S = q_1/Q_1 + q_2/Q_2 + \cdots\cdots q_n/Q_n \geq 1 \qquad (9-1)$$

式中　S——辨识指标

$q_1, q_2 \cdots\cdots q_n$——每种危险化学品的实际存在量，t

$Q_1, Q_2 \cdots\cdots Q_n$——每种危险化学品相对应的临界量，t

（2）危险化学品储罐以及其他容器、设备或仓储区的危险化学品的实际存在量按设计最大量确定。

（3）对于危险化学品混合物，如果混合物与其纯物质属于相同危险类别，则视混合物为纯物质，按混合物整体进行计算。如果混合物与其纯物质不属于相同危险类别，则应按新危险类别考虑其临界量。

3. 重大危险源分级

根据总局令 40 号（79 号修正），重大危险源根据其危险程度，分为一级、二级、三级和四级，一级为最高级别，具体分级方法见表 9-3。

表 9-3　危险化学品重大危险源级别和 R 值* 的对应关系

重大危险源级别	R 值
一级	$R \geqslant 100$
二级	$100 > R \geqslant 50$
三级	$50 > R \geqslant 10$
四级	$R < 10$

注:* R 为重大危险源分级指标,其计算方法请参看 GB 18218—2018《危险化学品重大危险源辨识》中“4. 3 重大危险源的分级”。

(四)风险评价

1. 风险评价的定义

根据 DB 37/T 2882—2016,风险评价是指对危险源导致的风险进行分析、评估、分级,对现有控制措施的充分性加以考虑,以及对风险是否可接受予以确定的过程。

2. 风险分析

(1)风险分析概念　根据 DB 22/T 2881—2018,风险分析是指确定危险源转化为风险导致后果的过程。

(2)风险分析内容　根据《关于加强化工过程安全管理的指导意见》(安监总管三〔2013〕88 号),化工过程风险分析应包括:工艺技术的本质安全性及风险程度;工艺系统可能存在的风险;对严重事件的安全审查情况;控制风险的技术、管理措施及其失效可能引起的后果;现场设施失控和人为失误可能对安全造成的影响。在役装置的风险辨识分析还要包括发生的变更是否存在风险,吸取本企业和其他同类企业事故及事件教训的措施等。

3. 风险评估

根据 DB 22/T 2881—2018 和 GB/T 33000—2016,风险评估也称安全风险评估,是指运用定性或定量的统计分析方法对安全风险进行分析,确定其严重程度,对现有控制措施的充分性、可靠性加以考虑,以及对其是否可接受予以确定的过程。

知识链接

国家安全监管总局于 2017 年 1 月发布的《关于加强精细化工反应安全风险评估工作的指导意见》(安监总管三〔2017〕1 号)要求,企业中涉及重点监管危险化工工艺和金属有机物合成反应(包括格氏反应)的间歇和半间歇反应,有以下情形之一的,要开展反应安全风险评估。

(1)国内首次使用的新工艺、新配方投入工业化生产的以及国外首次引进的新工艺且未进行过反应安全风险评估的。

(2)现有的工艺路线、工艺参数或装置能力发生变更,且没有反应安全风险评估报告的。

(3)因反应工艺问题,发生过事故的。

精细化工生产中反应失控是发生事故的重要原因,开展精细化工反应安全风险评估、确定风险等级并采取有效管控措施,对于保障企业安全生产具有重要意义。2017年浙江林江化工股份有限公司"6·9"爆燃事故就是企业受经济利益驱使,在不掌握反应安全风险的情况下在已停产的车间开展医药中间体的中试研发,仅依据500mL规模的小试结果就盲目将试验规模放大至1万倍以上,由于中间产物不稳定,发生分解引发爆燃事故。

4. 风险分级

(1)定义　根据DB 37/T 2882—2016,风险分级是指通过采用科学、合理的方法对危险源所伴随的风险进行定性或定量评价,根据评价结果划分等级。

(2)四级风险分级　根据DB 22/T 2881—2018,生产经营单位应当根据风险因素辨识情况,按照国家和省有关标准、方法对风险点进行定性定量评价,确定风险等级。风险等级从高到低划分为重大风险、较大风险、一般风险和低风险四个等级,对应用红、橙、黄、蓝四种颜色标示。红色为安全风险最高级。

根据应急〔2019〕78号,安全风险划分是按照本导则附件中的《化工园区安全风险排查治理检查表》对化工园区进行评分,60分以下(不含60分)为高安全风险(A类),60~70分(不含70分)为较高安全风险(B类),70~85分(不含85分)为一般安全风险(C类),85分及以上为较低安全风险(D类)。

(3)五级风险分级　根据DB 37/T 2971—2017,化工企业应依据风险判定准则确定风险等级,风险等级判定应遵循从严从高的原则。化工企业风险按照从高到低分为5级:1、2、3、4、5或A、B、C、D、E,其中,1级或A级为最高风险,5级或E级为最低风险。风险等级判定准则具体参照表9-4。

表9-4　**风险等级判定准则**

风险值	风险等级	
>320	A/1级	极其危险
160~320	B/2级	高度危险
70~160	C/3级	显著危险
20~70	D/4级	轻度危险
<20	E/5级	稍有危险

注:1、2、3、4、5级或A、B、C、D、E级对应用红、橙、黄、蓝、蓝标示。

课堂活动

1. 查看《山东省安全生产风险管控办法》(省政府令第 331 号)和 DB 22/T 2883—2018,学习了解重大风险、较大安全风险判定、一般风险或者低风险判定等级和判定方法。

2. 查看《化工园区安全风险排查治理导则(试行)》(应急〔2019〕78 号,附件 1),学习风险检查要素、排查内容和评分标准,了解化工园区判定为高安全风险(A 类)的条件。

3. 了解化工园区的定义。

5. 风险值计算——LEC 法

LEC 法即作业条件危险性评价法,是一种简便易行的衡量人们在某种具有潜在危险的环境中作业的危险性的半定量评价方法。它是由美国 K. J. Graham 和 G. F. Kinney 提出的,是用与系统风险率有关的三种因素(L、E、C)指标值之乘积来评价作业条件危险性的大小,见式 9-2。

$$D=L\times E\times C \tag{9-2}$$

式中 D(Danger)——危险性、风险值

L(Likelihood)——发生事故的可能性

E(Exposure)——人员暴露于危险环境中的频繁程度

C(Consequence)——一旦发生事故可能造成的后果

D 值越大,说明该作业活动危险性大、风险大,需要增加安全措施,或改变发生事故的可能性,或减少人体暴露于危险环境中的频繁程度,或减轻事故损失,直至调整到允许范围。

(1)发生事故的可能性　事故或危险性事件发生的可能性大小,当用概率表示时,绝对不可能发生的事件概率为 0;而必然发生的事件概率为 1。在考虑系统的危险性时,不能认为事故是绝对不可能发生的,所以不存在概率为 0 的情况。只能说,某种环境发生事故的可能性极小,其概率趋近于 0。

在生产环境中,人为地规定实际不可能发生的事件可能性分数为 0.1,完全意外而有极小可能性的事件可能性分数为 1,完全能预料到会发生的事件可能性分数为 10。在 0.1 和 1、1 和 10 之间指定若干中间值,见表 9-5。

表 9-5　事故或危险事件发生的可能性分数值(L)

分数值	事故或危险事件发生的可能性
10	完全会被预料到
6	相当可能

续表

分数值	事故或危险事件发生的可能性
3	不经常,但可能
1	完全意外,极少可能
0.5	可以设想,但绝少可能
0.2	极不可能
0.1	实际上不可能

(2)暴露于危险环境的频繁程度　人员处在危险环境中的时间越长,受伤害的可能性越大,相应的危险性也越大。规定连续出现在危险环境中的暴露分数值为10;规定每年仅出现几次的相当稀少的暴露情况其分数值为1。以这两种情况为参考点规定中间情况的暴露分数值。例如,每周一次或仅仅偶尔暴露的情况被指定分数值为3。外推考虑非常罕见的暴露情况的分数值为0.5,见表9-6。

表9-6　暴露于危险环境的频繁程度分数值(*E*)

分数值	暴露于危险环境的频繁程度
10	连续暴露于潜在危险环境
6	逐日在工作时间内暴露
3	每周一次或偶然暴露
2	每月暴露一次
1	每年几次出现在潜在危险环境
0.5	非常罕见的暴露情况

(3)发生事故产生的后果　事故或危险事件造成的人身伤害或物质损失可能在很大的范围内变化,规定其分数值为1~100。把需要救护的轻微伤害的可能结果规定为分数值1,把造成多人死亡的可能结果规定为分数值100。在这两个参考点间内插指定中间值,见表9-7。

表9-7　规定的发生事故所产生的后果的分数值(*C*)

分数值	可能结果	
100	大灾难	许多人死亡
40	灾难	数人死亡
15	非常严重	一人死亡

续表

分数值	可能结果	
7	严重	严重伤害
3	重大	致残
1	引人注目	需要救护

(4)风险值(D)计算　根据公式 $D=L\times E\times C$ 计算风险值 D,并根据表 9-4 进行风险等级判定。

这种分级是根据过去的经验划分的,难免带有局限性,所以不能认为它是普遍适用的,故仅供参考。在具体应用时可以根据自己的经验适当加以修正,使之更适合于实际情况。

风险值(D)计算举例:某制药公司片剂生产车间,在生产工艺中使用易燃液体乙醇。其洁净区使用干燥箱的配套电气设备不防爆,操作人员在烘箱烘烤过程中开关烘箱送风机或轴流风机,在运转过程中产生电器火花,有可能引爆积累在烘箱中的达到爆炸极限的乙醇爆炸性混合气体,产生爆炸事故。以前发生过造成数人死伤的较大事故。为了评价这种操作条件的危险性,首先确定每种因素的分数值:

①发生事故的可能性大小:对于这种情况,其发生事故的可能性属于"不经常,但可能",为一级,其分数值 $L=3$。

②暴露于危险环境的频繁程度:工人每天都在这样的环境条件下操作,得到分数值 $E=6$。

③发生事故产生的后果:可能后果处于"灾难,数人死亡",分数值 $C=40$。

因此按 $D=L\times E\times C$ 可得:

危险分值 $D=3\times 6\times 40=720$,大于 320,故这种作业条件属于 A/1 级。

知识链接

可接受风险与不可接受风险

根据风险分析评估的结果,可按人的承受能力,将风险分为可接受风险和不可接受风险。

一般认为可接受风险是指预期的风险事故的最大损失程度在单位或个人经济能力和心理承受能力的最大限度之内。

不可接受风险是指预期的风险事故的最大损失程度已经超过了单位或个人承受能力的最大限度。

根据 DB 37/T 2882—2016《安全生产风险分级管控体系通则》,可接受风险是指根据企业法律义务和职业健康安全方针已被企业降至可容许程度的风险。

(五)安全风险分级管控

1. 风险分级管控的定义

根据 DB 37/T 2882—2016,风险分级管控是指按照风险不同级别、所需管控资源、管控能力、管控措施复杂及难易程度等因素而确定不同管控层级的风险管控方式。

2. 风险分级管控措施

根据2020年中共中央办公厅　国务院办公厅印发的《关于全面加强危险化学品安全生产工作的意见》、应急管理部关于印发《化工园区安全风险排查治理导则(试行)》和《危险化学品企业安全风险隐患排查治理导则》(应急〔2019〕78号)等通知要求,全面开展安全风险排查和隐患治理。严格落实地方党委和政府领导责任,结合实际细化排查标准,对危险化学品企业、化工园区或化工集中区(简称化工园区),组织实施精准化安全风险排查评估,分类建立完善安全风险数据库和信息管理系统,区分“红、橙、黄、蓝”四级安全风险,突出一、二级重大危险源和有毒有害、易燃易爆化工企业,按照“一企一策”“一园一策”原则,实施最严格的治理整顿。采取针对性措施,及时排查整治事故隐患,坚决管控好重大安全风险。对安全风险等级为A类的化工园区,原则上不得新、改、扩建危险化学品建设项目,并责令其限期整改提升,有效降低安全风险;对安全风险等级为B类的化工园区,要统筹考虑,从企业规模、社会认可接受风险和安全距离等方面认真审查,原则上要限制新、改、扩建危险化学品建设项目;对存在重大事故隐患且短期难以整改的危险化学品企业,要挂牌督办并依法责令停产停业整顿整改,经整改仍达不到安全生产条件的,要依法吊销安全生产许可证。

根据2020年3月起施行的《山东省安全生产风险管控办法》,安全生产风险管控工作应当坚持安全第一、预防为主、全面排查、综合管控和管行业必须管安全、管业务必须管安全、管生产经营必须管安全的原则。

DB 37/T 2971—2017 给出的不同等级风险控制措施见表9-8。

表9-8　不同等级风险控制措施

风险等级		应采取的行动/控制措施	实施期限
A/1级	极其危险	在采取措施降低危害前,不能继续作业,对改进措施进行评估	立刻
B/2级	高度危险	采取紧急措施降低风险,建立运行控制程序,定期检查、测量及评估	立即或近期整改
C/3级	显著危险	可考虑建立目标,建立操作规程,加强培训及沟通	2年内治理

续表

风险等级		应采取的行动/控制措施	实施期限
D/4 级	轻度危险	可考虑建立操作规程、作业指导书,但需定期检查	有条件、有经费时治理
E/5 级	稍有危险	无需采用控制措施,但需保存记录	—

(六)安全风险告知(DB 22/T 2881—2018)

1. 绘制安全风险四色分布图和作业安全风险比较图

企业应依据评估的风险分级管控清单或风险数据,绘制安全风险四色分布图和作业安全风险比较图,持续动态更新与实际风险情况保持一致,并在醒目位置公示。

安全风险 4 色分布图是指生产经营单位采用红、橙、黄、蓝 4 种颜色将其存在的重大风险、较大风险、一般风险和低风险,在其总平面图、空间分布图上标示。

作业安全风险比较图是指生产经营单位利用统计分析的方法,采取柱状图、曲线图或饼状图等形式,将其作业活动的风险等级或程度按照从高到低的顺序标示出来,绘制出作业安全风险比较图。

2. 制作岗位安全风险告知卡

企业应依据风险分级管控清单制作岗位安全风险告知卡,告知卡应至少包括以下内容:岗位名称、位置/场所、主要风险类别、风险等级、危害或潜在危害事件、风险管控措施、安全警示标识、内部报告电话。

3. 设置安全风险公告栏

企业应在醒目位置设置安全风险公告栏,公告栏应至少包括以下内容:位置/场所、主要危险源、风险等级、风险类别、可能导致的后果、风险管控层级、责任单位、责任人、责任人电话、安全生产监督举报电话“12350”。

课外活动

请查阅 DB 22/T 2883—2018 附录 D.1 和 D.2,或其他文献资源,制作一张岗位风险告知卡,设计一个安全风险公告栏,熟悉其中的内容。

四、化工、危险化学品行业企业安全隐患排查治理

事故隐患排查治理和监督管理工作坚持“安全第一、预防为主、综合治理”的方针,遵循“谁主管谁负责,谁审批谁负责,谁受益谁负责”的原则,实行属地为主、分级分类管理。生产经营单位应当建立健全事故隐患排查治理制度。生产经营单位主要负责人对本单位事故隐患排查治理工作应全面负责。

(一)隐患排查

1. 隐患排查的定义

根据《安全生产事故隐患排查治理体系建设实施指南》[以下简称《指南》(安委办 2012)],隐患排查是指生产经营单位组织安全生产管理人员、工程技术人员和其他相关人员对本单位的事故隐患进行排查,并对排查出的事故隐患,按照事故隐患的等级进行登记,建立事故隐患信息档案。

2. 编制隐患排查项目清单

企业应结合各类危险源的风险管理措施编制隐患排查项目清单,包括基础管理类隐患排查项目清单和生产现场类隐患排查项目清单,至少应包括:排查项目、排查内容、排查标准、排查周期、排查结果、组织级别和排查人员等信息。

3. 确定排查项目

企业应根据安全生产工作实际需要和隐患排查治理制度的规定,在隐患排查项目清单中选择排查项目。企业隐患排查项目分为基础管理类和生产现场类。

课堂活动

请查阅 DB 22/T 2883—2018 或其他标准文件,分别列出化工危险品行业企业基础管理类和生产现场类隐患排查项目至少应包括哪些方面的内容。

4. 确定排查内容

企业应结合自身安全风险及管控水平,按照化工过程安全管理的要求,参照(应急〔2019〕78 号)附件中各专业安全风险隐患排查表,编制符合自身实际的安全风险隐患排查表,开展安全风险隐患排查工作,包括但不限于以下方面:①安全领导能力。②安全生产责任制。③岗位安全教育和操作技能培训。④安全生产信息管理。⑤安全风险管理。⑥设计管理。⑦试生产管理。⑧装置运行安全管理。⑨设备设施完好性。⑩作业许可管理。⑪承包商管理。⑫变更管理。⑬应急管理。⑭安全事故事件管理。

课堂活动

上述 14 项安全隐患排查内容具体包括哪些要素?请查阅应急〔2019〕78 号附件,列出并进行小组学习。

5. 隐患排查方式/类型

根据《危险化学品企业安全风险隐患排查治理导则》(应急〔2019〕78 号附件 2),安全风险隐患排查方式包括以下两种。

(1)企业应根据安全生产法律法规和安全风险管控情况,按照化工过程安全管理的要求,结合生产工艺特点,针对可能发生安全事故的风险点,全面开展安全风险隐患排查工作,做到安全风险隐患排查全覆盖,责任到人。

(2)安全风险隐患排查形式包括日常排查、综合性排查、专业性排查、季节性排查、重点时段及节假日前排查、事故类比排查、复产复工前排查和外聘专家诊断式排查等。

课堂活动

请查阅应急〔2019〕78 号附件 2,了解隐患排查类型的具体内容,并进行分享。

6. 隐患排查频次

根据应急〔2019〕78 号附件 2,开展安全风险隐患排查的频次应满足以下几点。

(1)装置操作人员现场巡检间隔不得大于 2h,涉及"两重点一重大"的生产、储存装置和部位的操作人员现场巡检间隔不得大于 1h。

(2)基层车间(装置)直接管理人员(工艺、设备技术人员)、电气、仪表人员每天至少两次对装置现场进行相关专业检查。

(3)基层车间应结合班组安全活动,至少每周组织一次安全风险隐患排查;基层单位(厂)应结合岗位责任制检查,至少每月组织一次安全风险隐患排查。

(4)企业应根据季节性特征及本单位的生产实际,每季度开展一次有针对性的季节性安全风险隐患排查;重大活动、重点时段及节假日前必须进行安全风险隐患排查。

(5)企业至少每半年组织一次,基层单位至少每季度组织一次综合性排查和专业排查,两者可结合进行。

(6)当同类企业发生安全事故时,应举一反三,及时进行事故类比和安全风险隐患专项排查。

当发生以下情形之一时,应根据情况及时组织进行相关专业性排查:

①公布实施有关新法律法规、标准规范或原有适用法律法规、标准规范重新修订的。

②组织机构和人员发生重大调整的。

③装置工艺、设备、电气、仪表、公用工程或操作参数发生重大改变的。

④外部安全生产环境发生重大变化的。

⑤发生安全事故或对安全事故、事件有新认识的。

⑥气候条件发生大的变化或预报可能发生重大自然灾害前。

企业对涉及"两重点一重大"的生产、储存装置运用危险与可操作性分析(Hazard and Operability Analysis,HAZOP)方法进行安全风险辨识分析,一般每 3 年开展一次;对涉及"两重点一重大"和首次工业化设计的建设项目,应在基础设计阶段开展 HAZOP 分析工作;对其他生产、储存装置的安全风险辨识分析,针对装置不同的复杂程度，可采用《危险化学品企业安全风险隐患排查治理导则》(应急〔2019〕78 号)所述的方法，每 5 年进行一次。

(二)隐患分级分类

1. 隐患分级

《指南》(安委办 2012)和总局令 16 号中规定，以隐患的整改、治理和排除的难度及其影响范围为标准，分为一般事故隐患和重大事故隐患。

一般事故隐患，是指危害和整改难度较小，发现后能够立即整改排除的隐患。重大事故隐患，是指危害和整改难度较大，应当全部或者局部停产停业，并经过一定时间整改治理才能排除的隐患，或者因外部因素影响致使生产经营单位自身难以排除的隐患。

知识链接

安全隐患的其他分类方法

安监总管三〔2012〕103 号，按照隐患整改难易及可能造成的后果严重性，分为一般事故隐患和重大事故隐患。

一般事故隐患，是指能够及时整改，不足以造成人员伤亡、财产损失的隐患。对于一般事故隐患，可按照隐患治理的负责单位，分为班组级、基层车间级、基层单位(厂)级直至企业级。重大事故隐患，是指无法立即整改且可能造成人员伤亡、较大财产损失的隐患。

2. 隐患分类

(1)基础管理类隐患　包括以下方面存在的问题或缺陷：①资质证照。②安全生产管理机构及人员。③安全生产责任制。④安全生产管理制度。⑤安全操作规程。⑥教育培训。⑦安全生产管理档案。⑧安全生产投入。⑨应急管理。⑩特种设备基础管理。⑪职业卫生基础管理。⑫相关方基础管理。⑬其他基础管理。

(2)生产现场类隐患　包括以下方面存在的问题或缺陷：①特种设备现场管理。②生产设备设施及工艺。③场所环境。④从业人员操作行为。⑤消防安全。⑥用电安全。⑦职业卫生现场安全。⑧有限空间现场安全。⑨辅助动力系统。⑩相关方现场管理。⑪其他现场管理。

其中上述提到的“相关方”是指本单位将生产经营项目、场所、设备发包或者出租给的其他生产经营单位。

拓展活动

请查阅《指南》(安委办 2012)第四章，明确每种基础管理类和生产现场类隐患分别包括哪些方面的问题或缺陷。

3. 重大事故隐患判定

根据《化工和危险化学品生产经营单位重大生产安全事故隐患判定标准(试行)》(安监总管三〔2017〕121号),以下情形应当判定为重大事故隐患。

(1)危险化学品生产、经营单位主要负责人和安全生产管理人员未依法经考核合格。

(2)特种作业人员未持证上岗。

(3)涉及"两重点一重大"的生产装置、储存设施外部安全防护距离不符合国家标准要求。

(4)涉及重点监管危险化工工艺的装置未实现自动化控制,系统未实现紧急停车功能,装备的自动化控制系统、紧急停车系统未投入使用。

(5)构成一级、二级重大危险源的危险化学品罐区未实现紧急切断功能;涉及毒性气体、液化气体、剧毒液体的一级、二级重大危险源的危险化学品罐区未配备独立的安全仪表系统。

(6)全压力式液化烃储罐未按国家标准设置注水措施。

(7)液化烃、液氨、液氯等易燃易爆、有毒有害液化气体的充装未使用万向管道充装系统。

(8)光气、氯气等剧毒气体及硫化氢气体管道穿越除厂区(包括化工园区、工业园区)外的公共区域。

(9)地区架空电力线路穿越生产区且不符合国家标准要求。

(10)在役的化工装置未经正规设计且未进行安全设计诊断。

(11)使用淘汰落后的安全技术工艺以及设备目录列出的工艺、设备。

(12)涉及可燃和有毒有害气体泄漏的场所未按国家标准设置检测报警装置,爆炸危险场所未按国家标准安装使用防爆电气设备。

(13)控制室或机柜间面向具有火灾、爆炸危险性装置的一侧不满足国家标准关于防火防爆的要求。

(14)化工生产装置未按国家标准要求设置双重电源供电,自动化控制系统未设置不间断电源。

(15)安全阀、爆破片等安全附件未正常投用。

(16)未建立与岗位相匹配的全员安全生产责任制或者未制订实施生产安全事故隐患排查治理制度。

(17)未制定操作规程和工艺控制指标。

(18)未按照国家标准制订动火、进入受限空间等特殊作业管理制度,或者制度未有效执行。

(19)新开发的危险化学品生产工艺未经小试、中试、工业化试验直接进行工业化生产;国内首次使用的化工工艺未经过省级人民政府有关部门组织的安全可靠性论证;新建装置未制订试生产方案便投料开车;精细化工企业未按规范性文件要求开展反应安全风险评估。

(20)未按国家标准分区分类储存危险化学品,超量、超品种储存危险化学品,相互禁配物质混放混存。

(三)隐患治理

1. 隐患治理的定义

根据 DB 37/T 2883—2016,隐患治理就是指消除或控制隐患的活动或过程。

对排查出的事故隐患,应当按照事故隐患的等级进行登记,建立事故隐患信息档案,并按照职责分工实施监控治理。对于一般事故隐患,由于其危害和整改难度较小,发现后应当由生产经营单位(车间、分厂、区队等)负责人或者有关人员立即组织整改。对于重大事故隐患,由生产经营单位主要负责人组织制订并实施事故隐患治理方案。

2. 隐患治理要求

根据 DB 37/T 2883—2016、DB 22/T 2883—2018、DB 37/T 3010—2017、安监总管三〔2012〕103 号等标准和文件,要做到以下几点。

(1)隐患治理实行分级治理、分类实施的原则,主要包括岗位纠正、班组治理、车间治理、部门治理、公司治理等。

(2)隐患治理应做到方法科学、资金到位、治理及时有效、责任到人、按时完成,保证整改措施、责任、资金、时限和预案"五到位"(也称"五落实")。

(3)能立即整改的隐患必须立即整改,无法立即整改的隐患,治理前要研究制订防范措施,落实监控责任,防止隐患发展为事故。

(4)按照"谁主管、谁负责"和"全员、全过程、全方位、全天候"的原则,明确职责,建立健全企业隐患排查治理制度和保证制度有效执行的管理体系,努力做到及时发现、消除各类安全生产隐患,保证企业安全生产。

(5)企业应对排查出的各级隐患　做到"五定"(定整改方案、定资金来源、定项目负责人、定整改期限、定控制措施),并将整改落实情况纳入日常管理进行监督,及时协调在隐患整改中存在的资金、技术、物资采购、施工等各方面问题。

3. 一般隐患治理

由企业各级(公司、车间、班组等)负责人或者有关人员负责立即组织整改,整改情况要安排专人进行确认;难以立即排除的应及时进行分析,制订整改措施并限期整改。

4. 重大事故隐患治理

根据安监总管三〔2012〕103 号和 DB 22/T 2883—2018,重大事故隐患治理应做到以下几点。

(1)企业要结合自身的生产经营实际情况,确定风险可接受标准,评估隐患的风险等级。

(2)重大事故隐患的治理应满足以下要求。

①当风险处于很高风险区域时,应立即采取充分的风险控制措施,防止事故发

生,同时编制重大事故隐患治理方案,尽快进行隐患治理,必要时立即停产治理。②当风险处于一般高风险区域时,企业应采取充分的风险控制措施,防止事故发生,并编制重大事故隐患治理方案,选择合适的时机进行隐患治理。③对于处于中风险的重大事故隐患,应根据企业实际情况,进行成本-效益分析,编制重大事故隐患治理方案,选择合适的时机进行隐患治理,尽可能将其降低到低风险。

(3)对于重大事故隐患,由企业主要负责人组织制订并实施事故隐患治理方案。重大事故隐患治理方案应包括:①治理的目标和任务。②采取的方法和措施。③经费和物资的落实。④负责治理的机构和人员。⑤治理的时限和要求。⑥防止整改期间发生事故的安全措施和应急预案。

企业应根据评估报告书制订重大隐患治理方案报告给当地县(市、区)人民政府负有安全生产监督管理职责的部门。

(4)企业应按照隐患整改通知和治理方案对重大事故隐患进行治理,治理时应采取严密的防范、监控措施,防止事故发生。重大事故隐患治理前,在不能确保安全的情况下,企业应停产、停业。

(5)化工园区内凡存在重大事故隐患、生产工艺技术落后、不具备安全生产条件的企业,责令停产整顿,整改无望的或整改后仍不能达到要求的企业,应依法予以关闭。

课堂活动

请查阅安监总管三〔2012〕103号附录A,了解重大事故隐患风险评估方法。

(四)隐患统计分析和应用

企业应建立隐患排查治理台账,每年对事故隐患进行统计分析,基层单位应每半年对事故隐患进行统计分析,并将分析结果纳入危险源辨识、风险评估和分级管控过程中。

课堂活动

请查阅DB 22/T 2883—2018附录F,了解隐患排查治理台账应包括哪些方面的内容。

五、闭环管理

(一)安全风险隐患闭环管理

1. 安全风险隐患管控与治理

(1)对排查发现的安全风险隐患,应当立即组织整改,并如实记录安全风险隐患排查治理情况,建立安全风险隐患排查治理台账,及时向员工通报。

（2）对排查发现的重大事故隐患，应及时向本企业主要负责人报告；主要负责人不及时处理的，可以向主管负有安全生产监督管理职责的部门报告。

（3）对于不能立即完成整改的隐患，应进行安全风险分析，并应从工程控制、安全管理、个体防护、应急处置及培训教育等方面采取有效的管控措施，防止安全事故的发生。

（4）利用信息化手段为风险隐患排查闭环管理的全程留下痕迹，形成排查治理全过程记录信息的数据库。

2. 安全风险隐患上报

（1）企业应依法向属地应急管理部门或相关部门上报安全风险隐患管控与整改情况、存在的重大事故隐患及事故隐患排查治理长效机制的建立情况。

（2）重大事故隐患的报告内容至少包括：现状及其产生原因、危害程度分析、治理方案及治理前保证安全的管控措施。

3. 隐患排查治理闭环管理

实施事故隐患排查治理闭环管理。推进企业安全生产标准化和隐患排查治理体系建设，建立自查、自改、自报事故隐患的排查治理信息系统，建设政府部门信息化、数字化、智能化事故隐患排查治理网络管理平台并与企业互联互通，实现隐患排查、登记、评估、报告、监控、治理、销账的全过程记录和闭环管理。

（二）双重预防机制闭环管理

生产经营单位应实现双重预防机制建设工作中危险源辨识、风险分析、风险评估、风险分级管控、风险告知、隐患排查、隐患分级治理、隐患统计分析和持续改进的全闭环管理。

案例

江苏响水天嘉宜化工有限公司“3·21”特别重大爆炸事故

1. 事故简介

2019年3月21日，位于江苏省盐城市响水县生态化工园区的天嘉宜化工有限公司（以下简称天嘉宜公司）发生特别重大爆炸事故，造成78人死亡，76人重伤，640人住院治疗，直接经济损失198635.07万元。

爆炸还造成化工园区外周边部分居民房屋不同程度受损，共2800多户。

江苏响水“3·21”特别重大爆炸事故调查报告公布

2. 事故直接原因

天嘉宜公司旧固废库内长期违法贮存的硝化废料持续积热升温导致自燃，燃烧引发硝化废料爆炸。

《关于全面加强危险化学品安全生产工作的意见》

3. 事故间接原因

涉事企业未全面开展安全风险辨识和评估,隐患排查治理不彻底,违法违规贮存和处置危险废物,有关部门监管缺位;危险废物贮存安全技术标准缺乏、企业规划危险废物处置布点少、处置能力不足等。

4. 防范措施

2020 年 2 月,中共中央办公厅　国务院办公厅印发了《关于全面加强危险化学品安全生产工作的意见》,其中提出三项措施。

一是明确由生态环境部和应急管理部牵头,有关部门参加全面开展废弃危险化学品等危险废物(以下简称危险废物)排查,对属性不明的固体废物进行鉴别鉴定,重点整治化工园区、化工企业、危险化学品单位等可能存在的违规堆存、随意倾倒、私自填埋危险废物等问题,确保危险废物贮存、运输、处置安全。

二是明确生态环境部门依法对危险废物的收集、贮存、处置等进行监督管理。

三是加快制订危险废物贮存安全技术标准。建立完善危险废物由产生到处置各环节联单制度。建立部门联动、区域协作、重大案件会商督办制度,形成覆盖危险废物产生、收集、贮存、转移、运输、利用、处置等全过程的监管体系,加大打击故意隐瞒、偷放、偷排或违法违规处置危险废物等违法犯罪行为的力度。加快危险废物综合处置技术装备研发,合理规划布点处置企业,加快处置设施建设,消除处置能力瓶颈。督促企业对重点环保设施和项目,组织安全风险评估论证和隐患排查治理。

课堂活动

查找“江苏响水天嘉宜化工有限公司(3·21)特别重大爆炸事故调查报告”,全面了解事故经过、原因、教训和预防措施。

目标检测

请选择其中一套题,扫码完成在线测验:

参考文献

[1]GB/T 33000—2016.《企业安全生产标准化基本规范》[S].

[2]GB/T 13861—2009.《生产过程危险和有害因素分类与代码》[S].

[3]GB 18218—2018.《危险化学品重大危险源辨识》[S].

[4]DB 22/T 2881—2018.《安全生产风险分级管控和隐患排查治理双重预防机制建设通则》[S].

[5]DB 22/T 2883—2018.《化工行业安全生产风险分级管控和隐患排查治理双重预防机制建设通用规范》[S].

[6]DB 37/T 2971—2017.《化工企业安全生产风险分级管控体系细则》[S].

[7]GB/T 29510—2013.《个体防护装备配备基本要求》[S].

[8]DB 37/T 2882—2016.《安全生产风险分级管控体系通则》[S].

[9]GB/T 45001—2020.《职业健康安全管理体系　要求及使用指南》[S].

[10]DB 37/T 3215—2018.《氯乙酸生产企业风险分级管控实施指南》[S].

[11]DB 37/T 3192—2018.《医药化学原药(异丙安替比林)生产行业企业安全生产风险分级管控体系实施指南》[S].

[12]DB 37/T 2883—2016.《生产安全事故隐患排查治理体系通则》[S].

[13]DB 37/T 3078—2017.《特种设备安全风险分级管控体系细则》[S].

[14]GB/T 37563—2019.《压力型水电解制氢系统安全要求》[S].

[15]GB 18218—2018.《危险化学品重大危险源辨识》[S].

[16]AQ 3013—2008.《危险化学品从业单位安全标准化通用规范》[S].

[17]GB/T 6441—1986.《企业职工伤亡事故分类》[S].

[18]隋新安,崔成红．医药企业安全生产[M]．北京:中国轻工业出版社,2013.

[19]孙玲玲．高校实验室安全与环境管理导论[M]．杭州:浙江大学出版社,2013.

[20]马尚权．危险源辨识与评价[M]．徐州:中国矿业大学出版社,2017.

[21]郑立业．安全风险辨识评价与管控实务[M]．天津:天津科学技术出版社,2018.

[22]国家安全生产监督管理总局宣传教育中心．企业车间班组负责人安全生产培训教材[M]．北京:团结出版社,2010.

[23]陈宝智,张培红．安全原理(第3版)[M]．北京:冶金工业出版社,2016.

[24]许素睿．安全系统工程[M]．上海:上海交通大学出版社,2015.

实训项目十二　化学类实验室危险源辨识

一、实训目标

1. 熟悉化学类实验室危险源辨识流程。

2. 能够按照科学性、全面性、系统性原则全面辨识化学类实验室危险源，提出防范、控制措施。

3. 按照"任务九　企业双重预防机制简介"项下"三、化工、危险化学品行业企业安全风险管控"项下"（二）危险源、危险有害因素辨识"项下"1. 危险源辨识"中的方法对本校使用的化学类实验室或其他实验室进行危险源/危险有害因素辨识。

4. 通过危险因素辨识，提高安全意识和风险防控意识，落实"安全第一　预防为主"的安全理念。

二、项目简介

在进行化学类实验时，经常要使用易燃溶剂，如乙醚、乙醇、丙酮和甲苯等；易燃易爆的气体，如氢气；有毒药品，如氰化钠、硝基苯；腐蚀性药品，如氯乙酸、浓硫酸、浓硝酸、浓盐酸、烧碱等。这些药品使用不当，就有可能产生着火、爆炸、灼伤、中毒等事故；碎的玻璃器皿、电器设备等使用处理不当，可能会发生割伤、触电事故；加热、冷却设备或介质，可能造成烫伤或冻伤事故；此外，反应过程中会有有毒有害气体逸出，处理不当会发生中毒事故等。如果事先做好风险隐患管控，这些事故都是可以预防的。

要防范安全风险，确保实验人员和财产安全，首先要让相关人员了解实验室哪些因素可能造成伤害或财产损失，即做好危险源/危险有害因素辨识，促使相关人员提高安全意识，切实做好安全风险防范和控制。

不同学校实验室开展的项目不同，危险源会有不同，结合本校具体情况进行辨识，以下介绍辨识流程和辨识举例。

三、辨识流程

辨识流程见图 1。

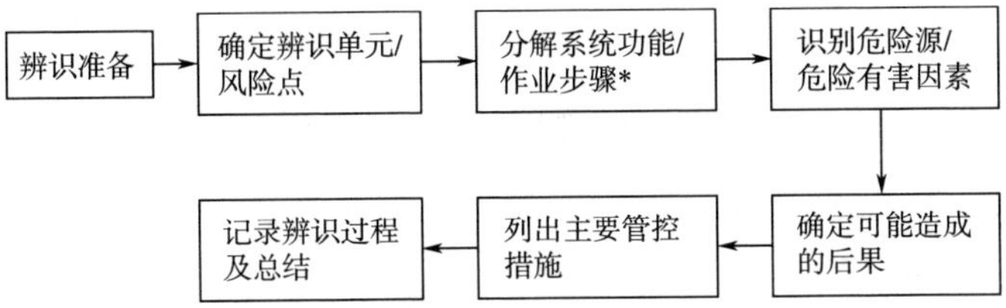

图1　危险源/危险有害因素辨识流程

注：*以作业活动为主的危害因素辨识，主要是分解作业步骤；以装置设备为主的，主要是分解系统功能。

四、辨识步骤

(一)第一步：辨识工作准备

1. 收集学习相关法律法规和标准

包括现行GB/T 6441—1986、《职业病危害因素分类目录》(2015)、GB/T 13861—2009、DB 22/T 2883—2018、DB 22/T 2881—2018、DB 37/T 2971—2017、GB/T 33000—2016、GB/T 29510—2013、DB 37/T 2882—2016、GB/T 45001—2020、GB 18218—2018、《化工园区安全风险排查治理导则(试行)》和《危险化学品企业安全风险隐患排查治理导则》(应急〔2019〕78号及附件)等。

2. 收集学习化学类实验室事故案例

如2011年9月2日华东理工大学化学实验室爆炸事故、2013年4月30日南京理工大学废弃实验室爆炸事故、2015年“12·18”清华大学实验室爆炸事故、2016年9月21日东华大学实验室爆炸事故、2018年11月11日南京中医药大学翰林学院实验室爆燃事故、2018年北京交通大学“12·26”较大爆炸事故。

3. 组织相关成员学习识别风险的工具方法等知识

如安全检查表法、头脑风暴法、观察和交流法等。

4. 带领相关人员到现场

熟悉实验室环境，相关设施的布局、方位，存放的物品等。

(二)第二步：确定辨识单元/风险点

针对实验室的实际情况，按装置、部位、设施、场所、区域、操作活动、作业过程等合理划分，明晰辨识的范围，如室内环境、合成反应装置、常/减压装置、投料操作、分离纯化操作、“三废”处理操作；或从能量和物质的角度进行提示，从能量角度可以考虑如机械能、电能、化学能和热能，从物质可以考虑压缩或液化气体、腐蚀性物质、可燃性物质、氧化性物质、毒性物质和爆炸性物质等，汇总于表1中。

(三)第三步：系统功能/作业过程分解

系统功能分解是将一级辨识单元进一步细分，形成更多的二级辨识单元，见

表1。目的是让相关人员辨识出可能造成伤害的部位、环节,清晰在实验/实训过程中可能造成伤害、事故的源头,从而有效避免事故或伤害。

表1 **××实验室风险点梳理统计表**

单位:×××××　　时间:××××年××月××日

序号	辨识单元/风险点	系统功能/作业过程分解
1	室内环境	地面、门窗、暖气片、操作台、水池、自来水管道、下水道、灭火器、电闸、通风橱……
2	电器设备设施	①搅拌装置,如电动搅拌器、磁力加热搅拌器。②电加热装置,如电炉、电磁炉、恒温水浴锅、高温循环油浴锅、恒温砂浴锅、高低温一体机、电热套、微波炉。③干燥设备,如电热恒温干燥箱、电热鼓风干燥箱、真空干燥箱等。④通排风系统。⑤冷却设备,如电冰箱、冰柜。⑥电器配套设施:电插座、电插板、电闸门、供电线路等
3	合成反应装置	各种反应釜,各种反应仪器(圆底烧瓶、二口瓶、三口瓶、四口瓶、烧杯、锥形瓶、试管等)
4	明火加热装置	酒精灯、煤气灯、电炉
5	常/减压装置	油泵、循环水真空泵、旋转蒸发仪(器)、(克氏)蒸馏瓶、直形冷凝管、尾接管、接收瓶、毛细管、螺旋夹、电热套、酒精灯、温度计、电插座等
6	备料投料操作	①备料:填写备料单,核对物料名称、用量。②配料:称取、量取、混合、取样检测。③投料:利用加料漏斗将原辅料、试剂、溶剂按一定顺序加到反应器中
7	单元反应运行	反应温度、压力、时间、搅拌速度等参数设定与控制、报警控制、联锁控制、取样分析等
8	产物分离操作	冷却、结晶、酸化、稀释、中和、盐析、抽滤(离心)、洗涤、蒸馏、萃取、干燥
9	重结晶操作	加热溶解、脱色、热抽滤、冷却、结晶、抽滤(离心)、洗涤、干燥
10	蒸馏操作	准备、加料、安装蒸馏或分馏装置、加热、收集馏液、停止加热、拆卸装置
11	“三废”处理操作	废渣处理、废液处理、废气处理
12	气体钢瓶	氨气、二氧化碳、环氧乙烷、氢气、氮气、空气等钢瓶
13	酸性腐蚀品	硫酸、盐酸、硝酸、正磷酸、亚磷酸、多聚磷酸、甲酸、乙酸、氯乙酸、醋酐、溴水、三氯乙酸、三氯化铝、乙酰氯、苯甲酰氯、苯磺酰氯、氯化亚砜

续表

序号	辨识单元/风险点	系统功能/作业过程分解
14	碱性腐蚀品	氢氧化钠(烧碱)、氢氧化钾、氢氧化钙、氨水、硫化钠、乙醇钠、水合肼、哌嗪等
15	其他腐蚀品	甲醛、次氯酸钠、氯化铜、氯化锌、锂等
16	易燃液体	甲醇、乙醇、乙醚、石油醚、乙醛、乙腈、乙酸酐、乙酸甲酯、乙酸乙酯、甲苯、二甲苯、己烷、环己烷、丙酮、环己酮等
17	易燃固体	红磷(赤磷)、硫黄、镁、镁合金、铝粉、生松香、2,4-二硝基苯肼、硝化纤维素(硝化棉)、2,4,6-三硝基苯酚(苦味酸)、三硝基苯、2,4,6-三硝基甲苯等
18	自燃物质	黄磷(白磷)、钙粉、钙合金粉、硫化钠、硫化钾、连二亚硫酸钠(保险粉)、烷基镁、甲醇钠、烷基锂、烷基铝、活性炭等
19	遇湿易燃物品	锂、钠、钾、钙、钡、钾合金、钾钠合金、钙合金、钡合金、镁粉、镁合金粉、铝粉、锌粉、锌尘、碳化钙(电石)、硼氢化锂、硼氢化钠、硼氢化钾、连二亚硫酸钠(保险粉)等
20	氧化性物质	双氧水、过氧化钾、过氧化钠、过苯甲酸、间过苯甲酸、三氯化铁、硝酸钾、重铬酸钾、重铬酸钠、高锰酸钾等
21	毒性物质	(液)氨、(液)氯、光气、一氧化碳、苯、乙腈、氯仿、苯酚、硫酸二甲酯、氟乙酸甲酯、三氧化二砷、黄磷、氰化钠、氰化钾等
22	爆炸性物质	锂、钠、钾、镁、镁合金、铝粉、硫黄、锌粉、硼氢化锂、硼氢化钠、硼氢化钾等
23	其他	吸烟、吃饭、喝水/饮料、睡觉
24	非运行时段	关闭水、电、气、门窗;设施设备、物料按规定存放;定时巡检

辨识人:××××××　　　　　　　　审核人:×××××

注:属于特种设备的,按 DB 37/T 3078—2017《特种设备安全风险分级管控体系细则》或其他特种设备安全风险管控标准的要求进行危险源辨识。

(四)第四步:识别危险源/危害因素

从人的不安全行为、物的不安全状态、环境的不利因素和管理缺陷进行描述。

不同实验室研究项目不同,危险源和危险有害因素不同,现以危险程度相对较高的几种风险点为例进行描述,结果列于表2《××实验室危害因素辨识情况统计表》。可以参照实例,梳理实验室所有危害因素(风险点源),汇总列表。

(五)第五步:确定可能造成的后果及风险防控措施

按照 GB/T 6441—1986 确定可能发生事故的类型和主要后果,给出主要风险防控措施,见表 2 中的实例。

(六)第六步:记录危害因素辨识过程及总结

将危险源/危险有害因素辨识结果填写到表 2 中,填写要全面,做到书写规范。

表 2　××实验室危害因素辨识情况统计表

单位:×××××　　岗位:××××××　　时间:××××年××月××日

序号	风险点	危险源/危害因素	可能发生的事故类型及后果	主要风险控制措施	评价级别	管控级别
2 电器设备设施						
	电动搅拌器	湿手接触开关、搅拌电机、变速器	触电	接触电器开关及设备要保证手部干燥	4 级	蓝
	电动搅拌器	搅拌电机、变速器外壳或开关旋钮漏电	触电	1. 安装漏电保护器 2. 安装漏电接地 3. 定期检查漏电保护接地电阻值	4 级	蓝
	电动搅拌器	线路老化	火灾	1. 按制度要求定期检查电气线路,发现问题停止使用并及时报修 2. 不使用搅拌或下班时,要将电器设备的电源切断	4 级	蓝
	电动搅拌器	插头虚接	火灾	1. 定期检查,发现问题及时整改 2. 不使用搅拌或下班时,要将电器设备的电源切断	4 级	蓝
3 合成反应器						
	氢化反应釜	1. 法兰管道或垫片密封不严 2. 温度计、压力表、液位计失灵 3. 无报警装置 4. 未设置独立安全仪表 SIS 系统	中毒、窒息、火灾、爆炸、灼烫	1. 设置独立安全仪表 SIS 系统 2. 工艺参数高低报警,安全联锁 3. 安全阀、爆破片 4. 可燃有毒检测报警器 5. 定期职工安全培训 6. 制定安全操作规程 7. 制订事故应急处置方案	1 级	红

续表

序号	风险点	危险源/危害因素	可能发生的事故类型及后果	主要风险控制措施	评价级别	管控级别
7 单元反应运行						
	氢化单元运行	1. 氢气流量控制时进气量不稳 2. 氢化进料时法兰管道或垫片泄漏 3. 调整参数时操作失误，温度和压力失控，液位过高 4. 出料时流量不稳、法兰管道或垫片泄漏 5. 违反操作规程操作 6. 操作不当 7. 无个体防护用品、用具	中毒、窒息、火灾、爆炸、灼伤、人身伤害	1. 设置压力、温度高低报警联锁，温度、压力、液位就地显示和远传 2. 设置安全独立仪表 SIS 系统 3. 现场设置可燃检测报警器 4. 配置事故尾气紧急排放系统 5. 设置现场紧急切断阀 6. 每小时班组巡检一次，公司领导、各专业科室及车间级领导实行定期巡检制度 7. 各安全附件及时维护保养，对安全阀等安全设施定期检测 8. 设置现场紧急处置方案 9. 编制安全操作规程，并每年组织一次培训 10. 穿戴防护用品：防静电工作服、防护面罩、防护眼镜、防护手套	1 级	红
13 酸性腐蚀品						
	硫酸	皮肤接触、无防护	化学性灼伤	1. 正确使用劳动防护用品（乳胶手套、防毒面具、防护眼镜、安全帽、耐酸碱服） 2. 风险告知 3. 对员工进行安全教育培训	3 级	黄
		硫酸入眼、无防护	化学性灼伤	同上	3 级	黄
14 碱性腐蚀品						
	氢氧化钠	皮肤接触、无防护	化学性灼伤	同上	3 级	黄
		碱液入眼、无防护	化学性灼伤	同上	3 级	黄

注：* 此表中序号与表 1 中的序号对应。

知识链接

安全仪表系统(Safety Instrumentation System,SIS),又称为安全联锁系统(Safety Interlocking System),主要为工厂控制系统中的报警和联锁部分,对控制系统中检测的结果实施报警动作或调节或停机控制,是工厂企业自动控制中的重要组成部分。

只要实验操作人员集中注意力,严格执行操作规程,加强安全措施,就能最大限度地维护实验室的安全,保证实验工作的正常进行。

五、目标检测

请扫码完成在线测验:

参考文献

马尚权. 危险源辨识与评价[M]. 徐州:中国矿业大学出版社,2017.
(相关标准及文件见任务九“参考文献”)

实训项目十三　××实验室安全事故应急应变

一、实训目的

熟悉实验室常见事故应急应变相关内容，包括：衣服着火、化学药品溅出、轻微危险化学品溅出、轻微割破和刺伤等的处理步骤。

二、实训内容

1. 衣服着火的处理步骤

(1)就地翻滚熄灭火苗，或者有安全冲洗设备可用时，则立即用水浸透衣物。

(2)如有必要，采取医学处理。

(3)向导师和安全部门报告事故。

2. 化学品溅到身体的处理步骤

(1)用紧急冲洗设备或水龙头将身体溅到的部位在快速流动的水下冲洗至少5min。

(2)立即除去被溅到的衣物。

(3)确认化学品没有进到鞋内。

(4)如有必要，采取医学处理。

(5)向导师和安全部门报告事故。

3. 轻微危险化学品(以浓盐酸为例)溅出的处理步骤

(1)通知事故现场人员。

(2)穿戴防护设备，包括防护眼镜、手套和防护衣等。

(3)避免吸入溅出物产生的气体。

(4)将溅出物影响区域控制在最小范围。

(5)用合适的化合物去中和、吸收无机酸。收集残留物并放置在容器内，当作化学废弃物处理。

(6)用水清洗事故现场。

4. 轻微割破和刺伤的处理步骤

(1)用力地使用肥皂并用水冲洗伤口几分钟并挤出血液。

(2)如有必要，采取医学处理。

(3)向导师和安全部门报告事故。

三、任务要求

按照实训内容中描述的四种实验室常见危险情况进行模拟演练，完成实验室应急应变实训演练。

完成任务的形式:分组,正确处理实训内容中四种实验室常见危险情况的应对手段。

四、在线检测

请扫码完成在线测验:

参考文献

化学实验室应急应变措施[EB/OL].(2020-04-29)[2020-07-30]. https://max.book118.com/html/2020/0429/8123006047002110.shtm.

附　　录

一、智慧职教

《安全的重要性》（兰州石化职业技术学院，赵芳），网址：https://www.icve.com.cn/portal_new/newweikeinfo/weikeinfo.html?weikeId=qk-ganyot5flun0xlickda

《化工生产的特点及安全的重要性》（陕西国防工业职业技术学院，马少华），网址：https://www.icve.com.cn/portal_new/newweikeinfo/weikeinfo.html? weikeId=1niraeetnkhmbt6dvafwtw

《电梯安全使用》（邵阳职业技术学院，郭鹏），网址：https://www.icve.com.cn/portal_new/courseinfo/courseinfo.html?courseid=zqdaearryfgefwxst014w&from=skill

二、《中华人民共和国环境保护法》及解读

《中华人民共和国环境保护法》（主席令第九号），网址：http://www.gov.cn/zhengce/2014-04/25/content2666434.htm

《中华人民共和国环境保护法》解读，网址：https://www.thepaper.cn/newsDetail_forward_7726733

三、某制药公司三车间 DK 裂化组动力停循环水应急演练